剧　变

［德］卡斯滕·林茨
［德］金特·米勒－施特文斯　　著
［德］亚历山大·齐默尔曼

陈怡灵　　译

海南出版社
·海口·

Radical Business Model Transformation

© Carsten Linz, Günter Müller-Stewens, Alexander Zimmermann, 2017

This translation of Radical Business Model Transformation is published by arrangement with Kogan Page.

中文简体字版权 © 2022 海南出版社

版权合同登记号：图字：30-2018-014 号

图书在版编目（CIP）数据

剧变 /（德）卡斯滕·林茨,（德）金特·米勒-施特文斯,（德）亚历山大·齐默尔曼著；陈怡灵译 . -- 海口：海南出版社, 2022.4

书名原文：Radical Business Model Transformation

ISBN 978-7-5730-0366-9

Ⅰ . ①剧… Ⅱ . ①卡… ②金… ③亚… ④陈… Ⅲ . ①商业模式 - 研究 Ⅳ . ① F71

中国版本图书馆 CIP 数据核字 (2022) 第 005609 号

剧变
JUBIAN

作　　者：[德]卡斯滕·林茨　[德]金特·米勒-施特文斯　[德]亚历山大·齐默尔曼
译　　者：陈怡灵
责任编辑：张　雪
执行编辑：于同同
责任印制：杨　程
印刷装订：北京兰星球彩色印刷有限公司
读者服务：唐雪飞
出版发行：海南出版社
总社地址：海口市金盘开发区建设三横路 2 号　　邮编：570216
北京地址：北京市朝阳区黄厂路 3 号院 7 号楼 102 室
电　　话：0898-66812392　010-87336670
电子邮箱：hnbook@263.net
经　　销：全国新华书店经销
版　　次：2022 年 4 月第 1 版
印　　次：2022 年 4 月第 1 次印刷
开　　本：880mm×1230mm　1/32
印　　张：10.875
字　　数：223 千
书　　号：ISBN 978-7-5730-0366-9
定　　价：68.00 元

根本的商业模式转变

在颠覆的世界中获得竞争优势

关于作者

卡斯滕·林茨是以创新为主导的商业转型领域的企业领导者和专家。他成功创立了一些市价达 1 亿欧元的企业,并领导 6 万多名员工完成公司整体转型计划。对于思爱普公司[1]而言,他是数字领袖中心的领导者。该中心是一个著名的管理层智库(C-suite think tank),展示了新一代的创新和转型方法。同时,林茨是一位活跃的天使投资人,是欧洲最大的种子基金投资委员会的成员,并且拥有各种咨询类董事会席位。此外,林茨先生还是一名兼职教师,在曼海姆商学院(Mannheim Business School)、圣加仑大学(University of St. Gallen)、卡尔斯鲁厄理工学院(Karlsruhe Institute of Technology)和斯坦福大学研究生院(Stanford Graduate School)教授管理学课程。他还是一位

---

[1] 思爱普公司(SAP)是全球领先的企业管理软件解决方案提供商,帮助各行业不同规模的企业实现卓越运营。——译者注

广受欢迎的演讲人和全球 CXO[1] 的可靠顾问。他的博客网址是 carstenlinz.com。

金特·米勒-施特文斯是圣加仑大学战略管理专业的教授和管理学院的主任。他曾撰写过多本图书，也曾在学术和相关期刊上发表过多篇文章和研究案例。他主要的研究领域是企业战略以及战略者在组织中的能力和贡献。他是圣加仑大学商学院的院长，并担任多门硕士课程的学术主任。此外，他还创办了杂志《企业并购评论》(*M&A Review*)，并且是多个编辑委员会的成员。他还是多家公司的顾问委员会成员，是国际公司的顾问和培训师，以及多个会议的受邀发言人。

亚历山大·齐默尔曼是圣加仑大学组织和战略管理专业的副教授和组织卓越中心（CORE）的项目经理。他撰写了多篇与可持续发展和组织规划相关的从业者导向文章、学术文章以及有关研究案例和图书。他的主要研究领域是企业如何从战略、组织和领导等多个层面协调好不同因素之间的关系，例如变化和稳定，创新与效率，经济发展与社会价值创造之间的关系等。他还负责教授硕士和高管教育的课程，并且是公司战略和组织转型过程中的协调者和指导人。

---

[1] Chief X Officer, 首席惊喜官（CXO），是电子商务领域出现的一种新职业。CXO 中的 "X" 代表了未知，也就是惊喜的意思。这个职位的工作职责就是给员工、买家提供惊喜，传递正能量。——译者注

贡献者名单

如何将一个公司的原有商业模式转变为新型商业模式——三位作者致力于探寻这一问题的答案。

项目伊始我们就清楚地意识到，应当与其他商界领袖和学术专家就相关问题展开广泛讨论。初级阶段的讨论是以独特的个人谈话形式进行的。随着项目的进展，讨论形式变得更具组织性，包括以线上社区的形式开展探讨。与此同时，我们开始将概念框架应用于邀请我们担任高级讲师的大学和商业院校（圣加仑大学、斯坦福大学研究生院、曼海姆商学院和卡尔斯鲁厄理工学院）开设的高管教育课程中，以及企业的员工内部培训中。事实证明，这一举措给我们带来了巨大的帮助。我们经常在课堂上与来自不同行业和公司的商业领袖进行讨论，迄今为止，我们已经与500多位高管详尽地探讨过我们的理念。

在此期间，原有的概念框架在亲身经历过商业模式转型的行业领导者的帮助下，得到了进一步的发展和完善。因此，我们挑选出各行各业中反映不同转变类型的精彩案例，并邀请了案例中的主人公来撰写他们的故事。通过大量的电话讨论会，我们花费了整整 9 个月的时间深入研究了 11 个案例，其中包括网飞（Netflix）这样的指数型增长公司，施乐（Xerox）、思爱普（SAP）和戴姆勒（Daimler）这样的跨国企业，以及克诺尔（Knorr-Bremse）和凯拔（Kaba）这样的中型隐性冠军[1]。这些被挑选出来的公司案例具有一项共性，那就是它们曾经历过或正在经历重大的商业模式转型。这些案例详细说明了行业领袖是如何成功地进行根本的商业模式转型的。

撰写案例的作者如下所列：

圭多·巴尔特斯（Guido Baltes）是康斯坦茨应用技术大学（HTWG）的教授和学校 IST 战略创新研究所的所长。他研究的重点领域是创业学和企业创业学。

马蒂亚斯·巴尔特（Matthias Barth）是思爱普公司专业服务行业领域的全球解决方案总监。他负责向 SAP Hybris Billing 和 SAP Flexible Solution Billing 提供全球解决方案。

西尔克·布赫（Silke Bucher）是哥斯达黎加一家全球咨询公司

---

[1] 德国著名中小企业研究专家赫尔曼·西蒙提出"隐性冠军"理论，认为隐性冠军须具备三个条件：（1）它的产品的国际市场份额处于第一或者第二的位置；（2）它必须是鲜为人知的中小公司；（3）它的社会知名度较低。——译者注

组织发展项目的高级培训师。

克里斯托夫·法伯（Christoph Färber）是斯图加特梅赛德斯－奔驰汽车公司战略发展项目的负责人。他曾长期担任戴姆勒car2go[1]商业化移动项目组织的财务主管一职。

杰奎琳·费克纳（Jacqueline Fechner）是施乐公司的常务董事，负责德国的所有业务活动。她是DACH地区[2]大型企业运营和技术销售的负责人。

马库斯·弗兰克（Markus Frank）是圣加仑大学行政学院的执行理事。他是定制课程业务的领导者，并在国际教育组织中代表着圣加仑大学。

乌尔里克·弗赖（Ulrich Frei）是FUNDES国际基金会（FUNDES International）的执行总裁。他利用其丰富的盈利经验，帮助人道主义组织发展业务和创造财富。

罗尔夫·哈尔迪（Rolf Haerdi）是德国克诺尔科技公司的执行董

---

[1] car2go项目是国际知名豪车制造商戴姆勒旗下的汽车共享项目，租车人无须在指定地点租车和还车，令人们租车、用车更为便捷、灵活。——编者注

[2] DACH地区指德国（Deutschland）、奥地利（Austria）和瑞士（Schweiz）。——译者注

事会成员。他是欧洲各国和全球工程项目的负责人。

乌尔斯·耶格尔（Urs Jäger）是哥斯达黎加 INCAE 商学院（INCAE Business School）拉丁美洲企业家中心的副教授和主任，他专注于研究社会型企业。

克劳斯·科罗萨（Klaus U Klosa）是 Touchless Biometric Systems 和 Motcom Communication 的董事会成员。他曾担任 LEGIC Identsystems 的首席执行官，同时也是其商业模式转型的负责人。

贝尔特拉姆·朗汉基（Bertram Langhanki）是德国克诺尔科技公司的董事会成员。他负责向全球列车制造商销售电力转换器。

龙尼·勒屯（Ronnie Leten）是阿特拉斯·科普柯集团（Atlas Copco）的总裁兼首席执行官，同时也是伊莱克斯公司（Electrolux）的董事长。

安德里亚斯·罗门（Andreas Löhmer）是圣加仑大学管理、科技和法律学院的企业项目部主任，曾发表过多篇与高管教育相关的文章。

伊万卡·维斯耶克（Ivanka Visnjic）是巴塞罗那 ESADE 商学院（ESADE Business School）创新领域的助理教授，并且是加州大学伯克利分校哈斯商学院（Haas School of Business，UC Berkeley）的访问学者。她专注于研究企业如何通过提供服务和转变商业模式来避免衰落。

这本书逐渐成形，并且在我们的授课对象和案例作者的传播下该书获得了一些认可，一些高管慕名而来，邀请我们协助并指导他们完成公司的商业模式转型。基于这种情况，我们决定编撰一份指导企业逐步进行商业模式转型的行动指南，您可以在本书的第十一章中找到它。

广集智慧的方法让我们获得了巨大的回报。众多行业精英的反馈和投入对于理论框架的完善和成熟起到了重要作用。与此同时，这些反馈还帮助我们将有用的信息从众多的信息中抽取出来，从而提炼出理论思想的核心内容。本书中提及的很多公司案例都来自行业精英的亲身经历，这让相关理念的阐述变得更加明了和通俗易懂。

在此诚挚感谢这些人的帮助！

序　言

　　撰写商业模式转型题材的图书的挑战之一在于研究对象是一个日新月异的行业。每天都会有新的消息和文章发布，你可以观察到一些新出现的行业走向，看到很多有趣的相关案例。但你总有一天会决定结束这个写作过程，因为你脑海中会出现一个能够涵盖你之前所读到、所看到、所听到的综合全面的模式内容。这一模式灵感出现在2016年的6月。

　　尽管商业模式转型吸引了很多行业研究者的兴趣，但一些关键性的问题仍未得到解答。一个极其重要且悬而未决的问题是，企业应如何系统地转变商业模式，即企业如何从原有模式转变为新模式，以（重新）获得竞争优势。大多数公司已经习惯了原有的商业模式，很少有公司能够抛弃旧模式，从头再来。

　　2013年，我们想要更深入地了解老牌企业成功改变其原有商业模式的过程，并决定将这些内容编撰成与商业模式转型相关的图书。之后，我们研究了380多家公司及其主要业务，以便全面地了解这些企业是否改变了其商业模式，哪些企业选择了哪种模式，以及它们是如何调整其模式的。我们组织了多场面谈，来了解这些信息，以及它们为应对不断变化的商业环境所做的适应性工作。随着研究的不断深入，我们发现，对原有商业模式进行渐进式的微调已不足以让企业在行业竞争中保持领先地位，只有彻底的模式变革才能让它们脱颖而出。因此，我们在本书中决定专注于研究从根本上进行商业模式转型所要面临的挑战。

本书满足了高层管理人员以及相关学术研究者的需求，同时为当今行业领导者面临的一些关键性问题提供了答案：有哪些商业模式可供选择，我们公司现在的处境如何？我们原有的商业模式是否具有可持续性，是否需要去改变它？如果需要改变，又应当如何实行？我们有哪些选择，每个选择面临的具体挑战和要求是什么？企业和领导者在从根本上转变商业模式时又经历了什么？

为了回答这些问题，本书提供了三项具有关键性意义的帮助。首先，它有助于人们更系统和全面地理解与商业模式及其转型相关的一些概念。其次，它提供了如何从根本上转变商业模式的实用性见解、建议和经验。然后，深入分析行业领袖如何成功地领导商业模式转型的案例研究，可以更清晰明了地阐述这些转变过程。最后，它提供了一个经过验证的理论框架和共同语言，让其他行业的从业者得以参与讨论和转变商业模式。

我们历时多年撰写了这本书，在增长自身知识的同时还享受到了极大的乐趣，但写作无疑是一件非常费时费力的事。因此，我们要感谢自己的家人，特别是无条件支持我们的伴侣，伊冯娜（Yvonne）、伊莎贝尔（Isabelle）和辛娜（Sina）。

我们还要感谢在此过程中提供帮助的人，特别是案例研究的提供者。他们帮助我们构造和完善了理论框架，并且提供了很多精彩案例，并赋予了这一框架更多的生命力。通过分享丰富的实践经验，他们提供了很多详细的理论知识和行动指导。我们还要感谢所有的同事、朋友和专业合作伙伴，对本书提供了许多具有建设性意义的反馈、评论和建议。

最后衷心感谢我们的出版商，Kogan Page[1]的团队，感谢他们的承诺和专业指导，让这本书最终得以面世。

卡斯滕·林茨

金特·米勒-施特文斯

亚历山大·齐默尔曼

---

[1] 即科乾图书出版有限公司。——编者注

目　录

第三部分 向成功转型的组织学习

第四部分 应如何前行

第十章 应对转型过程中领导层面的挑战

第十一章 根据商业模式转型指南前行

第一部分

为什么要从根本上转变商业模式

保持商业蓬勃发展的秘诀之一在于意识到它何时需要彻底改变。

——马克·约翰逊（Mark W. Johnson）、克莱顿·克里斯坦森（Clayton M. Christensen）及孔翰宁（Henning Kagermann）

多数老牌公司都能全面了解各自的商业模式，它们通过不断微调原有的模式以求与环境变化保持一致，但是它们从未对其商业模式的类型提出过质疑。然而，来自企业外部的零星变化和趋势，如数字化、服务化等，将越来越多的商业模式置于压力之下。因此，当前商业模式的渐进式微调已不能满足现实的需求。因为创业公司、利基企业和中小型企业如今已有能力凭借相对有限的投资挑战老牌大企业，所以创新领域的竞争也因此从技术和工艺的创新转向了商业模式的创新。

例如在汽车行业，公司是否可以仅凭生产和销售汽车而生存下去的问题尚未有定论。部分企业担心，如果无法利用未来车载显示屏提供娱乐和电子商务服务，它们将会沦为只能获取低利润的金属供应商。这些智能服务通常和产品的主要用途关联性不大，需要通过账户 ID 来使生产商盈利，因此这意味着汽车公司商业模式的一次根本性转变，其中还涉及深刻的文化变革。此外，因为印刷和在线广告收益在持续下降，很多媒体也不得不顺应形势进行改革。虽然内容生产仍是王道，但由于各式各样的媒介不断涌现，期刊和报纸的订阅人数正在缩减。在这种大环境下，媒体公司尝试按照媒介形式和具体使用情况开展内容付费业务，而区块链技术将是这一尝试的关键。对现有的商业模式进行微调已远远不够，一场根本性的改革刻不容缓。

虽然近10年来商业模式的相关研究蓬勃发展，但研究方向大多集中在商业模式的价值定位和结构分析上，例如商业模式的组成内容、影响因素以及它们的交互过程等。当然，如果您的公司是一家可以灵活设计商业模式的初创公司，或者是一家在现有模式之外寻找全新商业模式的公司，这些研究内容会让您受益匪浅。但是很多现存公司面临的情况并非如此。在许多老牌企业甚至包括私人银行、能源供应商、电信供应商、书店等在内的一些行业中，占统治地位的原有商业模式正在受到冲击。行业领导者不得不考虑调整和改变其原有模式，并寻找应对行业变革的方法。于是，一系列具有挑战性的问题也随之涌现：如何调整我们的前端、产品和服务以满足目标客户的需求？后端对实现这些产品和服务有什么意义？能够为公司及其利益相关者创造可持续性价值的最佳盈利机制是什么？

对于很多老牌企业而言，核心问题在于它们是否可以在坚持原有商业模式的情况下实现长期运作，或者在于它们是否需要对其创造适当价值的方式进行根本性的改变。经过我们的观察，越来越多的公司正在意识到这一令人难过的事实：对当前商业模式进行渐近式的微调已经不足以让公司在未来继续保持竞争力，而唯一的出路就是进行一场根本性的变革。

但转变商业模式往往说起来容易，做起来难，因为在多数情况下，这意味着要改变老牌企业长期以来取得成功的关键性因素。此外，像谷歌之类的公司对于老牌企业的未来规划没有太多的借鉴意义，因为它们从未亲身经历过商业模式的转型。然而，老牌企业与年轻企业相比具有更大的优势，因为它们更了解市场上的现有产品和客户，并且通常拥有重要的能力和资源。同时，老牌企业的专业知识是别人通常难以获取的，因为这些企业往往控制着数据和知识等关键性资源。

本书的目标是指导老牌公司的领导者进行根本性的商业模式转型。"根本性"意味着它们必须改变商业模式的类型，至少是就公司主体而言。这通常也包括公司使命和价值定位上的转变。我们最近看到越来越多的企业对原有商业模式进行了微小调整（例如增加在线销售渠道），但这些微调远远不够，企业需要进行更为彻底的变革。变革必要性的原因在于，其一可能是新技术的兴起，这些新技术深刻地改变了战略背景；其二可能是新公司的加入，这些年轻企业可能来自另一个竞争领域并且拥有全新的商业模式。例如，谷歌发现制造业是一个新的经济增长领域，于是利用旗下产品——谷歌地图的数据研制出了自动驾驶概念车，从而进入汽车市场，并试图成为老牌汽车生产商的有力竞争对手。这一产品不容小觑，因为谷歌对于汽车所代表的意义拥有自己独特的理解。此外，由宝马、中国搜索引擎巨头百度、芯片制造商英特尔和以色列无人驾驶技术公司移动眼（Mobileye）组成的新战略联盟表示，它们致力于在2021年前生产出完全自动化汽车，为其传统商业模式的转型做好准备。

本书通过很多实际案例，展示了企业在面对挑战时将其原有的发展障碍转变成竞争优势，成功地建立起全新的经营模式的过程。当然，从根本上转变模式非常具有挑战性，并且伴随着高风险，但在多数情况下，希望长期保持成功的企业已经没有其他选择余地。例如，许多企业认为它们能从销售产品转为销售解决方案，从而在残酷的竞争中存活下来。但我们注意到，只有少数公司真正有能力承受这样的根本性转变。亚洲油漆（Asian Paints）是印度最大的油漆公司，它由原来的传统油漆供应商转变为解决方案的供应商，并给自己贴上"便捷优质的家庭油画服务商"的标签。它拥有由1万多名画家组成的专业团队，并承诺由这些画家为消费者提供一年的售后服务。他们的点对点服务包括预制绘画主题、室内装饰品咨询、当地画家培训院校代理、最终检查和保修工作等。

在本书第一部分，我们将在第一章中解释很多商业模式为什么遭受抨击，以及为什么从根本上转变商业模式似乎是企业当前唯一的选择。第二章介绍了商业模型的各种类型，帮助读者了解可供选择的新的商业模式。第三章则概述了商业模式的相关讨论，同时说明了本书存在的一些不足之处。

第一章　数字化和服务化的影响

　　数字化和服务化（服务导向）这两大趋势，让很多行业领袖将商业模式转型作为关键的战略优先事项。数字化从技术层面影响着企业发展、产品生产和交付，以及大规模的客户互动管理，而服务化则代表了客户价值主张向共同创造和个性化生产的根本性转变。创新型服务通常源于数字化商业模式提供的数据。如何应对这些趋势对企业而言非常具有挑战性，因为数字化和服务化对企业的商业模式可能会有不同的影响，并且存在着陷入发展极端的风险。为避免这种情况的发生，数字化需要在数字资产和实体资产（实体数字化）之间取得平衡，而服务化需要在服务导向和产品导向之间取得平衡（二者相结合）（见图 1.1）。从数字化商业模式中获取的知识（实体化），能够催生出新的更好的实体产品；从定制化商业模式中吸取的经验（产品化），可以推动创新的标准化产品的研发。

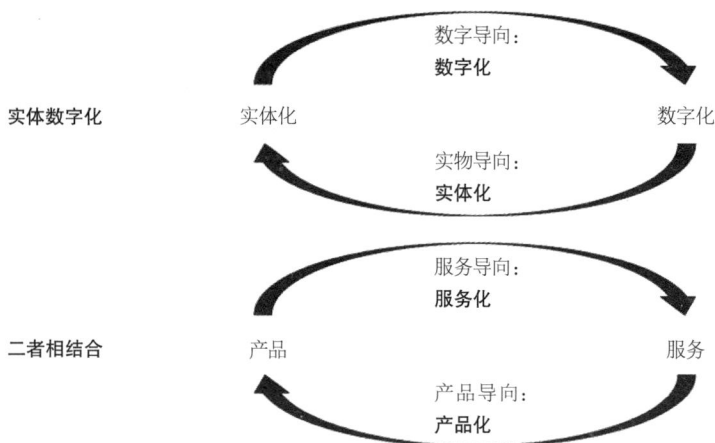

图 1.1 保持数字和实体产业，服务和产品导向之间的平衡

实体数字化：数字化和实体化的分裂

> 数字革命比文字乃至印刷术的发明重要得多。
>
> ——道格拉斯·恩格尔巴特（Douglas Engelbart）

在过去几年中，信息技术的迅猛发展让身处商界的每一个人都经历了一场数字革命。数字化正在改写行业的竞争规则，老牌企业因此面临着巨大的危机。由于数字化无国界，并且改变了利益蛋糕的分配格局，市场新进企业以令人难以置信的速度在全球范围内增长。主宰了全国市场几十年的老牌企业突然遇到了新的竞争对手，而这些竞争对手正在重新定义整个行业，老牌企业未来战略发展的自由也因此受到限制。例如，由于谷歌、网飞和脸书等企业进入市场，国家电信公司的市场份额正在缩减，甚至成为纯粹的基础设施供应商。新的行业领导者正在涌现。此外，在联网汽车和自动驾驶汽车领域，软件逐渐取代了硬件，汽车行业的格局也被特斯拉、谷歌、苹果等企业打乱。根据CNBC[1]的预测，如果不跟上科技发展的趋势，标准普尔500指数[2]覆盖的企业有40%在10年后将不复存在。在数字时代，行业边界正在被模糊化。

　　数字化并不是一个新现象。数字化的定义是将模拟数据转换为离散值，以存储和处理数据。数字化始于20世纪80年代，数字手表、CD播放器和互联网路由器是第一批数字产品。90年代，搜索引擎、电子商务网站等数字化服务开始兴起。而在世纪之交，即互联网泡沫破灭之后，数字化发展的重点转到了数字分销和公关上，之后又出现了网络2.0时代，通过社交媒体和电子商务进行内容生产。2010年前后，数字编排和服务化模式启动，并推动了平台的商业网络和生态系统发展。随着业务流程的数字化发展，数字化已经从一项纯粹的技术演变为一个整体现象，几乎对公司的每一项职能都产生了深远的影响。

　　一开始，数字化趋势的影响在B2C（企业对消费者）世界中表现得更为明显，比如亚马逊和易贝——这两家公司都是在2000

---

[1] 美国全国广播公司财经频道（Consumer News and Business Channel）。——译者注

[2] 英文简写为S&P 500 Index，是记录美国500家上市公司的一个股票指数。——译者注

年互联网泡沫破裂之前成立的。之后，数字化也对实体化程度更高的B2B（企业对企业）世界产生了影响。将机器人和零配件等非智能物体相互连接起来的"物联网"，正在"智能工厂"中成为现实。例如，德国政府发起了一项名为"工业4.0"的倡议，以推动产业公司尽快进入数字时代。数字化使生产商更加贴近客户，并能够更轻松地引导客户建立忠诚度。以搜诺斯公司（Sonos）正在制造的可以"倾听"用户所在地的"智能扬声器"为例，这一产品的音乐系统能够自行测量任何房间的音响效果，并进一步分析房间的尺寸、布局和家具等。因此，它可以微调由单个应用程序控制的扬声器。另一个例子是美国迪尔公司，它为农场生产拖拉机和收割机等农用设备。如今这些机器已可以互相连接，并能根据天气或土壤条件等数据进行集中化控制，使播种和收获达到最优水平。

如今，实体世界和数字世界已然相互融合，并将携手发挥更大的作用。这种综合型观点与互联网泡沫时代的观点形成了鲜明对比，当时人们认为电子商务企业与传统实体企业在竞争中无法共存，这两者被视为不兼容的存在。商业为了能在数字时代取得成功，需要实体经济和数字资产的智能化组合，这正是"实体数字化"（实体和数字）这一术语的来源。

数字化走向：数字化的客户洞察[1]和虚拟的客户黏性

在数字经济时代，我们看到了企业竞争方式的一场根本性转变。能令企业从同类市场中脱颖而出的关键不再是更好的质量或更低的价格，而是杰出的商业模式。这给几十年来一直遵循成功老路的公司带来了压力。研究表明，2013年，90%的首席执行官表示，数字经济将通过冲击原有的商业模式对各行各业产生重大影响。这使商业模式转型成为他们的首要任务。但是，只有25%的首席执行官制订了数字化转型计划，其中又只有不到15%的人真正在注入资金和执行计划。

以索尼为例，该公司曾经是世界领先的微电子公司。其衰落的原因不是品牌创新能力的丧失，而是其商业模式不再具有竞争力。在史蒂夫·乔布斯（Steve Jobs）的领导下，索尼的竞争对手——苹果公司对所有只提供单一产品或服务的公司施加了巨大压力。通过由硬件、软件、内容生产和多边平台组成的综合全面的内容供应，苹果公司成功赢得并牢牢吸引住了客户，同时使其他企业难凭一己之力在市场中分得一杯羹。得益于其卓越的商业模式，苹果公司不一定需要更优惠的价格或更先进的技术来主导竞争，因为其价值主张来源于平台，而平台凭借其出众的整合功能成功地将所有产品无缝融合在一起。当诸如

---

[1]　客户洞察是指在企业或部门层面对客户数据的全面掌握，及在市场营销与客户互动各环节的有效应用。——译者注

索尼这样的原有行业竞争者开始反击时，它们实际上是在根据"错误"的商业模式判断来攻击苹果公司，因为它们仍将苹果公司单纯地定义为一家产品公司。到目前为止，只有三星具备赶上苹果公司的能力。然而，为了提供与苹果公司同样全面的内容供应，它过度依赖谷歌的安卓移动操作系统等合作项目。

人们不难发现，成功赢得竞争所需的能力在数字世界中正发生着变化。企业必须重新思考它们的核心竞争力。如果这些能力无法及时发挥效力，老牌企业很快就会发现自己已无法与年轻的数字化企业相匹敌。商业模式创新不需要大量的研发预算，也不需要一个特别精细的起始计划。如今，资本匮乏的初创企业可以利用高度扩展的 IT 云计算基础设施在平台基础上进行创新，原有商业模式也因此遭受了更多冲击。大多数老牌企业必须通过招聘和收购来提高自身的创新能力，因为企业内部已无法满足这一需求。

通常来说，当新的知识开始取代原有的行业能力认知时，老牌企业会陷入面对未知领域的担忧，并出现抵制心理。此外，文化冲突也时有发生。例如，公司需要招聘更多的 IT 专家进行数据管理，但这些专家该如何融入由机械和电气工程师主导的企业文化？具体来看，许多数字化举措很难实现，因为有人担心新的数字化尝试会蚕食原有的业务，也有人担心它会牵涉个人隐私和网络安全问题。然而，忽视数字化的趋势是不合时宜的，因为行业新入者或原有的竞争对手可能会利用新的机会，而使其他老牌企业面临衰落的风险。老牌企业，特别是门槛较低行业的老牌企业，应该在新的数字化竞争对手进入市场之前采取行动。

数字革命可以带来全新的客户价值主张、不同的客户关系、创新的盈利模式、新的市场准入和更高效的流程等。数字化最重要的影响之一是有形产品被无形的数字信息所取代或得以延展，而这些数字信息能够作为服务产品被免费传播和共享。下面这三个分别来自音乐、零售和娱乐行业的例子，可以说明数字化是怎样改变行业游戏规则的。过去的唱片公司与艺人有合同关系，唱片公司负责录制音乐，制作 CD 并将其送到批发商和零售商手中，然后通过商店将唱片卖给顾客。而数字化使得唱片公司的这些职能不再无可替代，因为它让音乐家可以自行录制歌曲，并通过诸如 iTunes（一款数字媒体播放应用程序）的数字商店或 Spotify（正版流媒体音乐服务平台）等流媒体[1]服务进行线上销售。然而，艺人通过这一途径赚取的利润非常微薄，因此他们主要通过举办现场音乐会来赚钱。在零售行业，亚马逊允许第三方供应商在亚马逊平台上进行大规模销售并直接与客户进行互动。通过点击购买按钮，客户可以立即订购电子书等虚拟产品，以及咖啡壶等可以送货上门的实体产品。数字化使亚马逊能够在其平台上销售不计其数的产品或者提供各种各样的服务，这种能力使它具备了远远超过受货架空间、股票投资等因素限制的传统商店的优势。在娱乐行业，数字平台通过在单个平台上以兼容模式整合和展示销售内容（同时包含实体资产和数字资产），将模拟购

---

[1]　流媒体是指采用流式传输的方式在网络播放的媒体技术。——译者注

物中心和多厅影院的相关经营理念提升到了一个全新的水平。

数字平台可以促成企业与同一买家的重复性交易。这一过程与实体产品销售系统中的"剃刀模式"[1]类似，系统能够从技术层面上确保用户可以持续购买。数字化催生了能从技术层面保持客户黏性的用户注册方式，同时让持续购买某产品一个月的顾客即可享受免费配送这样的优质服务（例如亚马逊金牌服务[2]）从梦想变为现实。此外，数字化还能通过促进企业与顾客以及终端用户之间的有效沟通，创造更好的客户洞察效果。聊天论坛和网络社区则是实现公司与客户大规模新型互动的关键性力量。因此，即使是在全球市场中，了解客户及其具体需求也因数字化变得更为简单，企业投资组合决策的质量也随之得到了提高。以网飞为例，它是在线点播互联网流媒体的领先供应商，能依据用户每天数百万次互动产生的数据，向他们推送精心挑选的个性化歌单。有趣的是，公司在投资开发自己的内容产品（例如像网飞公司拍摄的电视剧《纸牌屋》）时，也会将这些数据应用于制定投资组合决策的过程中。我们发现，随着交易数量的增加，平台公司可以通过数据分析更深入地了解用户的喜好，为他们提供合适的购买建议，优化其产品组合，甚至能以出售交易数据给第三方的方式赚取新的收益。数字化可以创造新的商业机会，然而，并

---

[1]　剃刀模式（razor-and-blade）为一种商业经营模式，采用分离价格销售产品，对同一产品的一部分低价处理，对另一部分高价出售。——译者注
[2]　即 Amazon Prime，其服务内容为凡是支付 79 美元年费的客户，均可以在全美范围内获得不限次数的两天送达服务。——译者注

不是每一项数字化举措都等同于商业模式转型。例如，全球最大的专业电影设备生产商阿莱公司将模拟摄影机升级成了数码摄影机，但它的产品销售的商业模式理念始终如一。

实体化走向：以资为本和以人为本的趋势，以及离散的业务

尽管实体资产在向数字资产转型，但实体产业永远不会完全消失。零售商希望实体店和网店都能给客户提供相同的品牌体验，以实现多渠道的营销策略。网络电商需要通过开实体店来发展业务（例如亚马逊、瓦尔比派克眼镜公司、博纳卜服饰公司、扎兰多服饰电商、香港数码港）。与此同时，数字化平台也需要供应商提供实体产品，从而为顾客提供更为全面的产品和服务。例如世界上最大的出租车公司优步，它实际上不拥有任何车辆，但是如果没有实体车的存在，网约车的商业模式将毫无用武之地。同样，如果没有实体房屋，全球最大的住宿供应商爱彼迎也不能提供私人房间的点对点交换服务。爱彼迎与很多其他的互联网平台一样，是实体资产的交易商，也是满足供需方需求的中间人。

各行各业之间存在着差异，音乐和电影等重视内容生产且受实体资产限制较少的行业因为受数字化的影响更大，而取得了更快的发展。与此同时，利润池在价值链或价值网的基础上进行了重新分配。与数字化对商业模式影响相关的一个关键性问题，是数字和其对应的（以资为本和以人为本的）价值创造在公司和个体之间的分布情况。谁为谁提供了什么样的产品（模拟产品、数字服务，还

是实体产品和数字产品的混合）？与此相关的问题还包括：谁能在产业链中拥有最大的权力并因此分得最多的利益？又有哪些公司会过度依赖供应商？我们可以预见，如果能找到与消费者进行直接互动的途径，一些公司会更专注于实体业务的发展。这一现象可能出现在项目基础设施建设类业务以及以产品为中心的行业领域。这些行业为大型系统或平台提供了关键的模块或组件（例如智能手机的高端显示屏和制造工业机器人的精密仪器）。这些以资为本和以人为本的业务可以赚取相当可观的利益。

总结：创造数字化和实体化导向的新型结合体

我们在进一步了解数字资产和实体资产后得出了结论，数字化推动了以下关键商业模式的发展：

> 数字化促成了大规模数字化产品和服务的整合，但这些产品和服务并不能提供实体或实地的供应，所以它促成了更全面的商业交易。

> 数字化提供的数据也可以反过来推动在独立交易中销售的实物产品或服务的发展，企业可以直接将这些数据提供给客户，也可以将其作为大型商业价值网的关键组成部分。

> 除对实体化造成影响外，数字化还为企业与用户沟通提供了渠道，使新型的"公司—客户"双向互动模式成为现实，并且促进了满足个人需求的定制产品和服务的形成。

> 与此同时，数字化可能推动了之前单个产品的标准化（或

*产品化）*生产，因为它能提供帮助企业明确客户主要需求的数据，还能提供将基于个人的个性化服务转变为基于软件的标准化产品的方法。

我们发现，商业模式可能沿着两种维度进行演变，而每一维度本身又包含着两个对立方向（全面交易与单一交易、个性化产品与标准化产品）。这些两极之间的拉锯关系能帮助行业领导者明确自身企业的战略路径，进而维系好数字和实体产业之间的平衡关系。

"二者相结合"：服务化和产品化的分裂

顾客购买和考量的价值标准从来不是产品本身，而是它蕴含的实用价值，换言之，是这项产品或服务能为他带来些什么。

——彼得·杜鲁克（Peter Drucker）

随着创新速度的加快和经济效益的增长，产品逐渐走向商品化，服务业的重要性也日益凸显。这种趋势被称为"服务化"，换言之，就是组织从销售产品转为销售具有使用价值的综合型产品和服务的发展过程。一般来说，"服务化"提高了公司服务业务的比重，并推动了商业模式的转型。公司的经营理念正逐渐从"以产品为核心开展服务"，转变为"以服务为核心销售产品"，其目标是至少比现有业务能赚取更高的利润。"服务化"还可以指一些围绕产品开展经营的公司，通常在其产品成为商品后，通过附加的服务活动为客户和公司本身创造更多价值。这些公司以是否提供附加服务来进行行业内部区分。企业甚至会给客户提供一些免费服务，让他们更愿意购买其核心产品，从而拉动公司利润增长。

服务化走向：共同创造和个性化趋势

"服务化"以客户问题为出发点。第一等级的服务化是为公司产品增添附加服务，从而使产品销售显得更加全面到位。附加服务的范围从保证产品功能正常发挥的传统维修服务（例如机器的软件更新），延伸到让客户更好地使用产品的增值服务（例如由汽车制造商提供的模拟或实时交通数据服务）。所有这些服务都是高度标准化的，并与公司销售的产品之间存在着固有联系。因此，它们不仅为企业发展客户业务带来了额外机会，还能通过定期的用户互动使企业与消费者建立更密切的联系。

第二等级的服务化是指专门针对每位客户的个人需求提供个性化而非标准化的服务。因此，客户在（共同）创造服务价值的过程中参与度很高，而这一过程的最终环节是通过就地实施个性化项目来完成的。当服务商为客户制定全面精细的解决方案时，这样就达到了第三等级的服务化。飞机引擎制造商劳斯莱斯推出的全面关怀（Total Care）产品就是一个典型例子。该公司意识到它的客户不想购买发动机产品、支付维修费用或者投资基础设施。因此，它推出了"按时计费"的解决方案，以最短停航时间[1]为单位，为飞机提供极为可靠和安全的全方位服务。换言之，服务成为其销售内容的核心，而产品只是实现服务的辅助手段。在此情况下，供应商变得更加依赖客户，因为他们是针对客户的特定需求进行投资的，多数情况下客户并不能二次使用为他人提供的产品或服务。这些全面的服务或解决方案通常符合服务水平协议[2]，可以被归类为最全面和最精细的服务类产品。

尽管很多公司都在努力使其新服务成为高回报的业务项目，但是它们通常低估了提供复杂服务所需的后端支撑能力，或者因为客户需求过于个性化而无法在新开展的业务中利用已有案例的经验。此外，前端还面临着其他挑战。销售人员认为服务类销售与产品类销售的方式是相同的；他们没有意识到，服务化意味着要将重点放到客户问题的本质上。经济发展需要对商业模式、新的组织能力和新的业务流程进行深层次的改变。在整个生命周期中，还需要一种完全不同的模式来进行产品设计和成本管理。

产品化走向：大规模标准化和自动化生产的趋势

很少有风险投资家愿意投资服务业务比重高的企业，这一现象的出现有很多原因。个性化导向和通过服务进行共同创造的主要缺

---

[1] 停航时间是指飞机等卸货、加油、服务、重新装货所需的时间。——译者注
[2] 服务水平协议（SLA）是在一定价格（通常这个价格是提高服务质量的主要因素）下，为了保障服务的性能和可靠性，服务提供商与用户间或者服务提供商之间订立的一种双方认可的协定。——译者注

陷在于，服务化违背了规模效应[1]的理念。服务业务的开展与员工成长状况紧密相关，而企业为员工培训花费的额外成本是与低成本的规模效应理念相冲突的。因此，企业提出了"产品化"对策，即开发可重复（即标准化）的服务以实现生产的延展性。尽管如此，个性化服务仍保持着一定的数量水平。在实际生活中，产品化的例子有很多，例如咨询项目的团队通过可重复使用的模板、标准方法或软件工具获取关键的知识和程序，以及标准化且可衡量的技术性服务等。因为该类服务能够在产品化理念下进行自动化生产和操作，不需要过多的人力资源，因此能呈现非线性增长。

大学教育领域的变化也反映了产品化带来的巨大影响。该行业的发展受到了 Coursear[2]、edx[3]等公司的陆续冲击。这些公司提供了大规模的开放式在线课程，软件取代了教授的角色开展线上教学。慕课的理念是将教学内容标准化（或产品化），然后通过全球顶尖教授开设数字课程的形式进行内容分享。任何人都可以随时随地获取这些数字化课程（"拉力"途径）。虽然这一教学模式使授课内容丧失了教授个人赋予的独特色彩，也使学生与教授、学生与学生之间难以开展互动，但它能在大幅降低大学教育成本、方便学生获取教学资源的同时提供高质量的教学内容。与此类似，产品化也使软件行业发生了重大改变，软件公司从为客

---

[1] 规模效应又称规模经济，即因规模增大带来的经济效益提高。——译者注
[2] Coursera 是大型公开在线课程项目，由美国斯坦福大学两名计算机科学教授创办。——编者注
[3] edx 是全球三大慕课平台之一，由哈佛和麻省理工学院共同成立。——编者注

户提供量身定制的个性化软件产品，转为提供满足全球普通客户绝大部分需求的标准化软件产品。

总结：建立服务和产品导向之间的战略路径

在比较两大战略（服务化与产品化）后，我们得出了结论，服务化和产品化推动了一些商业模式趋势的形成：

通过第一等级的服务化，公司的有形产品销售通过无形的增值服务得到完善，整体交易变得更加全面，但是这一阶段仍保持着标准化生产模式，服务内容可以适用于每一个客户。

在第二等级的服务化中，企业开始提供能够满足客户个性化需求的服务产品。因此，公司花费大量资金来提高它为客户提供特别服务的能力，并与客户共同创造了有关单个服务或全面定制的解决方案的具体内容。

与服务化相反，产品化是企业将之前满足不同客户需求的个性化产品进行标准化转变。这一趋势与前文所述的数字化趋势非常相似。

最后提到的两种趋势是彼此对立的。服务化通过共同创造和提供个性化的销售内容，推动了范围经济[1]和客户整合经济的

---

[1] 指企业通过扩大经营范围、增加产品种类、生产两种或两种以上的产品而引起的单位成本的降低。与规模经济不同，它通常会使企业或生产单位降低生产或提供某种系列产品（与大量生产同一产品不同）的单位成本。——译者注

发展；而产品化则是通过自动化生产和包装，使之前的个性化产品可以重复进行大规模的标准化生产，并因此推动了规模经济的发展。但是，正如我们所看到的，这两种趋势的发展是相互影响的。企业只应对其中一种趋势并不能解决所有问题：每个行业领导者都须协调好服务化和产品化趋势之间的关系，将两者综合起来考量，从而为公司制定出独特的战略发展路线。

第二章 评估你当前的商业模式

为商业模式转型设计合适的战略路径，需要明确公司的当前状况和未来目标。通过比较第一章中所讨论的大趋势的重叠效应，我们发现它们从两个层面推动了商业模式决策："交易包容性"和"产品定制化"。它们帮助我们推导出商业模型的通用类型，其中每种类型都可以成为公司的起始模式，而另一种类型则可以成为其预期目标。它们帮助我们评估公司当前的商业模式，并将其放在可行的方案中。这意味着公司在塑造未来的商业模式时有可供选择的战略方案。一些方案能更好地适应公司的优势和劣势，而另一些方案相比之下则有所欠缺。

商业模式的类型

每一层面都在各自范围内开创了一系列战略选择：

·"交易包容性"层面：从单独交易的、独立的实物产品转变为可反复交易的、全面且相互关联的产品。

· "产品定制化"层面：从标准化、自动化生产的包装产品转变为由公司和客户共同创造的个性化产品。

第一个层面是"交易包容性"，其中涉及两个互补因素。首先，它说明了什么程度的交易是全面的，因为它包含了大范围的能满足客户需求的产品和服务。此外，它反映了什么程度的交易是一体化的，因为产品和服务共享一个体系结构，即通常都运营于一个强大的平台，这一平台能够将它们相互连接起来。

全面性和一体化相结合的影响并不局限于一次性交易，它能逐渐将客户和一系列的相关交易相绑定。在很多情况下，第一次交易创造了一种客户黏性。如果这种黏性程度很高，那么客户将不再做出完全独立的购买决策，而是被迫与同一供应商进行一系列相关的商业交易。

苹果公司的商业模式就是"交易包容性"很高的一个典型例子：它拥有一个非常全面的产品供应网（智能手机、智能手表、平板电脑、音乐播放器、云端服务、笔记本电脑、苹果音乐、苹果电视等）以及内部深度整合的产品组件系统。这为苹果公司带来了强大的客户黏性，体现了最高级的"交易包容性"——建立在长期客户关系基础上的、高度全面且一体化的交易。举个例子，苹果自 2015 年以来开始提供"实体数字化"：内部开发人员可以使用快速编程语言将医疗设备等外部硬件连接到平台上，以便客户使用 HealthKit 应用软件[1]获取自身的健康数据，从而产生客户黏性。如果这些客户想继续保持其健康记录，他们只能继续使用苹果设备和软件。而单项产品或服务的独立交易则体现了低级的"交易包容性"。典型的例子是索尼公司主导的商业模式：电子产品的销售非常成功，然而企业仅专注于开发产品的单项功能，没有建立一个共同的体系结构，从而实现产品的一体化，并且从长远来看它也不能产生强大的客户黏性。

第二个层面是"产品定制化"。从不能满足客户个人需求的、通常通过大众渠道进行销售的、标准化生产的产品和服务，到为单个客户设计的、完全以客户为中心推出的、个性化的产品和服务，都可以归为这一范畴。产品或服务的定制化程度越高，对供应商的依赖性就越强，因为个性化生产需要供应商针对特定客户进行前期投资。其中多数投资不能被二次使用于其他客户。

多数商业模式在标准化生产和个性化生产中二者选其一。然而，也有一些商业模式可以将两者相结合。以大规模定制为例，客户可以从多种组件中进行选择，从而创造出满足其个人需求的产品或服务。汽车制造商就是一个典型的例子，因为他们允许客户对车的外观颜色、内饰和技术配件等提出数千种不同的组件要求。但实际上满足客户个性化需求的每一个组件都是由标准化生产而得的（这些组件甚至能适用于不同的车型和品牌），在可以

---

[1] 苹果公司于 2014 年发布的一款移动应用平台，可以收集和分析用户的健康数据。它可以整合 iPhone 或 iPad 上其他健康应用收集的数据，如血压和体重等。——译者注

广泛应用的同时还不需要供应商针对专门的客户需求进行额外的投资。另一个例子是许多高管教育项目中使用的混合学习模式。客户首先通过电子学习工具获得标准化的基础知识；之后，客户在校学习期间，学校可以根据客户个人状况和需求提供相应的知识以开展下一步的学习活动。

以上介绍的两个层面，使我们能够区分可能发生转型的四种一般类型的商业模式（见图2.1）：产品型商业模式（低包容性和低定制化水平），平台型商业模式（高包容性和低定制化水平），项目型商业模式（低包容性和高定制化水平），以及方案型商业模式（高包容性和高定制化水平）。

对模式进行分类的目的在于让有关公司或其业务部门适用的商业模型类型，以及其前进方向的讨论变得更为清晰和有条理。这能帮助我们分析公司当前的战略位置（我从哪里来），并

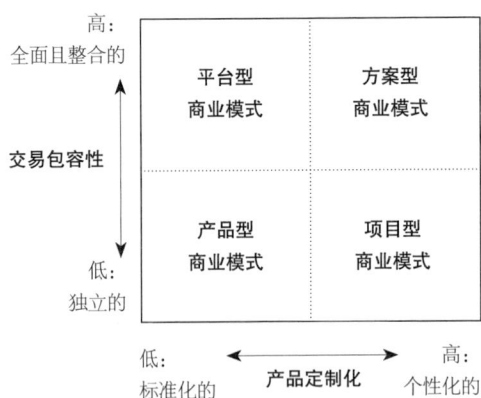

图 2.1　商业模式类型

且根据公司和市场的具体情况为公司确定一个具有发展前景的目标（我要到哪里去）。就像旅行一样，商业模式转型需要明确旅程的起点和终点。在此基础上，我们可以考虑转型需要达到的程度，已经采取了哪些措施，以及还要进行哪些改变。需要着重指出的是，这些商业模式类型并没有优劣之分，但每种类型都有其特定的优势、劣势和挑战性。

如前所述，这样的分类是经过一定程度的简化得出的结果，因此不应被视为非黑即白的、绝对的分类方案。根本的商业模式转型不总是从一种商业模式类型转变为另一类型，也可以是在转型完成之前逐渐转变为一般商业模式之间的交叉类型。这将在本书的许多案例研究中得以体现。

下面我们将具体分析四种商业模式类型的特点（优缺点），其中包括一些合理的建议，帮助企业基于其特有的内外部因素判断应该使用哪种类型。

产品型商业模式

产品型商业模式的特点是大规模供应标准化产品或服务，这些产品和服务在独立交易中被销售给客户（通常是匿名的）。其遵循的是"提供优质产品从而赢得市场份额"的逻辑。商品使用保证、产品检修和维护等标准化的售后服务，提升了实物产品的价值。随着产品的日益数字化，基于软件的功能和服务在区分核心产品方面发挥了更重要的作用。例如特斯拉的汽车整形就是基于软件更新发展起来的业务形式。

从图 2.1 中产品型商业模式的"低"端可以看出，交易在购买产品或服务后立即结束。因此，供应商会提出各种各样的策略，使他们的产品获得客户的青睐，并促成下一次交易的进行。例如，供应商提供同一品牌下的多个商品类别作为购买指南（例如爱马仕等奢侈品生产商），或者向客户提供未来交易的好处（例如新加坡航空提出的"常客飞行计划"等保留长期用户的项目）。

戴森：挑战行业现状的工程驱动型产品

2015 年，英国戴森公司的营业额为 17.4 亿英镑，利润达 4.48 亿英镑，旗下员工超过 4 500 人，其产品销往全球至少 65 个国家。

戴森的故事始于 1978 年。詹姆斯·戴森（James Dyson）曾因吸尘器的性能下降而感到困扰，这一问题是由吸尘袋被灰尘堵塞而导致的吸力变小造成的。戴森的工厂建造了一个旋风离尘塔，利用离心力将油漆颗粒从空气中分离出来，他认为这一原理同样可以应用于吸尘器的设计中。他为此历时 5 年，设计制作了 5 127 个样品。他的 G-Force 吸尘器先是授权给一家日本制造公司在日本生产并销售，之后很快成了一个高端品牌，售价 2 000 美元。1993 年，詹姆斯·戴森凭借 G-Force 吸尘器的专利使用费，在英国威尔特郡建立了戴森有限公司，并且成立了专门的研究中心和工厂。

创新产品如雨后春笋般随之涌现，最初戴森公司在其新型吸尘器和旋风离尘技术的基础上进行不断的改善。到 2009 年，戴森已经开始研发吸尘器之外的其他空气动力技术产品，如干手器、气流倍增器无叶风扇和戴森无叶风扇加热器。

戴森对工程设计的热情使得产品研发成为其公司所有工作的核心，"和所有人一样，我们会对不能发挥作用的产品感到沮丧。但是作为设计工程师，我们想要做点什么，而发明和改进产品就是我们为之努力的方向"。为了传播这一理念，自 2002 年以来，詹姆斯·戴森基金会一直致力于鼓励年轻人学习工程知识和成为工程师。

为了在增加交易包容性的同时遵循产品商业模式的逻辑（见图 2.1 中产品型商业模型的"高"端），一些供应商开发了具有内在逻辑的产品系统（例如乐高的积木玩具以及德国嘉丁拿公司的花园软管连接系统）。此类产品系统采用了模块化方法，其中每个模块都内含逻辑，以保证整体的完整性。因此，每一模块及其特定功能都能与其他模块与功能相互配合，使系统整体运行。这一理念使产品销售的规模效应得以实现，但整体销售的灵活度还是取决于每一个模块。"剃刀模式"是这种产品系统策略的一种特殊的"黏性"形式：系统中的核心产品通常以低廉的价格出售，甚至免费赠送，但是它需要一些非耐用产品或服务配合使用，而这些产品和服务往往能带来持续的消费量。（例如惠普的喷墨打印机和墨盒，提供移动设备的通信供应商和服务合同，以及雀巢的咖啡机和咖啡胶囊。）

如果企业能创建一个适用于大众市场的标准化产品供应系统，或者产品本身提供了一个明确而独特的价值主张，那么产品型商业模式对其而言将是一个不错的选择。企业可以通过技术创新、降低成本、优化流程、增强用户体验和产品设计感等途径来提高自身的竞争优势。产品型商业模式的优点在于它的复杂性相对较低。此外，如果它可以像一台"运转良好的机器"一样不断运作，那么企业就可以通过扩大生产规模获得更多的经济效益。其缺点在于需要投入大量的资金以了解客户需求和占领市场份额，而且公司如果没有专属的销售渠道，那么其与终端用户之间仍存在着较远的距离。例如德国艾姆希厨具公司、美国特百惠公司和德国福维克集团等拥有专属直销渠道的家用产品公司经常会遇到这些问题。

平台型商业模式

平台型商业模式的特征是标准化和大规模生产。在产品型商业模式中，产品系统内部的各个部分会相互配合，而平台型商业模式则与之不同。它建立了一个平台作为全面整合各种产品和服务的基础，并且规定了相互作用的规则和条件（例如管理、工作流[1]和业务流程），并通过提供共享功能和工具来吸引用户。

---

[1]　工作流（Workflow），指"业务过程的部分或整体在计算机应用环境下的自动化"，是对工作流程及其各操作步骤之间业务规则的抽象、概括描述。——译者注

平台是一个有效的工具。它可以通过不同的技术方式组织市场活动。市场已经存在了好几个世纪，它将消费者和商家紧密联系在一起。但它也发生了一些变化——信息和通信技术大大降低了对物质基础设施和实物资产的需求。如今的平台有很多种类，但它们都有一个生态系统，其中又包含相同的四类活动元素：

1. 所有者。他们通过决定谁可以参与以及以何种方式参与平台活动，来掌控他们的知识产权以及加强对平台的管理。例如戴姆勒拥有移动平台 moovel[1]。

2. 界面提供者。他们提供消费者与平台的互动界面。例如，智能手机就可以为消费者与 moovel 平台提供互动界面。

3. 平台的不同产品。例如 moovel 上的 mytaxi（德国的一款打车软件）应用程序。这样的合作应用程序与用户之间的交互活动通过智能手机（界面提供者）得以进行。合作伙伴往往是由不同来源的动机驱动的，有时甚至没有报酬，它们在价格体系之外工作。

4. 用户。他们是产品的消费者，既可以是供应商，也可以是买家。

这样的市场中介平台，只有在所有参与方都能参与平台活动，并都能从贸易中获得收益（至少从长远来看）的情况下才能存在。这些收益或高或低，但重要的是这些参与者的经营状况都

---

[1]　国际知名汽车制造商戴姆勒于 2008 年推出 car2go 汽车共享服务。其于 2009 年推出的 moovel 城市交通应用程序，是第一个客户可以在单一体验中简单地预订和支付 car2go、mytaxi 和 Deutsche Bahn 的应用程序。——译者注

不错。

现在我们将区分三种类型的平台型商业模式，并具体描述这种商业模式的演变。有一类平台可以促进两类或多类不同但相互依赖的用户之间的交互，并能为彼此提供便利的网络。这类平台是多边的，因此被称为"多边网络"。这些平台拥有不同的客户群体与合作方，企业必须获得并保持与他们的联系才能取得成功。平台的业务范围种类繁多，从约会平台（交友）到游戏平台（游戏开发商和用户）都有。

如果加入平台的用户数量增多，生成的应用程序和其他产品增多，交互次数（例如生产者与消费者、供应方与需求方或发送者与接收者之间）则可能随之增加，而这些程序和产品的价值也就越来越高。Facebook 的指数型增长不断吸引着更多客户，因为用户可能希望他们的朋友也使用该平台。这一理论逻辑促使其在2014 年以 220 亿美元的价格收购了拥有 6 亿用户的 WhatsApp。在市场中，新进企业可以利用这种网络效应，在很短的时间内占据市场主导地位。然而有证据表明，建立一个处于领先地位的行业平台需要更多时间，因为现有行业参与者的专业技术难以被效仿。更重要的是，在很多情况下，它们控制着产品数据的访问渠道。除网络带来的利益之外，产品和服务组合的广度和深度、优质服务（例如个性化推荐、免费送货）和基于订阅的盈利模式，也可以让平台供应商更好地维系其与客户的关系，并且往往会产生一系列新交易。

多边平台可以是商店，消费者从供应商提供的各类商品中购买产品（例如 H&M 的线上商店 hm.com、早期的亚马逊或 Booking.com[1] 等集成商）；多边平台也可以是市场，用户与平台的互动是产品组合形成的基础，而平台提供商推动着互动活动的进行与产品组合的形成（例如亚马逊市场、维基百科、优步、爱彼迎）。如果平台型商业模式向第三方开放，平台提供商可以将销售中获得的数据提供给卖场中的合作伙伴，帮助它们更好地销售产品。

为了进一步推动标准化和提高交易的包容性，过去 10 年中出现了一种新的第三类平台型商业模式。它提供了一个平台，在这个平台上可以开发其他平台。换言之，它是一个"由相互依赖的部分组成的、不断创新与发展的系统"。在这种情况下，平台提供商为其他公司提供了创新和发展的条件，并且建立了一个可以提供补充服务的供应商生态系统，例如了解客户、其他公司以及合作伙伴的需求，以决定补充服务的内容。这些平台提供的功能不是一成不变的（如之前所描述的单向或双向平台所表现的那样），它们能在开发新产品时提供可以利用的新平台功能（例如谷歌为智能手机产品设计的安卓操作系统，以及亚马逊网络服务为云计算服务构建的可扩展且高性能的网站）。因此，这不仅关乎产品构建模块的完整性，还关乎平台与其"领导者（head）"之间整合的完整性。不断提供相关补充服务的供应商生态系统，

---

[1]　总部位于荷兰的全球在线预订网站。其业务范围涉及 200 多个国家，提供 150 万多家酒店、公寓、别墅、民宿等住宿选择。——译者注

推动了增值产品数量的增加，也因此提高了产品组合的包容性。对于平台合作商来说，平台的决策也是极为关键的，因为合作商需要对平台的特定功能进行投资，这也意味着它们把筹码压在了平台未来的发展状况上。

亚马逊和亚马逊网络服务：平台商业模式发展的全盛时期

在过去的 20 多年里，亚马逊的商业模式一直处在不断演变的过程中。在此期间，杰夫·贝佐斯（Jeff Bezos）始终在改进、调整和扩展公司的平台。亚马逊发源于 1994 年建立的"网上书店"，贝佐斯当时的愿景是革新图书行业。亚马逊网上商店提供了便利的优质服务，这要归功于 24 小时供货且提供送货上门服务的平台，该平台使书商和图书购买者得以进行直接的互动，不需要当地零售商充当中介。贝佐斯还根据客户的订单历史记录向其提出具体的购书建议，借此引入了亚马逊商业模式的大规模定制化服务。在 2000 年，亚马逊推出了一键式订购流程（1-Click ordering process）。由于客户的付款和运送信息已经存储在亚马逊的服务器上，因此它创建了一个几乎无摩擦的结账流程，并实现了现有客户的高转换率。亚马逊在 1997 年申请了一键式订购的专利，如今它已有几十亿美元的估值。

亚马逊商业模式演变的下一步是，它在 2000 年推出了亚马逊商场，该服务使第三方供应商能够在支付亚马逊平台使用费的前提下出售其产品。由于不同的零售商可以用不同的价格售卖相同的产品，因此在平台内部形成了一个相互竞争的市场。这一竞争扩大了亚马逊商场提供的产品组合的广度和深度，并进一步提高了交易的包容性。它还引发了供应商对市场的思考与分析，有助于它们微调其产品。

之后亚马逊还推出了其他服务，比如 2007 年的亚马逊金牌服务。最初它允许在收取一定的会员费后，提供无限制的免费快递服务。如今随着亚马逊成为全球最大的在线内容平台之一，金牌服务内容还包括允许在每年收取 99 美元的固定会员费的前提下，向顾客提供无限量的音乐、电影和免费电子书等资源。亚马逊金牌服务已经成为一种包罗万象的实物与数字的结合体。为了像苹果公司一样建立一个完整的生态系统，亚马逊提供的产品与服务范围极为多样：从终端设备（平板电脑等）和内容产品（书籍、电影等）到小型的服务应用程序。亚马逊还推出了自己的设备，将其 2.44 亿活跃客户与平台更紧密地联系在一起，例如 2007 年推出的 Kindle 阅读器，以及 2014 年推出的 Fire 智能手机、平板电脑和电视。此外，它甚至还开始制作自己的电视内容产品，其制作的电视剧《透明人生》在 2015 年赢得了五项艾美奖。

与此同时，亚马逊还建立了亚马逊网络服务（AWS），这是一家领先的云服务提供商，搭配了一个全新的业务线。AWS 于 2006 年正式推出，现在提供计算、网络和数据库、内容交付和其他功能，以帮助企业扩展和发展业务。所有服务都是按需提供，并根据现购现付的价格进行交易。自 AWS 推出以来，客户数量大幅增加，其中包括品趣志、网飞、声破天和爱彼迎等众多知名的初创公司。它们没有遵循从零开始建立新企业的总体趋势，而是以灵活的云基础架构和应用程序平台为企业建构基础，以便在需要的时候扩大业务。

亚马逊在 2015 年的净利润为 5.96 亿美元。这远远超出了分析师对这家"高消费公司"的预期，因为 2014 年它亏损了 2.42 亿美元。亚马逊 2015 年的净收入共计 1 070 亿美元（2014 年为 890 亿美元），其收入和利润增长主要得益于 AWS 的推动，该项目的收入为 79 亿美元。2015 年 12 月 29 日，亚马逊的市值达到了 3 250 亿美元。

亚马逊在不断发展的过程中，从一个销售实物产品的线上商店，变成了一个允许第三方销售商进驻的线上商场；一个云计算服务平台的供应商，最终又成了一个内容零售商甚至是内容制造商。因此，亚马逊是目前为数不多的、掌握了各类平台型商业模式的全球平台公司之一。

如果一个公司想要建立一个强大的共享平台，集成广泛的产品和服务，设置可行的运行规则并且允许用户参与互动，那么平台型商业模式对其而言将是一个不错的选择。此外，它必须能够推动"流量[1]和吸引力"，这取决于其用户群的规模和活动，以及潜在的周边联合创新的生态系统。其优势为基于网络效应提供产品与服务的规模经济和范围经济，这使得客户能与平台保持长期的联系。其劣势在于，通常比产品有更长生命周期的平台，必须拥有领先的流程、卓越的架构以及更好的成本优势，才能成为市场上的实际标准。

项目型商业模式

项目型商业模式依赖高度定制化的产品或服务。这些产品与服务的开发，通常是基于企业在研发和生产过程中了解到的客户需求。尽管项目运行的时间较长，并且在此过程中企业可能多次签订了重要的分配合同，但这些都是一次性的合同。这种定制型的商业模式通常以服务为中心。例如，建筑公司的复杂规划和大坝建设，涵盖了大量的工程服务或项目咨询服务，其中没有涉及任何有形的产品。由于客户通常可以随时更换与其进行后续交易的供应商，因此服务公司在项目期间自然会以与客户发展密切关系，并向其交叉销售其他服务或未来的服务为目标。例如，发电企业通常会不断更换供应商（如通用电气、西门子和阿西亚·布朗·勃法瑞公司[2]），往往通过一个多元、平衡的供应商设备组

---

[1] 泛指网站的访问量，在不同国家可以用不同指标衡量，比如访客数、访问次数、浏览量等，反映了目标网站的访问数。——译者注

[2] 即 ABB，它由瑞典的阿西亚公司（ASEA）和瑞士的布朗勃法瑞公司（BBC Brown Boveri）在 1988 年合并而成。ABB 是电力和自动化技术领域的领导厂商。——译者注

合来保持公司运营的独立性。同样，上市公司每年都需要重新确认审计师，并在与其合作多年后予以更换，以符合廉洁公正的要求，并保证彼此的独立性。

如果一个公司的竞争优势源于为了满足特定客户的需求而设计和实施复杂的定制化项目，那么项目型商业模式对其而言将是一个不错的选择。其优势包括可控的复杂性，供应商可以在开发产品或服务的过程中（范围经济）收集与客户有关的信息，以及在注入有限的前期投资的情况下，灵活控制其成本结构。其劣势是特定的客户服务和产品功能缺乏可扩展性，难以被多次使用（只能针对一个客户提供一次性产品或服务），以及收益波动的幅度较大。

Nussli：为活动提供临时搭建的结构

瑞士 Nussli 公司是能够为复杂的大型体育和文化活动、交易会和展览提供临时建构服务的国际供应商。该公司可以为企业提供定制化的整体解决方案，包括从概念形成到最终实施方案。

例如，墨西哥蒙特雷市于 2014 年举办了女子网球协会的一次比赛。Nussli 的任务是设计一个拥有 2 400 个座位的普通看台以及一个可容纳 1 500 个观众的贵宾区。此外，该公司还负责为该活动提供灯塔和摄像平台。它拆除了为日内瓦戴维斯杯而建的网球场，并把 180 吨材料直接运往墨西哥。一个由 29 人组成的团队用 10 天的时间完成了比赛基础设施的搭建。

> 　　在这一商业模式中，客户显然没有被锁定。Nussli 设计并搭建了临时的活动结构，并在其最终被拆除后完成了整个项目。

方案型商业模式

　　方案型商业模式的特点是将高度定制化的个性产品与全面整合的综合产品和服务相结合。这一解决方案全方位地解决了客户的问题，并将整个生命周期中的项目管理（一站式服务）纳入其中。供应商倾向于与客户共同创建产品与服务，它需要为此进行一些前期投资。与此同时，供应商控制着整个价值链功能，因此能够更好地锁定客户。供应商和客户之间的这种双向依赖关系会产生显著的客户黏性，并有可能形成两者之间长期的合作关系。这些产品与服务通常包括实物与数字两种类型，如技术、产品（硬件和软件）、服务和内容。如果供应商无法为客户解决所有问题，它还可以联合第三方合作伙伴甚至竞争对手，从而形成一个多供应商共同配合提供服务的系统，而这需要供应商进行精心的策划与安排。

　　这种解决方案的定价通常基于服务水平协议，惠普就是一个典型的例子。惠普提供系统的办公打印服务，这意味着它会在多年合同期内向客户提供打印机、扫描仪、复印机、传真机等一系列办公用品。客户只需支付产出（即打印的页数）的费用。该解决方案还包括附加的增值服务（部分涉及现场作业的工作人员）：安装服务、售后服务（维修）、设备使用情况监控、客户投诉和咨询服务。

如果一个公司或部门能够通过个性化的产品与客户建立一种相互信任的业务关系，并能够为特定客户提供高度定制化服务和全面的解决方案，那么方案型商业模式对其而言将是一个不错的选择。掌握解决方案型业务的复杂性需要具备多个领域的能力，包括规划好解决方案中产品和系统内各部分的规模，解决方案中服务的内容和范围，以及对不同构建模块的最终整合。当产品来自外部供应商，且供应商拥有较低定制化程度的业务模式时，这一过程尤具挑战性，因为解决方案提供商必须承担更多的产品个性化服务。此外，领先的项目和风险管理能力也是一项极为重要的要求。方案型商业模式的优势在于，供应商与客户之间相互信任的合作关系，可以为市场新进者（客户集成型经济体）占领市场份额制造障碍。企业可以通过综合全面的解决方案实现巨大的差异化，防止商品单一化和价格竞争，并凭借商业模式中的大量服务和内容业务获取更高利润。其劣势在于模式固有的高度复杂性，这需要企业掌握各种独特的能力，需要深入了解客户业务和流程的专业知识，以及掌握内部和外部供应商各种具有挑战性的安排。毋庸置疑，方案型商业模式和项目型商业模式一样，企业需要在项目实施前进行预先投资。

罗尔斯·罗伊斯[1]：

罗尔斯·罗伊斯推出了全面关怀服务，向他的客户——航空公司，提供"飞机飞行里程"这一全面的解决方案（按时计算制动功率），以代替之前必须预先购买发动机产品、支付维修费用并投资基础设施的方案。

作为供应商的罗尔斯·罗伊斯公司在各个职能部门、合作伙伴等之间点对点地协调好客户问题的解决流程，以便根据服务水平协议向其航空公司客户提供服务。因此，航空公司现在可以专注于其核心竞争力，获得更可预测和可管理的费用清单，并与战略上符合其自身目标和激励措施的供应商建立合作伙伴关系。在旧的产品型商业模式中，罗尔斯·罗伊斯公司赚的钱越多，就意味着航空公司的飞机引擎被维修的次数越多。随着"按时计费"服务水平协议的出现，情况变得相反：罗尔斯·罗伊斯公司赚的钱越多，则说明飞机发动机的维修次数越少。

为了提供这种整体解决方案，罗尔斯·罗伊斯从一个各功能部门联系松散的产品型公司，转变为一家整合型的公司——一个服务驱动型的、以服务水平协议为导向的整体解决方案供应商。罗尔斯·罗伊斯公司协调了公司的业务网以向客户提供点对

---

[1] 罗尔斯·罗伊斯（又称劳斯莱斯）是英国著名的航空发动机公司，也是欧洲最大的航空发动机企业，它研制的各种航空发动机广为世界民用和军用飞机所采用。——译者注

点的服务流程。这一协调过程是基于其分析能力，以监控和主动应对可能影响服务水平协议的行业变化。因此，罗尔斯·罗伊斯公司可以凭借高额的服务收益率，达到其预想的收益状况并获得最高利润。

从根本上转变商业模式的选择

在本章中，我们根据定制化的程度和交易的包容性，提出了商业模式的几种类型。我们概述了四种常用的商业模式的优势和劣势。最后，表 2.1 呈现了这四种模式的比较结果。它可以帮助公司（及其竞争对手）对其主导的商业模式进行分析和定位，为模式转型提供基础思路，并帮助公司选择有前景的商业模式。

正如本章开头所阐述的那样，不同的商业模式可以在同一行业内共存并且相互竞争。在表 2.2 中，我们提供了一些行业中竞争的商业模式的例子，这些行业往往承受着巨大的模式转型的压力。

在我们谈及本书的核心——研究和管理四种商业模式类型之间不同的转换路径之前，我们将简要回顾对商业模式的持续性讨论，并对我们将如何为这一重要辩论做出贡献进行具体阐述。

表 2.1 常用商业模式类型之间的比较

	产品型商业模式	项目型商业模式	平台型商业模式	方案型商业模式
特点	• 产品本身在竞争中展现了清晰独特的优势（产品特征与功能等） • 服务具有附加价值元素 • 由于交易包含个性和产品定制化水平低、几乎没有重复性交易	• 竞争优势源于擅长为客户（现场）提供个性化的服务 • 几乎没有重复性交易，但可以通过举行特别活动（品牌活动等）提高客户保留率	• 通过对产品和服务进行全面的整合来形成竞争优势 • 由于有组织架构的平台基础和产品与服务的高度整合、客户会重复投资 • 系统平台周围的"流量和吸引力"影响竞争对手	• 竞争优势源于具有个性化和包容性的，点对点地解决问题的方案 • 企业与客户共同创建的整合型的解决方案 • 由长期形成的价值合作关系而产生的客户黏性 • 独立的合作伙伴或竞争对手之间的组合与相互协调
优势	• 形成规模经济 • 容易理解的商业模式 • 受种子期和成长期投资者喜爱 • 相对较低的复杂程度	• 形成范围经济； 在为客户共同创造产品价值的过程中能够收集客户相关信息 • 可管理的复杂性	• 通过网络效应和产品与服务提供内容的完整性，得以形成规模经济 • 种子期和成长期投资者最喜欢的模式 • 能灵活地持续开发符合不断变化的市场需求的产品	• 客户整合型的经济 • 与出口价格竞争有巨大的差异 • 服务或业务内容业务可能获得更高的利润
劣势	• 需要大量的市场投资来留住客户 • 离终端客户相对较远 • 易受平台型商业模式影响	• 须针对特定客户的需求进行大量前期投资	• 平台系统需要拥有卓越的架构或更大的成本优势，才能成为市场上的标准	• 高度复杂性；需要掌握各种能力 • 需要深入了解与客户流程相关的专业知识 • 与内部或外部供应商之间的协调具有挑战性
举例	• 汽车零部件制造商 • 机械设备 • 实体零售商（如超市）	• 咨询公司（计划和构建阶段） • 建筑和土木工程公司	• 商店 • 线上商场 • 变化的平台	• 系列设备解决方案提供商 • 点对点流程外包商

表 2.2 几种常用商业模式的行业范例

	产品型商业模式	项目型商业模式	平台型商业模式	方案型商业模式
零售行业	零售银行[1]（如美国银行）：为私人和企业终端客户提供标准产品（如基金、贷款）的大众银行	投资银行、企业并购咨询（如高盛）：针对具体客户的项目服务，提供卖方建议、跨国并购和合并交易	众筹（例如众筹网站平台）：将大量支持者的小额投资汇总在一起，从而使企业家获得新项目资金的在线平台	家族办公室（如汇丰银行私人财富解决方案）：代表一个家庭长期管理投资和信托的私人公司（加上个人服务）
旅游行业	酒店（如希尔顿酒店）：向私人或商业客户直接或间接地出售标准食宿服务	定制旅游（如iTravel）：在线旅游运营商系统平台，提供完全个性化的假期安排与独特的旅行体验	住宿机构（如爱彼迎）：能使私人住宅主和旅客进行直接的互动和交易的平台市场	公司旅游管理（如全球旅游管理公司BCD Travel）：旅行相关方案的全方位服务提供商，以满足公司客户的特定需求
信息技术行业	用户软件公司（如Microsoft Office）：适用于大众市场（本地安装）的100%标准化软件	系统集成商（如埃森哲）：为特定客户复杂的信息技术实施和开发项目（无托管）进行管理	标准业务软件公司（如思爱普公司）：标准软件系统平台，整合了不同的功能，作为供客户使用的平台或一种服务而存在	云服务管理提供商（例如德国电信的T-Systems[2]）：将标准系统平台（SaaS或公共云平台）与为客户定制的功能（云管理）整合在一起

[1] 零售银行 (Retail Banking)，是银行类型之一，它们的服务对象是普通大众和中小企业。零售银行的客户通常是通过银行分行、自动柜员机及网上银行等交易的。——译者注

[2] T-Systems 是德国电信旗下专注于企业客户的分支机构。针对能源、医疗、媒体、汽车、机场等各类行业，公司都能提供满足其要求的运营服务以及 IT 解决方案。——译者注

第三章　从微调到根本性转型

在过去的10年中，鲜有其他管理概念像"商业模式"一样得到如此迅速的传播。从20世纪中期到20世纪90年代，学者们开始研究这一现象，并试图了解企业如何在系统层面展开业务。自1995年以来，已有约18 000篇有关这一话题的文章被发表（其中有3 000篇是在同行评议的期刊上）。目前学界已经达成了一定的共识，即商业模式代表了公司在价值创造和占有市场方面的独特逻辑。它通过系统的活动配置"解释公司的运作方式以及为利益相关者创造和获取价值的方式"，分别发现、创造和利用由企业家精神驱动的机会。许多人通过研究商业模式的维度、类型、语义、（新）模型的设计、不同模型的表现（包括创造社会财富）以及将概念应用于企业层面与商业层面，促进了人们对商业模式进一步的了解。

如果我们想要分析一个商业模式及其发展，通常要考虑以下六个与其密切相关的部分。在这六个部分中，有四个超出了商业模式所提供的特定产品或服务范围：

1. 客户价值主张。这代表了一个公司为客户提供的服务，也就是公司需要完成的工作。这是一个公司为满足特定客户需求而提供的一种方式，这是产品无法解决的。定制化程度是影响所提供产品的重要杠杆；而另一项则是交易所具有的包容性。

2. 活动系统。这是实现价值主张所需要的价值创造活动。在这里我们也必须回答自制与购买问题：哪些活动需要我们自主运行？我们设计的活动是否会涉及战略合作伙伴？这些合作伙伴是否会为系统带来独特的专业知识和资源？通常，与我们自身活动具有相辅相成关系者的合作对于创新和新解决方案的实现是不可避免的和具有决定性意义的。

3. 治理。在这一层面我们可以决定如何协调不同的活动及其相互作用。

4. 关键性资源。为了创造价值，必须要有物质资源或人力和社会资本等资源让活动得以开展。组织资源（如特定过程和管理系统）也需要利用创造价值的资源。

5. 独特的资源（例如新知识、特定能力、锁定）可以成为竞争优势的来源。

6. 货币化机制。利润公式即我们的盈利方式，需要被界定。

当前，关于商业模式的讨论更多地集中在初创背景下新商业模式的创新方面。我们对现有公司的商业模式知之甚少，例如这些公司是如何随着时间推移而不断改变他们的商业模式的。如果存在对商业模式的变化进行的研究，那么这些研究的内容更多是对现有商业模式的微调，以创造增量式的变化。但我们也看到，许多现有公司的模式正在遭遇沉重的打击。对于许多公司来说，微调是远远不够的。它们唯一的选择是进行根本性的改变，即彻底转变为另外一种商业模式。由于外部商业环境的变化，以及受到内部因素的驱动，许多公司需要主动迎接挑战，并尽可能先发制人地改变现有商业模式以保持自身的竞争力。

在下一部分，我们将提供关于商业模式概念演变的背景信息。对于这一演变的各个阶段，不感兴趣的读者可以省略这一部分，然后直接进入到"从动态的视角出发"这一部分。

商业模式概念的出现

商业模式概念的出现以及对这个主题日益分化的争论大致经历了四个阶段（见表 3.1）：互联网时代（1993～1999 年）、创新时代（2000 年至今）、分类时代（2003 年至今）和转型时代（2011 年至今）。本书将集中讨论现有公司商业模式的转型。然而，由于这个时代建立在前一时期的知识与见解之上，所以我们会简要概述其对转型时期产生的影响。

商业模式的互联网时代（1993～1999 年）

商人是最早对商业模式产生兴趣的主体，这一概念在 20 世纪 90 年代中期互联网出现之时就已经得到了广泛的讨论。1993 年，万维网的出现引发了人们对互联网的兴趣，并由此催生出了

表 3.1　商业模式时代的兴起

	商业模式的互联网时代（1993~1999年）	商业模式的创新时代（2000年至今）	商业模式的分类时代（2003年至今）	商业模式的转型时代（2011年至今）
导致因素	· 互联网成为基于网络的商业模式的推动者 · 随着手机与手提电脑的崛起而迅速发展 · 新兴市场快速成长 · 在互联网泡沫破灭下终结	· 创新理念成为商业模式的积压；互联网泡沫破裂后的谨慎投资 · 创新型商业模式配置的新工具 · 更低成本的标准化的组件催生了"更高效的新企业"	· 随着初创企业重焕生机，对于商业模式的讨论开始兴起 · 商业模式知识的增长导致越来越多模式分化的出现；一刀切的分类方式不再适用于所有企业 · 开始意识到商业模式类型内部的一致性至关重要	· 某些特定商业模式的生命周期结束 · 新的市场机遇（如大数据、云服务、工业4.0） · 需要商业模式与信息技术模式之间的配合
主导逻辑	· 商业模式被作为新的分析单元 · 虚拟世界战胜了传统的实体企业 · 公司通过杀手级应用程序挑战原有的商业模式 · 宗旨：快速发展	· 商业模式的设计与创造可以系统化的方式进行 · 整个生态系统能提供动态且全面的产品 · 指数型公司充分利用了丰富的资源	· 商业模式可以根据常见模式被分为不同的类型 · 商业模式作为一个完整的概念，包含目标、活动、资源、治理机制与货币机制	· 对现有的商业模式进行微调并不足以应对挑战。只有从一种商业模式到另一种商业模式的彻底转型和系统的战略性转变，才能起作用
方法	· 概念化的商业模式方法	· 配置的商业模式方法	· 分类与整体性的商业模式方法	· 转型的商业模式方法

（续表）

	商业模式的互联网时代（1993~1999年）	商业模式的创新时代（2000年至今）	商业模式的分类时代（2003年至今）	商业模式的转型时代（2011年至今）
出版物	· 蒂默尔斯（P. Timmers）（1998）《电子市场的商业模式》，电子市场，8（2），pp 3-8。 · 阿米特、佐特（R. Amit and C. Zott）（2001）"电子商务中的价值创造"《战略管理》杂志，22，pp 493-520。	· 哈默尔（G. Hamel）（2000）《领导革命》，哈佛商学院出版社，波士顿。 · 金、莫博涅（W. C. Kim and R. Mauborgne）（2005）《蓝海战略》，哈佛商学院出版社，波士顿。 · 奥斯特瓦尔德，皮尼厄（A. Osterwalder and Y. Pigneur）（2010）《商业模式新生代》，约翰·威利父子出版公司，新泽西州。 · 里斯（E. Ries）（2011）《精益创业公司》，企鹅出版社，伦敦。 · 伊斯梅尔、马龙、吉斯特（S. Ismail, I. Malone and Y. Geest）（2014）《指数型组织》，Diversion Books，纽约。	· 佐特、阿米特、马萨（C. Zott, R. Amit and L. Massa）（2011）"商业模式：最新进展与未来研究"，《管理杂志》，37，pp 1019-42。 · 林茨、穆勒-Stevens（C. Linz and G. Müller-Stevens）（2012）"管理决策案提供商战略"，《管理研究期刊》，65（12），pp 1-24。 · 加斯曼、弗兰肯伯格、奇克（O. Gassmann, K. Frankenberger and M. Csik）（2014）《商业模式的导航器》，F. T. Publishing，哈洛。	· 阿斯帕拉、兰贝格、蒂卡宁（J. Aspara, J-A Lamberg and H. Tikkanen）（2011）《商业模式转型的战略管理：基于诺基亚的经验，战略决策》，49（4），pp 622-647。 · 本书。

网络时代。

在网络时代，一个充满活力的初创企业以前所未有的速度为"杀手级应用[1]"引入了大量新的商业模式。作为技术基础，互联网使以万维网为代表的第一代网络商业模式（如门户和搜索引擎），与以电子商务为代表的第二代网络商业模式的兴起成为可能。在这个阶段，虚拟世界将战胜实体店成为关键性的信念：这只是一个迅速构建头脑风暴和市场份额的问题。遵循这一逻辑的一个典型案例是，2000 年 1 月，媒体公司时代华纳（销售额 146 亿美元，拥有 67 500 名员工）以 1 820 亿美元收购了因特网服务提供商美国在线（AOL）（销售额 48 亿美元，拥有 12 100 名员工）。当时美国在线董事长兼首席执行官史蒂夫·凯斯说："我认为将这称为'历史性的合并'一点也不夸张，我们已经改变了媒体和互联网的格局。"但是最后他失败了。

然而，尽管互联网泡沫在 2000 年 3 月破灭了，诸如亚马逊的杰夫·贝佐斯和易贝网的皮埃尔·奥米德亚（Pierre Omidyar）这样的企业家成功地利用了全新的商业模式——杀手级应用程序，赢得了与大型老牌企业之间的竞争。这种成功不是建立在更好的产品或服务以及突破性技术的基础之上，而是建立在他们卓越的商业模式以及创造和获取价值的方法之上。

成功度过网络泡沫危机的迈克尔·戴尔（Michael Dell）可能

---

[1] "杀手级应用程序（killer applications）"是计算机行业中的一句行话，它指的是一个有意或无意地使你决定购买它所运行的整个系统的应用程序。——译者注

是这个阶段最著名的企业家领袖。1996 年，戴尔开始销售客户通过网络进行配置的电脑。戴尔官网很快就公布其日销售额达到了100 万美元。2001 年，戴尔公司的市场份额达到了 12.8%，超过了康柏（Compaq），成为全球最大的个人电脑制造商。除了通过互联网直接销售和按照订单生产的能力之外，戴尔还通过设计负营运资本模型彻底改变了电脑零售行业。他首先从客户手中聚集资金，然后再从供应商那里订购零部件来制造电脑。正如戴尔这一案例所示，商业模式的创新主要依赖更好地整合和更新价值链的不同阶段，以创造和获取价值。

商业模型的创新时代（2000 年至今）

互联网泡沫的冲击导致大量创新理念的积压，投资者变得比过去更加谨慎，技术和产品的研发成本也在上升。为了应对这种积压，防止收益缩减并保持稳定增长，企业开始转向新的经营方式，但它们并未从根本上改变其商业模式。

越来越多的概念以系统的方式支持商业模式的创新与配置过程。例如，哈梅尔（Hamel）提出了一种启发法，以革命性的方式挑战企业的商业模式，而金（Kim）和莫博涅（Mauborgnc）则开发了新的框架和工具，构建了没有竞争的市场空间"蓝海"。奥斯特瓦德（Osterwalder）和皮尼厄（Pigneur）开发的"商业模式画布"则是一个非常实用的，可以用于系统的商业模式设计的综合工具箱。

与此同时，一个对于整个竞争格局产生强烈影响的巨大变化在初创阶段发生了：基于互联网商业模式的组件和工具（从众筹到大数据分析）变得更加标准化与廉价，而且企业可以直接购买现成的产品。这意味着实施高效的创业理念变得更加快捷，成本也更为低廉，这也导致了许多高效、灵活、快速壮大的年轻企业的出现。本书将以 2008 年成立的住宿供应平台爱彼迎为例，并将其与酒店公司凯悦进行比较。爱彼迎没有任何房产，员工数量也相对较少，但它已经活跃在全球 34 000 多个城市。凯悦如果想要继续扩张，将需要大量的投资来建设和发展基础设施，同时要在各个地区招聘和培训人才等。相比之下，爱彼迎比凯悦的运营更为高效和灵活。

正如我们所看到的，这一系列活动着力于对商业模式的修正和创新，但是并没有区分商业模式的类型。然而，随着越来越多新商业模式的出现，不同商业模式类别的差异及其运行规则的差异变得愈发显著。

商业模式的分类时代（2003 年至今）

随着商业模式的日益多样化，人们需要以一个更加系统化的视角来看待这一问题。初创企业重新恢复了活力，但是与互联网热潮时的一刀切式分类方法截然不同，这一时期的研究者和从业人员开始对不同商业模式之间的差异产生兴趣。

这种新商业模式类型的一个例子就是"免费增值"模式，即新的竞争者进入市场，提供与现有从业者类似的服务，但其价格更低甚至是免费提供。例如瑞典企业家尼克拉斯·森斯特伦（Niklas Zennström）和他的丹麦同事亚努斯·弗里斯（Janus Friis），他们在 2003 年 7 月创立了 Skype（一款即时通信软件）。到 2004 年底，他们的软件下载量已经超过 4 600 万次，首次证明了基于免费增值商业模式的初创型企业能够超越基于传统付费服务商业模式的原有电信供应商。2005 年 9 月，易贝以 31 亿美元的价格收购了 Skype。

随着商业模式在多个维度上的发展，公司有机会以系统的方式在不同的选项中进行选择，以找到最为合适的商业模式。加斯曼（Gassmann）等人发现了 55 种商业模式类型，这些模式可以应用于 90% 的世界上最成功的企业。

商业模式的分类时代开启了一些行业更加彻底的变革道路：采用一种不同的商业模式成了进入市场并与竞争对手抗衡的新方式。然而，这些变化主要是由白手起家的小型初创企业所驱动的，它们围绕着全新的价值创造和获取方式而创建，而现有企业则被认为除了坚持原有商业模式之外别无选择。

商业模式的转型时代（2011 年至今）

回顾人们之前对商业模式进行的讨论，我们可以提出两点发现。首先，关于商业模式主题的讨论占据了主导地位：是哪种类型？有哪些组成部分？受到哪些因素影响？然而人们对于商业模式的管理过程却知之甚少：它们是如何设计、应用和运行的？如何应对商业模式的战略变化？其次，现有讨论的内容更多是关于新商业模式对现有企业的冲击，而不是现有企业自身的商业模式转型。

　　然而，当前的商业现实都与调整、改变和转变商业模式紧密相关。我们目前可以看到，新老企业在被迫改变它们的商业模式，以拉近其与客户不断变化的需求之间的距离，并争取在与初创企业的竞争中先发制人。这些转型可能会有许多不同的方向。一些公司通过为客户提供全面的产品和服务来补充原有的产品和服务，以实现从产品型商业模式到平台型商业模式的转变。例如德国高端汽车生产商戴姆勒，通过提供基于大量交通工具的点对点的整合型移动服务，扩大了汽车销售业务。每一个商业模式转型都预示着一个重大的战略转型。在某些情况下，一些公司甚至完全抛弃了旧商业模式，转型成为一种全新的商业模式，而它们须在这一过程中克服很多障碍。尽管商业模式的重要性得到了广泛的认可，但即使是将动态视角应用于这一领域（即商业模式转型）的研究，也具有很大的局限性，通常被局限在某一特定的方面。鲜有研究者会关注商业模式转型的整体变化过程，这通常被认为是商业模式研究中最具挑战性的议题。

从动态视角出发

　　在本书中，我们对商业模式转型采取了一种动态的观察视角，并着手探索从原有商业模式成功转型到新商业模式的路径。由于外部商业环境的变化以及内部因素的驱使，许多公司需要主动迎接挑战，甚至改变现有的商业模式以保持自身的市场竞争力。因此，公司对原有商业模式进行增量式微调是不够的，应当从根本上转变公司或某一部门的商业模式，从而构建一个全新的、更为合适的模式。我们将商业模式类型的这种转变，称为"根本的商业模式转型"。成功应对根本性的商业模式转型，被视为企业的一项关键的组织能力。

根本性的商业模式转型既可以是完全转型（即完全放弃原有模式，采用新的模式），也可以是部分转型（如采用或增加一种新的商业模式，但保留现有模式作为主导的并行模式——有时仅限于特定的过渡时期）。例如，网飞公司正在采用这种混合的模式：其主导模式是视频流的平台型商业模式，但后来它通过生产自己的内容增加了产品型商业模式。戴姆勒则反其道而行之：其主导模式是销售汽车的产品型商业模式，同时通过 moovel 增加了一个交通平台型商业模式。当然，这种新的商业模式势必会影响传统的商业模式，因为它对汽车从交通工具到移动起居室的功能变化进行了重新定义。此处所指的汽车只是包容性移动解决方案中的众多组成部分之一。

这种根本性的转型充满了挑战性，因为它们往往会与公司的主导文化产生冲突。这些公司的管理人员主要关注公司的日常运营状况，他们通常很晚才意识到需要改变商业模式以确保公司的长期生命力与繁荣。

根本性的商业模式转型是指企业从一种商业模式转变到另一种商业模式，以获得竞争优势的系统战略变革过程。正如前文所述，根本性的商业模式转型与商业模式创新不同，商业模式创新侧重于在既有的商业模式内修改单个商业模型的维度，而不是从一种类型转向另一种类型。商业模式创新和根本性的商业模式转型遵循不同的路径，因为它们处理的是不同的现象。但是，这两者之间也存在重叠的部分，即模式创新的程度超出了现有模式的调整范围并指向新的商业模式。根本性的商业模式转型需要前端（价值主张、产品与客户互动）、后端（活动、关键性资源与能力）以及货币化机制（成本和收入结构）之间的整合与协调。

在本书的讨论过程中，引导我们并且贯穿全书脉络的主要问题是："您的思考是否足够彻底？"我们分析并讨论了已经完成商业模式转型或正处于模式转型过程中的数百个业务单位和公司的案例。在这一过程中，我们发现大量案例中商业模式的前端、后端和货币化机制在一定程度上得到了调整，但其商业模式类型大致保持不变。如果商业模式转型的程度不够深远，这种情况就会经常出现。例如一个杂志出版商在移动设备上提供浏览内容，就不足以称之为根本性的商业模式转型。相反，如果通过第三方内容来扩展价值主张，那么基于体系结构的平台就得以建立，出版商就可以采用基于用户订阅的收费方案，这一改变就可以被称为根本性的商业模式转型。然而现实告诉我们，许多企业仍然不愿意从根本上进行模式转型，而更倾向于渐进式微调的创新路径。然而微调的背后存在着一个巨大的风险，即这些措施只能掩盖但无法解决实际问题。发布线上内容的出版商可能会认为这是应对在线竞争对手的一个有效手段，但在没有进行完整的商业模式转型的情况下，由于没有建立起与用户免费阅读相匹配的收益渠道，出版商迟早会面临资金短缺的问题。

例如成立于 1875 年的德国鲍尔传媒集团（the German Bauer Media Group）已经系统地改变了其商业模式。为了更好地连接印刷媒体和数字媒体并建立社区，成功的印刷杂志概念已经被转移到了互联网中。在 2000 年，该集团围绕门户网站 heatword.com 以及广播电台 heatradio 掀起了人物杂志热潮。它建立了新的在线品牌，如在英国以"经常联络的年轻女性"为特征的门户网站 Debrief；在德国建立的健康门户网站 Praxisvita。为了管理数字产品和服务的组合，它还推出了一个新的运营部门 Bauer Xcel Media。2014 年，该部门为集团的 23 亿欧元的总销售额贡献了 9 400 万欧元。

本书的目的是通过揭示企业如何在成功进入新领域的同时利用现有商业模式的特点，以鼓励管理人员思考并参与到根本性的商业模式转型之中。在第二部分，我们介绍了不同商业模式类型之间的交叉概念，这些概念表明如果您真的希望从根本上转变商业模式，就需要跨越其交叉领域的分界线。此外，我们还阐释了这些转变需要在所有相关的商业模型转型杠杆中，以同步和平衡的方式得到驱动。

如何从根本上转变商业模式

如果公司正面临商业模式方面的压力，有三个解决方法：第一，它可以退出业务（通过关闭业务或放弃公司）；第二，它可以尝试优化和创新当前的商业模式，使其更贴近客户的需求；第三，它可以开始认真寻找更合适的商业模式。从管理者的角度来看，第三个选项可能是最具挑战性但也是最有效的。从一种商业模式转变为另一种更有效的模式以捍卫或重新获得公司的竞争优势，这意味着要经历一个深度的战略性的革新过程，其中包括公司的主导逻辑和思维模式的转变。

我们将商业模式的转换称为"穿越"，这个术语强调的一个事实是，在市场和行业不断变化的时候，仅仅以增量方式改善或创新公司当前的商业模式已经不能满足现实需要。相反，领导者需要拥有坚定跨越分界线以迎接全新的商业模式的决心。但是通常有两种特殊的力量在阻碍着公司转型：原有商业模式的退出障碍，以及新模式的巨大进入障碍。因此，转型失败的风险相当高，但有时候商业模式转型可能是公司唯一的出路。为了减少失败的风险，领导者应在转型过程中尽量做好准备，以应对公司管理层面出现的新挑战。

图 2.1 展示了本书的基本框架：商业转型板。根据之前介绍

的模式类型，我们具体解释了想要从根本上转变公司商业模式的领导者可采用的不同选择模式，而这些模式是通过跨越一个甚至两个分界线来实现根本转型的。

- 商业模式赤道：穿过商业模式赤道，意味着包容性程度的变化。在赤道以北，我们发现商业模式基于全面且高度整合的交易，而这些交易产生了连续不断的现金流。相反，在赤道以南，商业模式主要依赖离散的独立交易。

- 商业模式子午线：穿过商业模式子午线，意味着定制化程度的变化。在子午线以东，商业模式基于个性化的产品与服务，而在子午线以西，商业模式依赖标准化的大众化产品与服务（包括大规模定制产品或服务）。

商业模式赤道与商业模式子午线都可以从两个方向穿越：从南到北和从北到南（从非包容到包容，反之亦然），以及从西到东和从东到西（从非定制到定制，反之亦然）。此外，我们观察到的案例不仅包括单一转型（穿过商业模式赤道或商业模式子午线）的情况，还包括二维转型（穿过商业模式赤道及商业模式子午线）的情况。后者能以直接的对角线穿越的方式来实现，也可以通过分步完成两个单一的转型过程来完成。

商业转型板是指导公司完成从当前商业模式类型转换到另一个类型的基础转变过程的工具。领导团队一旦选择了商业模式的穿越路径，就需要参与到实际的转型过程中。我们观察到，一次成功、彻底的模式转型需要在三个领域进行改变：

西—东向穿越
- 提供全面的、灵活且整合的、以服务为中心的产品
- 提高处理和满足客户需求的能力
- 关注多变的、与用户参与度相关的成本

北—南向穿越
- 为公司的产品和服务寻找新的商业机会
- 开发全新的能力，让每个产品和服务都拥有单键优势
- 建立更简单、成本更为透明的定价模式

南—北向穿越
- 通过编排和整合具有整体性的解决方案，向客户提供高质量的点对点服务
- 掌控领先平台和体系结构标准
- 通过反复收取小额费用的方式，创造持续性消费和收益流

东—西向穿越
- 提出新的、更好的标准供应内容
- 将服务和内容转变为可重复使用的元素
- 积极管理好固定成本

包容性

定制性

平台型商业模式　方案型商业模式

商业模式子午线

产品型商业模式　项目型商业模式

赤道

图 2.1　商业转型板

1. 前端：面向客户的前端的改变。其中包括公司为客户提供的产品与服务，以及客户看到和体验过的所有活动的商业模式的价值主张的改变。

2. 后端：业务运行所需的组织活动的改变。其中包括公司关键资源（如能力或技术）的变化。客户无法亲眼见证这一领域的改变。

3. 盈利机制：公司创造收益以及提高盈利方式的改变。

这三个领域的变化不一定同时发生。我们观察到，一些企业通过改变某一领域或两个领域以开始其商业模式的转型。然而，根本的转型过程不应当在这种不平衡的状况下结束，因为前端、后端和盈利机制是相互依存的。如果一家公司想要充分挖掘新商业模式的潜力，通常需要跨越前端的子午线或赤道，并改变其他两个领域以与新前端相配合。而有时前端的变化是由后端的改变（例如新技术）或者盈利机制的改变（例如与客户签订的新订阅合同）引发的。

此外，在这些领域中，我们可能会观察到一个渐进式的转变，因为很多组织系统和流程不能立刻发生根本性的变化，必须随着时间推移而进行缓慢的演变。因此，有时很难估计一家公司跨过商业模式赤道或商业模式子午线的实际时间点。为了帮助管理人员跟踪进度并确保模式转型始终朝着正确的方向前行，我们在第十一章中介绍了商业模式概况，这些概况可以协助企业评估前端、后端与盈利机制的包容性和定制化程度。在第四章到第六章中，我们详细描述了单一的穿越过程，然后讨论了直接跨过两个维度的对角线型穿越过程。

第四章　改变包容性水平

　　穿越商业模式赤道，即从非包容性商业模式转变为包容性商业模式，或从包容性商业模式转变为非包容性商业模式，公司对三个转型领域的不同价值驱动因素（见表 4.1）都需要进行转变。前端的转变包括供应内容的结构、消费情况以及供应商与客户之间的关系。对于后端转型而言，公司必须调整运行商业模式所需的能力和各种联系（如合作关系）。此外，盈利机制需要改变收入的频率、总成本覆盖的时间范围以及定价模式。

向包容性水平更高的商业模式转变

　　2001 年苹果公司推出 iPod 时，大多数人都认为这只是另一款 MP3 播放器，与一般 MP3 的区别仅在于它的外形更为炫酷，并且可以在袖珍设备上存储超过 1 000 首歌曲。很少有人意识到，苹果公司已经开始从产品型商业模式转向平台型商业模式。iPod

表 4.1 南北向商业模式转型的价值驱动因素

领域 穿越方向	前端	后端	盈利机制
北 全面且整合的交易	**全面且整合的价值主张** · 捆绑销售大量的产品和服务以满足客户的需求 · 频繁的消费 · 战略性，保留导向型的客户关系	**整合的（架构）** · 领先的专有或半开放式架构 · 通过横向的网络管理扩大产品与服务的适用范围 · 发挥网络的效力	**经常性收费** · 稳定的长期收入（例如订阅、服务水平协议） · 长期的成本覆盖（可盈利的客户生命周期）
从南向北	· 通过编排和整合整体性的解决方案来提供高质量的点对点服务 · 提供卓越的客户体验 · 建立保留导向型的客户参与方式	· 掌控领先平台和共享体系结构标准 · 扩大公司的能力基础（横向）并建立互补体系 · 推动更多的供应内容创新	· 通过反复收取小额费用的方式，创造持续性消费和收益流 · 利用基于订阅的消费模型、构建综合的定价模式 · 关注可盈利的客户生命周期
从北向南	· 为单独的产品和服务供应内容、提出令人信服的价值主张 · 为公司的产品和服务寻找新的商业机会、吸引新客户	· 开发全新的能力，让每个产品或服务都能拥有竞争优势 · 与供应商建立密切的关系	· 建立短期的现金计划 · 估算产品或服务全生命周期的成本范围 · 建立更简单、成本更为透明的定价模式
南 单独的交易	**单一的价值主张** · 有一个非常集中的报价 · 进行单一、独立的交易 · 交易性质的临时的客户关系	**独立的（体系结构）** · 领先的创新和业务能力 · 通过垂直的供应商管理达成成本最低化	**一次性交易** · 一次性收入（如分配合同） · 短期的成本覆盖（有利可图的交易） · 成本透明型的定价

的价值实际上只能通过与 iTunes 平台相结合才能实现，这使用户能够管理音乐产品。用户可以在线上合法购买乐曲，同时还能使已购买的所有音乐内容得到紧密的整合。值得注意的是，当索尼这样的老牌公司通过发布自己的产品向 iPod 发起反击时，它们实际上是在用"错误的"商业模式攻击苹果。这些公司仍然将苹果视为一家产品型公司，而史蒂夫·乔布斯的战略重点已经转向了平台和生态系统，正如他在 2003 年 4 月的一次采访中所指出的那样："随着新的 iTunes 音乐商店的推出，我们现在已经为数字音乐时代构建了第一个真正完整的生态系统……我们可以通过合法的方式在线购买音乐……我们可以通过 iTunes Jukebox 管理音乐产品……我们可以在忙碌之时用 iPod 聆听音乐……所以我们真的有了一个端对端的、完整的数字音乐解决方案"。

通过由硬件、软件、内容和平台组成的综合全面的供应网，苹果公司能够为数字音乐提供端到端服务，将客户留在苹果生态系统（锁定），并且让其他公司难以在细分市场上与苹果的整合型供应网进行竞争。此外，苹果公司的平板电脑、智能手机、智能电视、Beats Electronic 音乐串流服务、智能手表等产品或服务，都与 iTunes 平台以及作为中央枢纽的苹果线上商店相整合。这个数字生态系统所包含的内容与私人设备越多，客户下一次购买苹果产品或服务的好处也就越大。

共享型公司优步正在打破移动类行业的格局。优步将众多本地的个人移动服务供应商协调整合成一个综合的服务供应网，尽可能地向用户提供端对端的便捷的交通服务。类似这样的市场新进者正在挑战行业的现状——出租车行业的现状。老牌公司没有初创公司拥有的优势，即可以从头开始规划商业模式且不受原有模式的束缚，但是否存在一家老牌公司能够在不具备这种优势的情况下，成功挑战行业的规则？

戴姆勒作为一家老牌汽车生产商，值得我们深入研究。2008年，该公司推出了 car2go 汽车共享服务。为了更好地迎合广泛的社会变化（即共享经济的发展），戴姆勒决定提供灵活和环保的汽车共享服务。在一次性注册过程之后，顾客能够临时使用或预约使用汽车，并且不受时间的限制。该服务按分钟计费，按时和按日计费会有少许优惠。在使用结束后，车辆可以被停在市区范围内的任何公共停车位。car2go 平台在欧洲和北美的 30 多个城市获得了巨大的商业成功。2015 年起该项服务开始在中国市场运行。而戴姆勒并没有止步于此，它还意识到客户的需求正在进一步发展，整合型的端对端的移动服务解决方案是客户需求发展的方向，它使客户拥有了从 A 到 B 的最佳途径，且不受客户是否愿意或能否开车的限制。因此，在 2012 年 7 月，戴姆勒推出了戴姆勒移动服务公司（Daimler Mobility Services AG）和 moovel 移动服务平台。moovel 的首席执行官宣称："moovel 的目标是向城市中的人们提供所有可能的移动服务选择。这将使我们通过提供公共交通、出租车、豪华轿车、租赁汽车、租赁自行车、共享汽车、火车、长途客车或飞机等交通工具信息，向客户提供从 A 到 B 的最佳途径。我们邀请所有能够为实现此目的做出贡献的人加入我们的行列。"moovel 整合了各种移动工具供应商，促进了他们之间的互动，并且基于大量用户的优质体验推动了移动工具服务的运行。而随着 moovel 的推出，戴姆勒进行了第二次转型升级，从以 car2go 这样单一的供应内容为代表的单边的商业模式，转变为一种开放的和更具包容性的移动平台型商业模式。戴姆勒的 moovel 平台目前需要纳入大量的移动工具供应商，以便向客户提供更灵活的点对点服务。其在德国和欧盟以外地区的国际化服务正在推广的过程中。

通过苹果和戴姆勒的案例，我们可以发现，公司通过把自己打造成一个全新的、整合的、提供端到端服务的运营商，和一个在提供卓越的用户体验的同时拥有制定新的行业标准的雄心的运营商，从产品型商业模式成功转变为平台型商业模式。这种转变的吸引力是可以理解的：产品或多或少只能产生单一的收入流，而平台可以产生多种收入流。

当公司从项目型商业模式转变为方案型商业模式时，它们想要向客户提供的不仅仅是单个的产品和服务，而是包含多种产品和服务组件的解决方案。这些方案能够帮助客户解决更广泛的问题，也因此能比传统的集中型的业务模式获得更高的利润。以 SICE 有限公司（Sociedad Ibérica de Construcciones Eléctricas）为例，这家西班牙建筑公司将自己转变为收费型解决方案提供商。为了始终提供最佳的客户解决方案，该公司不仅依靠其内部产品，而且还利用其他供应商提供的优质产品。其目标是：通过整合一系列公司内部和第三方的技术与系统来提供增值服务，始终致力于为每一位客户提供最优解决方案。基于其项目建设的丰富经验，它进入了收费市场，而其业务内容贯穿了从设计到运营的各个阶段。德国贝尔芬格伯格公司（Bilfinger Berger）也走上了与之相似的道路。这是一家为工业、能源和房地产行业开发、建设、维护和管理设施与结构的大型企业，在全球拥有 7 万多名员工。它提供规划建造房地产的业务，并且还负责房地产整个生命周期中的维护和管理等工作。贝尔芬格伯格公司负责的内容有很多，例如炼油厂的可靠运行以及整个公司的设施管理工作。其方案型商业模式结合了两个互补内容，即出众的工程能力和负责的服务态度。2010 年，其总销售额中大约有 80% 来自服务业务，而建筑业务仅占了 20%；2014 年其总收入为 77 亿欧元。

　　而在西门子集团工业部门的战略转型中，其向更具包容性的商业模式转型的过程显得更为激进和彻底。西门子凭借其多年来在风力涡轮机、智能电网和建筑技术等领域的强大商业头脑，于 2015 年 3 月推出了西门子工业云平台（Siemens Cloud for Industry），与客户共同合作实施创新型项目。西门子与其客户一起，在其平台上为复杂的物联网用户构建满足个体用户需求的行业解决方案。西门子股份公司管理委员会成员何睿祺（Klaus Helmrich）说："新云平台的建立将为推动数字自动化做出重大贡献。用于分析行业数据的强大服务业务是我们数字化企业战略的重要组成部分。"在此方面，西门子成了一个平台供应商，采用了平台型商业模式，但当它在平台上建立满足客户个性需求的行业解决方案时，也同时应用了项目型商业模式。通过采用拥有一个连通开放式标准（OPC[1]）的生态系统，西门子使客户、第三方原设备制造商和应用程序开发人员可以构建新的解决方案，以优化资产性能，减少能源和资源消耗，提供更好的机器与工厂维修服务等。拥有各种相互关联的互补因素的生态系统不断壮大，推动了增值产品与服务数量的增加，公司供应内容的包容性以及平台的吸引力也因此而增加。

如果一家公司想要从南向北地转变商业模式，它需要提高其交易的包容性。这意味着公司将从单一的独立交易转向更全面的综合交易，并且会拥有更持久的客户关系。为达成这一目标，公司需要引入一个共享基础，从体系结构上整合来自特定生态系统的不同利益相关者的一系列综合产品和服务。如果公司所提供的端到端业务带来的增量利益优于其他选择（例如网络效应、用户体验、功能范围带来的利益），那么客户会愿意接受因此而产生的客户黏性。新的业务内容既可以是标准化定制，也可以是个性化定制。

从产品型商业模式转型为平台型商业模式，往往意味着企业将在数字平台上为新的标准化业务引入了附加服务，以赢得新客户的青睐。这使得企业的供应内容更加全面，也推动了创新速度的提升，而当平台供应商允许第三方增添其他产品与服务，并将它们与平台

---

[1] OPC 全称是 Object Linking and Embedding（OLE）for Process Control，OPC 采用客户及服务器模式，把开发访问接口的任务放在硬件生产厂家或第三方厂家，以 OPC 服务器的形式提供给用户，解决了软、硬件厂商的矛盾，完成了系统的集成，提高了系统的开放性和可操作性。——译者注

客户群紧密联系在一起时，这些变化会表现得尤为明显。

同样，从项目型商业模式到方案型商业模式的转变依赖于引入能整合各种服务和产品的共享基础，但是其目标在于策划并实施满足个体客户需求的业务。在这种情况下，产品起到了推动服务流程化的作用。公司须利用已有的客户关系来推广具有整体性的解决方案，从而解决特定的客户问题。

若要成功实现商业转型板上（见表2.1）从南到北的跨越，公司应做到以下几点：（1）将面向客户的前端从单一的价值主张转变为全面综合的价值主张；（2）通过建立平台基础和生态系统，将组织的后端从独立型架构转变为整合型架构；（3）利用服务水平协议或基于订购的收费方案，将盈利机制从一次性销售转变为重复性销售。

前端的转变：通过提供卓越的整合型端对端服务，实现从单一到全面的价值主张的转变

要从非包容性商业模式转变为包容性商业模式，公司须超越以单一产品或服务为重点的原有价值主张，并且须通过编排和整合具有整体性的解决方案，向专注于提供卓越的端到端服务的价值主张转变。这一转变可以表现为两种过程：一种过程是高度标准化和可扩展的，如苹果、优步与戴姆勒 moovel 案例中所示的那样；另一种过程是为特定的客户服务且内容非常复杂，就如我们在 SICE、贝尔芬格伯格和西门子案例中所看到的那样，这些公司都是凭借全面到位的项目能力和紧密的客户整

合提供个性化的解决方案。我们知道，能够带来增量式收益的端到端业务必须超越其替代品，从而使客户对供应商提供的产品和服务产生黏性。

这一理念超越了与产品或服务直接相关的用户体验，而"耐克＋"就是这一理念的实践者。其平台收集了跑鞋中的传感器数据，因此能让运动员跟踪他们跑步的数据并不断改进，它还能使跑步者之间相互联系并且分享各自的跑步路线。耐克公司首席执行官马克·帕克（Mark Parker）在 2012 年 2 月宣布："'耐克＋'使我们能够将现实的运动世界与数字化的社会元素联系起来，从而为每个运动员创造更好的运动体验。这不仅仅是一双鞋子，还代表了耐克的一次改变。"

建立成功的客户关系的另一个关键因素在于公司能够在每个客户接触点提供卓越的客户体验。多渠道营销和经营方法的兴起，有助于客户在实体店或线上互动渠道的购买之旅中获得一致的品牌体验，而这进一步突出了卓越体验的重要性。

就销售方式而言，公司应当将注意力从单个客户的短暂需求，转移到长期或至少是中期的需求上。这种转变包括采用保留型客户参与方式，这一方式要求所有前端活动的重点都放在建立和维持客户的忠诚度上。尽管线上渠道在不断崛起，但是直销队伍的重要性并没有降低。即使在像软件即服务（SaaS）这样的平台型商业模式中，传统销售带来的收入仍然占有较高比重。顾客与供应商之间的交易完全是"开放式交易"而不是"封闭式交易"，这意味着在未来的一系列交易中，它们要提供与同一供应商保持关系的优势。在迈向平台型商业模式时，公司应先将重点放在基础定位上，然后是销售的扩展和补充。当迈向方案型商业模式时，公司需要凭借多年来以价值为基础的销售模式，与客户建立紧密的合作关系。此外，公司往往还需要将销售重心转移到新的核心产品或服务上来。在施乐公司（Xerox）的案例中，核心服务从提供购买打印机等设施管理工作，转变为提供订购高价值业务管理服务的首席信息官[1]。实现保留导向型的客户参与方式的有效工具在于积极提高产品或服务内容的更新频率，因为这关系到基于订购的平台业务应与其客户需求保持一致性。例如，罗尔斯·罗伊斯公司的按时计费服务，旨在最大限度地增加飞机的飞行时间，而这一宗旨与航空公司的战略目标保持一致。而相应地，罗尔斯·罗伊斯会倾向于选择能带来中期或长期收入（例如签订了长期合同）的客户进行前期投资。

　　如果想要从南向北进行转型，公司需要使销售报告与激励机制之间相互配合。跟踪进展的报告指标应将重点放在与成功参与型客户的相关状况上，包括客户的参与度和对产品或服务的满意度。过去以新客户增长率或季度销售额为中心的指标，应转变为以产品或服务的更新率或客户复合增长率（新客户增长率减去客户流失率）为中心的指标。而激励措施应该与所有面向客户的团队保持一致，甚至是与之交叉关联，从而在相互配合的过程中达

---

[1]　首席信息官又称 CIO，是 Chief Information Officer 的缩写，是负责一个公司信息技术和系统的所有领域的高级官员。他们通过对如何利用信息技术进行指导来支持公司的目标。——译者注

成同一终极目标：维持持久的客户关系。确保员工真正了解公司赚钱的途径以及哪些因素和行为会推动公司利润增长，是一件非常重要的事。在网飞公司发展的初期阶段，员工一直把销售重点放在用户增长上，而没有意识到与之相关的前期投资带来的影响。该公司必须花钱购买光盘、安装配电中心和设计原创的项目，而这些前期服务都是在从新用户那里收取费用之前完成的。员工应当意识到，尽管公司收益会随用户数量增长而增加，但是成本和效率的管理也非常重要。此外，如果公司有奖金计划，那么员工必须正确理解公司奖金计划背后的策略以及增加奖金的方式。

总而言之，公司在前端实现从南到北的转型需要新的团队销售能力（从提供产品或服务的特色和功能转为提供出色的业务技能），新目标和激励体系（从以季度销售额为重的单一报告指标转为以销售报告与激励机制之间的战略性配合为重），以及一种全新的企业文化（从封闭式交易"狩猎"转为开放式交易"放养"）。

后端的转变：通过建立平台基础和生态系统，从独立的价值创造转为网络整合的价值创造

当从非包容性商业模式转变为包容性商业模式时，公司的竞争优势不再仅仅取决于其创新和优化产品与服务的能力。公司需要建立并掌控一个领先的平台，该平台能发挥共享基础的效用，系统地整合各类产品与服务，从而向客户提供全面到位的端到端服务。换言之，公司通过平台供应网编排和聚集了各类产品与服务，其核心能力从创造以产品或项目的形式呈现的独属的供应内容（垂直层面的整合），转为提供整合型的端到端业务（水平层面的整合）。如果要承担这样的协调者角色，客户必须认识到平台提供商对一般市场需求的贡献，而这项贡献应该包括端到端解决方案中的战略性部分。整合型架构的设计应当符合商业模式的特定要求，以实现交易的包容性。为转变成能提供可扩展的标准化业务（由网络效应引发的）的平台供应商，平台须完成广泛的产品与服务整合以及大规模的用户管理工作，并将供应商、采购方与互补商进行归类。如果公司正在逐渐转变成为特定客户服务的个人方案提供商，那么首先要确保客户解决方案的完整性，这意味着工作方案的每一部分都需要相互配合，进而从整体上解决客户的问题。因此，正如我们在西门子的例子中所看到的那样，在定制型经营理念下，公司需要一个以项目为基础的、可以提供能够满足客户特别需求的解决方案的平台。无论如何，公司必须决定是否要建立一个专有的或（半）开放的平台架构标准。只有拥有足够的能力和资源、能独立创建标准的公司，才能选择建立专有的平台架构标准。而没有相应能力和资源的公司可以组合成群，联合制定一个通用标准或者利用现有的（半）开放标准。谷歌向移动手机提供的开放式安卓操作系统就是一个典型例子。安卓已经成为市场上的主流设计，因为它改变了过去每个手机制造商都必须开发自己的操作系统和应用程序的情况，并在这一领域取得了重大的进展。它与苹果专有的系统和程序（包括 iOS，OSX，tvOS 等）形成了鲜明的对比。无论是选择开放式标准还是专有标准，向北转型的公司必须掌握并保持对平台架构的一定影响力，以确保商业模式持续盈利。未来，企业可能因此而掌控专有的平台架构标准，而不是作为一个联盟成员加入开放式标准。

　　向北转型的公司需要通过其自身的研发活动或招聘其他行业或并购公司的专家来扩大其能力基础，从而进入新的补充领域，例如苹果通过收购 Beats 公司进入了音乐和视频流服务市场。客户的需求越复杂，单一公司也就越难以凭借有限的资源和能力为其提供相应的产品或服务。在这种情况下，企业应建立一个合作伙伴生态系统，以补充其供应内容（例如提供附件或附加服务），并向客户提供依据通用的平台架构标准整合而成的综合产品和服务。为了将合作伙伴生态系统发展壮大，企业需要采用专业的管理方式以吸引和留住与其互补的供应商，促进各个伙伴之间的合作（如共同创新），并且逐步发展合作型的收益分享模式。所有这些方面都需要有用且高效的流程、系统和结构，包括快速获取合作伙伴的流程。一方面，合作关系可以成为企业额外收入来源的基础，例如企业可以向采用平台架构标准的合作伙伴收取费用。另一方面，平台供应商应注意避免补充者变得过于强大且开始从生态系统中获取高额利润的情况。要使平台具备"吸引力"就意味着要吸引其他供应商在平台上构建其产品渠道，开展业务。为此，平台提供商需要向它们展示自身的优势以及平台的提升所能带来的最高价值。通过强大的合作伙伴生态系统增加平台吸引力的关键优势包括基于网络效应的规模经济，这使得平台能够产生客户黏性。这也导致了公司在转向基于平台的"生态系统"创新的过程中面临一个重大挑战，即日益增加的管理的复杂性。因为随着其他供应商和合作伙伴的指数式增长，生态系统的管理会变得更加复杂。

励智识别技术公司（LEGIC）是瑞士凯拔集团（Kaba Group）的一部分，是一家识别技术供应商，它提供门禁系统等技术产品。公司从以提供开关型产品（智能卡和读锁器）为代表的产品型商业模式，转变为提供移动证件型解决方案（智能手机和读锁器）的平台型商业模式。这一模式还向用户提供用于智能手机身份验证的可信服务平台（通过凭证进行验证），以及能够提供服务于特定客户的智能手机应用程序的套件。因此，酒店可以通过专有的酒店应用程序提供"无需等待的手机访问"服务，客人可以跳过前台的入住手续直接前往房间。在未来的预订过程中，该应用可使酒店取消在线预订代理，转而通过直接预订的方式提高酒店的利润空间。平台成功的关键在于励智提供的移动网络运营商生态系统，该系统可通过安全访问用户识别卡（SIM cards）管理凭证。

大多数从南向北转变商业模式的公司开始管理整合型的端到端业务。客户将运营和业务流程等工作外包给了这些公司。这意味着公司从管理内部的业务内容（换言之，管理自己的运营和流程）转为代表客户管理其运营和流程的某个部分，这是一场根本性的转变。我们发现施乐向客户提供的文档密集型服务、贝尔芬格伯格的整体工厂、亚马逊网络服务灵活的云基础架构以及moovel端到端的移动工具服务都需要深入了解客户的使用情况和端到端的服务过程。从头开始建立这样一个操作后端是一项重大而艰巨的任务，因为它需要新的技能和管理能力以及大量的投资。由于（内包的）运营商也可以负责维护、支持和提供新功能，因此提供运营服务的公司应扩大其内部容量，纳入公司或第三方供应商的合作伙伴（例如拥有特定应用程序管理能力的云供应商，其因应用程序的不同而有所差异）。除了重视产品或服务的核心功能之外，公司还应提升服务实用性、灾难恢复能力和安全性等特定性能。由于承包商对结果的设计、适用性和性能负有法律责任，风险从客户转移给了承包商，因此承包公司必须建立专门的风险管理部门，或者调整现有的风险管理工作以应对不同程度的业务风险。需要特别指出的是，公司在按照服务水平协议提供服务时，还须进一步考量和分析，从而更清晰地了解业务内容，并积极地应对可能影响其服务水平并因此影响其客户的变化。客户往往希望这些服务能由单一的供应商负责并且达到令其满意的目的。公司在将部分业务链转包给第三方供应商时，应该使用更严格的控制系统，因为平台或方案提供商须严格履行合约义务。即使是由其合作伙伴管理数据中心，从法律角度而言，服务水平协议中涉及的义务仍被归在平台提供商的职责范畴中。当公司承担整合型端到端流程的管理工作时，换言之，当运行业务以及向客户提供服务时，公司应当利用这个机会来推动产品或服务的不断创新，并且改进业务的运营水平。这一灵活的方式相比于过去通过反复进行的客户反馈以缩短产品或服务认知周期的方式，能更快地更新产品版本。公司采用新的整合方法有助于解决功能分立的问题，促成产品管理、开发、质量保证和运营之间的紧密合作，从而提供更好的客户体验并且缩短新产品的上市时间。

盈利机制的转变：通过建立基于服务水平协议和订购的付费方案，从一次性销售转为重复性销售

在向北转型时，公司须在一系列交易中从一次性销售方式转变为重复性销售方式。这需要创造持续性消费和收入流，还可能需要签订服务水平协议〔例如 Adobe（世界上知名的数字媒体软件供应商）软件的服务运行时间、利勃海尔矿业公司的业务运行时间、罗尔斯·罗伊斯公司的"按时计费"服务——长期固定的发动机维护成本〕。如前所述，公司需要建立新的控制、报告和激励机制，例如统计和激励成功参与型客户的增长数量作为客户复合增长率的参考数据，以反映建立和维持客户忠诚度的重点。公司要使用计费功能还须在技术层面做好管理大量业务的准备，这是因为商业交易的数量会随着时间的推移而不断增多。此外还有非常重要的一点，那就是建立新的定价模式以更好地支持未来的服务消费以及一系列交易。

在向北转型时，公司需要调整定价模式。在产品和项目型商业模式中，核心产品或服务的定价都相当透明，并且通常会进一步细分为单个组件的价格。相比之下，平台和方案型商业模式提供了更为全面且整合的供应内容，因此需要提出更全面的定价模式。由于供应内容通常以综合服务的形式被提供给消费者，因此其内含的基础组件价格不会显示出来。这些具有包容性的模式往往依赖于包含整个消费流的单一总体价格，或是基于客户每次的使用情况来确定价格，这使得解决方案或服务的定价难以赶上其竞争产品。因此，不易被外部消费者察觉的交叉补贴[1]可以发挥效用，例如在平台补充、扩张和升级过程中产生的收益可以覆盖平台的开发成本。

为了从一次性销售转变为重复性销售，公司可以实施基于订购的付费方案。与需要投入前期成本（通常为持续性支持费用以及潜在的基础设施投资费用）的基于个体用户使用情况的盈利机制相比，基于订购的收费模式可以帮助客户将固定成本转变为可变成本，因此提供产品或服务的所有成本都应由供应商来承担。通过支付订购费用，客户可以在规定的时间内或实施过程中（通常以一个月或一年为单位）拥有产品或服务的使用权。因此，一次性销售转变成了重复性销售。订购服务的续订可能是周期性的，也可能会被自动激活。如果客户的使用数据是可收集的，则定价也可以基于这些使用参数，例如按每笔交易或项目等进行收费。正如第三章中提到的 Skype 通信软件，这种软件采用免费增值的模式在一定范围内向客户提供免费服务或内容，而只有付费用户才能使用高级功能。当价格与服务水平的有效消费（现购现付）相关联时，公司可以更准确地预测收益并且更好地对成本进行管理，这能使公司变得更加强大，并克服短期的经济危机。

励智识别技术公司的案例表明，为平台型商业模式建立合适的盈利机制并非易事，因为公司在一开始并不清楚消费群体的情

---

[1]　指将一项业务的利润作为某一非营利性业务的补贴。——译者注

况，他们具体消费了什么以及以何种方式进行消费。当公司要做这样的定价决策时，最好要了解哪些支付方案能与新的盈利机制"搭建桥梁"（相似）。励智与包括位于拉斯维加斯的克伦威尔酒店（Cromwell hotel）在内的一些试点客户展开了密切合作，它发现智能卡的定价应该基于传统的消费逻辑（项目），而配备安装服务的门锁的定价应基于以年为单位的订购（一年一个锁）。正如我们所看到的那样，公司在进入市场的早期阶段仍然有机会主导客户的期望值和认知情况。

从盈亏角度来看，向北转型可能会对公司造成重大影响（尤其是当公司接管了客户的业务运营和管理工作时）。然而，外包的客户将固定成本转换为可变成本，承包商（代表客户运营整合型的端到端流程）必须进行大量的基础设施投资（例如建立数据中心作为云提供商）。因为大部分成本都是在资产生命周期的后期阶段产生的，所以，为了达到收益目标，公司必须对运营总成本进行妥善的管理，而且公司的重点必须放在可盈利的客户生命周期上。

正如我们所看到的，思爱普公司正在进行一次重大转型——从传统的永久授权使用的内部部署软件（on-premises software）[1]模式转变为云计算的订购模式。公司这一转型过程中面对的关键性挑战在于公司的收益和股价一般都会下降，因为在转型初始阶段，

---

[1]　on-premises software 指安装在个人和组织机器里面的软件，对应的 off-premises software 通常是指 software as a service (SaaS) or cloud computing，其中强调的 on the premises (in the building) 是指自有。——译者注

从订购得到的收入增量较小，还不足以支付相应的运营和销售成本。为了使云业务进入盈利阶段，大多数公司须选择云订购模式。软件即服务和平台即服务的广泛云组合在思爱普自身软件开发以及对阿莱伯（Aribe）、胜略（SuccessFactors）和致一（Concur）等专业云公司进行重大收购的基础上，推动了公司盈利机制和亏损机制的重大转变。因此，思爱普 2015 年第三季度的报告显示，云订购产生的收入迅速上升了 90%，达到了 6 亿欧元，而内部部署软件产生的收入也增长了 4%，大约为 10 亿欧元，此外，公司股价也出现了令人惊喜的上涨。

总结

从南向北转型的主要挑战在于开发具有高度包容性的、能让客户真正受益的产品或服务。目前主要有两种途径可以帮助公司成功应对这一挑战：建立并联结一个互补的生态系统，或者能够掌控一个领先的平台和架构。要做到这些并不容易，这对制造商而言更是难上加难。很多制造商仍然认为它们可以为客户提供所有必需的全套服务，但实际上很多时候它们高估了自身的能力。因此，公司须克服封闭性的思维，转而采纳开放性的生态系统思维。在某些情况下，甚至需要与直接竞争对手合作，以控制它们在利润池中分到的份额。汽车制造商奥迪、宝马和戴姆勒收购诺基亚的数字地图业务就是一个例子。从南向北转型的另一个挑战在于，虽然制造商已经在过去养成了和与其形成交易链垂直关系的供应商合作的习惯，但他们现在需要和与其位于交易链同一水平层面的供应商合作。商业模式必须通过基于订购的、付费的、小额但历时较长的重复性收费渠道来获得收益。但是问题在于公司是否有足够的流动资金，来熬过一次性销售额下降而重复性收费尚未盈利的时期。就基于使用情况的定价方案设计而言，公司必须有权访问客户的使用数据。

向更集中的商业模式转变

在 20 世纪 90 年代，像安达信（Arthur Andersen）、德勤（Deloitte & Touche）、安永（Ernst & Young）、毕马威（KPMG）、普华（Price Waterhouse）和永道（Coopers & Lybrand）（被称为"六大"）等审计公司为了客户而想要转变为"解决方案供应商"。这个理念是想要提供"一站式服务"[1]。它们认为如果能对客户有更全面的了解，就能提出更好的服务建议。它们通过内部或外部的多样化改变进行转型，例如提供税务、法律、战略咨询、信息技术以及企业金融等多个领域的服务内容，或者通过与合作伙伴建立一对一的客户关系来进行转型。但是，人们开始怀疑这是否符合审计师合法决策的独立性。如果审计公司的总收入中有很大一部分来自单个客户，那么其工作的"独立性"将如何

---

[1]　"一站式服务"其实就是客户有需求时，一旦进入某个服务站点，其所有的问题都可以在这里得到解决，没有必要再找第二家。其本质就是系统销售服务。——译者注

得到保证？客户是否可以真的信任服务线之间的"中国墙"[1]？在安然公司丑闻[2]之后，立法进行了相应修改，不再允许审计师向其客户提供咨询服务。安达信会计师事务所甚至因为曾参与此案，于2002年宣布倒闭。因此，在世纪之交，六大公司不得不恢复原有的项目型商业模式，重新开始关注审计业务。像埃森哲（Accenture）和毕博（BearingPoint）这样新成立的咨询公司是从安达信和毕马威中分离出来的，那些老牌公司已经放弃了它们的咨询业务。之后成立的公司，如普华与永道合并而成的普华永道（PwC），又开始重新丰富业务内容，显然咨询服务如今已得到了监管机构的许可。

然而公司为什么会决定降低对客户的依赖度，并在没有法律施压的情况下走向更为松散的客户关系？企业选择这样一条路并取得成功的一个原因是，体系架构标准之间的竞争日益加剧，使得客户很难被吸引（并因此花费必要的流量）到某一平台。因此，一家公司可能因重新关注其个别产品而获得收益。例如美国第三大移动运营商 T-Mobile USA，过去经常将销售手机和长期通信服务合同捆绑在一起，将其作为包容型的通信方案进行推广，但如今它已经放弃了这一销售惯例。客户现在以

---

[1] 中国墙（Chinese Wall）是证券法规中的专有用语，是指证券公司建立有效的内部控制和隔离制度，防止研究部、投资部与交易部互泄信息，以引致内部交易和操纵市场的行为。——译者注
[2] 安然公司曾是全球最大的电力、天然气及电讯公司之一，从1997年到2001年它虚构利润5.86亿美元，并隐藏了数亿美元的债务，2001年安然被爆出财务丑闻。——译者注

常规的市场价格为手机付费，而手机反过来为客户提供了更有吸引力的条件。市场鼓励这样的销售分离措施，因为它使电信服务的定价变得更加透明，并且取消了经常在硬件和服务之间出现的交叉补贴。

如网飞的详细案例研究中所示的那样，竞争压力是公司商业模式转型的另一个原因。网飞采取的是基于订购的媒体服务平台型商业模式，但是越来越多的竞争对手推出了类似的流媒体服务。问题在于如何使网飞从新的竞争环境中脱颖而出。答案是开发其独一无二的内容。在开始阶段，公司只将这些内容提供给订购用户。之后，新内容将被分配给其他销售渠道。这意味着网飞有一只脚踏回了产品型商业模式。

或者，可能不仅仅是竞争促成了公司从北向南的转型，还可能是客户推动了公司的转型。我们发现了一些客户自行策划一系列活动的例子。例如旅游业曾长期依赖封闭式的预订系统。而如今的旅客能自行注册和登录酒店、航空公司、火车、旅游活动和其他内容的开放式预订系统，以便更好地规划属于自己的假日套餐。旅行社因这些变化受到了很大的冲击，它们需要重新设计涉及单个产品或服务的独特销售策略。

最后，如果商业风险已经超过了一定的限度，那么公司就很有必要放弃基于架构的商业模式。采用方案型商业模式的公司往往会对公司自身及其合作伙伴的所有产品和服务负责。随着复杂性的增加，构建可靠的体系结构的相关风险和成本可能会变得非常高，以至于公司无法在可承担的风险级别下进行生态系统管理。

无论从北向南转型的原因是什么，经历这一转型的公司将比采用产品或项目型商业模式的新竞争者拥有不平等的优势。这一优势是基于公司过去提供全面的供应内容的经验，它能使公司找到最适合其自身特点且最具吸引力的产品或服务组件。如果没有之前在平台或方案型商业模式中积累的经验，公司就很难获得这种专业知识。然而，由北向南的转型也会遭遇强大的退出壁垒的阻碍，其中包括长期的法律和道德义务。由于公司、客户和商业伙伴之间错综复杂的关系，这些阻碍可能会导致诉讼和名誉损失等问题。

成功实现从北向南的转型（见图 2.1）需要做到以下几点：（1）将前端从全面整合的价值主张转变为单一的价值主张；（2）将后端从整合型架构转变为独立型架构；（3）将盈利机制从重复性销售转变为一次性销售。

前端的转变：从全面整合的价值主张转向单一的价值主张

如果一家公司决定向包容性较低的商业模式转变，那么它需要重新关注每一个产品，用卓越的方法为独特的产品或项目构建一个令人信服的价值主张。公司在与客户的整个交流过程中，必须转为向其解释并成功销售与众不同的产品或服务。像 T-Mobile 这样的公司甚至将解绑销售产品作为超越竞争对手的一种手段。网飞凭借最佳演员和导演的配置，制作了出色的内容产品，并因此获得了许多奖项。其推出的政治剧《纸牌屋》就是一个典型例子。该公司拥有数百万的用户数据，这为它设定正确的投资目标提供了信息依据。

继上文所述，公司在向南转型时必须采用基于单一的独立交易之上的消费模式。这给公司带来了额外的压力，使其难以为自身产品和服务寻找新的目标群体和商业机会以保持交易的持续运行。网飞通过免费电视（ProSiebenSat.1Media）和付费电视（Sky Atlantic HD）等多种渠道销售《纸牌屋》等内容产品，或以 DVD、蓝光光碟的形式进行销售，或将原声带作为一个独立的产品进行销售。公司领导在平台或方案型商业模式中积累的经验，可能会帮助他们识别和处理利润池中最有发展潜力的那部分。

公司从综合交易转向单一交易不需要受到很多合同和道德义务的约束，但需要建立更广泛的新的商业交易渠道。在产品或项目型商业模式中，交易后阶段与之前一样重要，因为一旦交易完成，客户就很有可能更换供应商（一次性交易）。此外，产品或服务的生命周期（控制着产品或项目型商业模式）一般短于体系架构的生命周期（控制着平台或方案型商业模式）。因此，一家公司必须重视新客户的开发，同时也要促进与现有客户的交易。鉴于一些公司在转型之前已经与客户建立了密切的关系，它们可能比竞争对手更容易达成目标。

后端的转变：从整合型架构转变为独立型架构

从北向南转型意味着从运行基于领先架构的全面整合的系统，转向管理一系列能展现明显竞争优势的独立产品或服务组合。与此同时，脱离与平台的依赖关系和服务水平协议可以降低商业风险。例如，公司从方案型商业模式到项目型商业模式的转变，是为了履行仍然具有项目管理复杂性但没有显著架构风险的、为单个客户服务的项目。因此，公司必须开发新能力，以便在运用其整合和管理复杂性的能力的同时，为每个单独的产品或服务提供竞争优势。在很多情况下，公司在平台或方案型商业模式中收集到的数据和信息，可以帮助公司明确产品或服务中对客户而言最有价值的地方，并将其作为商业模式转型的一部分进行更深入的挖掘。网飞面临的挑战是与最著名的演员、制片人、编剧和作曲家取得联系，并说服他们在电视节目中而不是在好莱坞电影中投入时间和精力。公司需要拥有全新的能力，来协调这些人成为这样一个长期项目的可靠"供应商"。

换言之，从北向南转型的公司还需要仔细地评估自己与其他公司的关系。公司需要从横向的价值创造体系转变为垂直的供应商管理体系。因此公司需要大幅减少与其位于交易链同一水平层面的替代商的合作。但是，公司在交易链中扮演的原有核心角色，可帮助其提供最高水平的价值分配区域。同时，南向的商业模式需要对整个价值链进行垂直优化，这要求企业与供应商建立密切的接口。公司在所有合作过程中都需要重视提高工作效力和效率。

盈利机制的转变：从重复性销售转为一次性销售

非包容性商业模式的收费要少得多。相应地，现金计划的期限应短一些。它通常基于一次性大额销售，并受季度配额的驱动。向南转型意味着每笔交易的收益必须超过所有的花费。这需要公司对控制和测量系统以及流程进行调整，从专注于经营综合业务转为经营独立产品或服务。因此，公司有必要对产品或服务的生命周期中所耗费的成本进行估算，并确保足够的利润空间。网飞投入了大约 1 亿美元，制作了两季的《纸牌屋》（共 26 集）。保证这一巨额投资能够获利的唯一可能是，它已经拥有了非常庞大的客户群，并且它还有机会获得更多的销售渠道。正如我们之前提到的那样，这就是公司所做的转变。

通过向南转型，企业可能会降低销售成本，因为它们不再需要为长期（服务水平）协议进行复杂的谈判。这应该与更简单、成本更为透明的定价模式的发展有关。在平台或方案型商业模式中，我们经常会看到一些对客户而言并不是真正透明的复杂计费方式。与之相反，产品型商业模式的价格是完全透明的，以方便客户将其价格与竞争对手相比较。尽管项目型商业模式的定价也相当复杂，但项目仍然具有明确的起点和终点以及明确的范围（例如咨询人数和时间），这为客户增加了一定的透明度。

总结

公司从北向南转型的主要挑战在于为公司的产品和服务寻找新的商机，从而为公司提供持久的竞争优势。但问题在于公司是否真的愿意继续保留原有的体系架构或平台，以及它是否能够承受与之相关的沉没成本。最后，公司必须确保拥有足够的现金储备，以应对因为转型而导致的更简单、成本更透明的单个产品定价模式使得初始阶段的收益下降。

第五章　转变定制化水平

从非定制型商业模式转变为定制型商业模式需要跨越商业模式子午线（反之亦然），公司需要对前端、后端和盈利机制进行相应的改变。与第四章讨论的穿越商业模式赤道相比，其价值驱动因素是不同的（见表 5.1）。首先，前端的转变包括规格、独特的销售主张和销售渠道的范围。其次，在后端的转型方面，企业必须调整运营商业模式所需的生产和发展方式。最后，盈利机制需要在定价和获取利润的方式上有所改变。

向定制化水平更高的商业模式转变

FUNDES 曾经是一个非常成功的非营利性组织，为一些南美的小公司提供标准化的支持和教育服务，帮助它们将产品整合到大型跨国公司的供应链中。FUNDES 的资金来源于捐赠，且这些捐赠主要来自一个人。当这位捐助者不再捐赠时，基金会不得不

表 5.1　东西向商业模式转型的价值驱动因素

领域＼穿越	西 标准化供应	从西向东穿越	从东向西穿越	东 个性化供应
前端	• 标准化的价值主张 • 有限的以产品为中心的供应内容规格 • 将特点或成本优势作为 USP（独特卖点） • 多种销售渠道	• 提供广泛、灵活而整合的内容 • 服务用以产品为中心的供应 • 采用混合型供应能力以满足个人需求的能力 • 与客户建立沟通的直接渠道	• 提出新的更好的标准化供应内容 • 实施低成本、可扩展的销售方式 • 发展大量互补的线下和线上销售渠道	• 个性化的价值主张 • 广泛而灵活的以服务为中心的供应内容规格 • 将对客户需求的满足能力作为 USP • 集中销售渠道
后端	• 可扩展的生产结构 • 生产和变现过程的可扩展性 • 标准化生产和包装模块组件的卓越能力	• 通过更灵活的产品生产以满足客户的需求 • 提高处理和实现客户需求的能力	• 用机器代替人力资源 • 将服务和内容转变为重用元素 • 建立知识管理系统知识共享文化	• 灵活的服务结构 • 生产和变现过程的适应性 • 处理和实现客户需求的卓越能力
盈利机制	• 以成本为导向的价格 • 基于竞争的目标定价 • 利润由规模经济和市场影响力驱动	• 转向用价格反映客户支付定制费用意愿的定价模式 • 关注重点从固定成本转向可变的、与参与度相关的成本	• 确定一个有竞争力的价格 • 积极管理固定成本	• 以需求为导向的价格 • 价格表现出客户的支付意愿 • 利润由可变的成本驱动

寻找新的方式来资助这些小企业家，以实现推动他们发展的社会使命。FUNDES 须将业务重点转移到大型的跨国公司上，这些跨国公司有足够的资金，但对基金会之前提供的标准化服务并不感兴趣。当基金会意识到改变标准化服务能为自身和小公司创造价值之时，他们开始寻求提供高度个性化的服务以支持其对供应链的管理。

一般来说，公司若要从西向东穿越商业模式子午线，必须进入不提供标准化和大规模供应的细分市场。这些细分市场中的客户青睐个性化的产品或服务，并愿意为此支付费用。即使是复杂的大规模定制策略也无法满足这些客户群体的特定需求。从公司角度来看，拥有多种不同的用户方案也很重要，这可以保证公司有足够大的市场规模。

在很多情况下，定制化服务的增加往往伴随着服务组件的增加。因此，这通常意味着从"以产品为核心提供服务"到"以服务为核心提供产品"的转变。这提供了持续的收入来源，并且能在投入更少资金的情况下产生更高的利润。参与运营类的服务往往能为未来的订单打开大门（备件、升级产品、改进后的产品设计等）。确保向客户提供的供应内容包含全面且有效互动的产品与服务是一件非常重要的事。在这种混合模式中，公司可以在更短的时间内以更灵活的方式定制服务内容，并与客户建立更紧密的关系。很多情况下，服务内容是客户与公司共同创造的结果，客户高度参与到了开发项目或解决方案的过程中。

定制化面临的挑战是在增加客户方案的个性与灵活性和限

制这一调整过程的成本之间找到平衡。例如，定制化通常会导致劳动力成本相较于总成本而言增长过快。在供给方面，这种平衡通常可以通过一定程度的模块化和个性化服务来实现。然而，公司必须谨慎处理前端的定制化拉力和后端的标准化推力之间的矛盾。为了提高与客户合作的效率，公司应该非常密切地监测与客户参与度相关的成本。这给项目团队带来了特别大的压力，并要求其做好工作说明，使其从专业角度改变客户要求。

从大规模市场向更小、更个性化的市场转型可能是一种防御性策略，例如当大规模的市场竞争加剧且利润下降时，公司可以采取这一举措以应对市场变化。但当企业识别出一个未被发现的、对独特且复杂的产品或服务存在需求的潜在客户群体，并因此进行市场转型时，这一策略也可以被理解为一种有效的进攻性战略。特别是对从平台型商业模式转变为方案型商业模式的公司而言，必须尽早采取这种主动措施，因为在这些未开发的细分市场中，后期进入的企业更难以找到喜欢整合型解决方案的客户。

为了从产品型商业模式转变为项目型商业模式，企业可以通过大幅增加客户可选择的规格数量，或者通过引入增值服务，使其大规模市场供应能够适应客户的个性化需求。以艾波比集团（ABB）为例，它在复杂且高危的加工行业中引入了以客户为中心的项目服务。该组织发现，在当今的商业环境中，公司很难证明保持重要的内部工程设计能力的合理性，但运营商仍然希望在需要的时候能接触到各种经验丰富的工程师。艾波比集团庞大的、拥有丰富操作经验的工程专家团满足了这一需求。

公司在销售整合型解决方案时需要以全新的组织结构和功能为基础。如果一家公司从平台型商业模式转变为方案型商业模式，不仅要改变产品和服务的范围，还需要调整满足客户特别需求的基础架构。这意味着要销售满足个性化需求且能将业务的整个生命周期考虑在内的解决方案流程，而不是销售系统或平台的标准化组件。解决方案提供商必须以与客户特定需求紧密结合的方式，管理由全面且整合的产品和服务构成的高度复杂的供应网。因此，仅仅参与规划和构建解决方案已经远远不够，公司还须代表客户来运行某些业务功能。

公司要成功实现商业转型板上从西向东的转型（见图2.1）需要做到以下几点：（1）将前端从标准化价值主张转变为个性化价值主张；（2）将后端从可扩展的生产结构转变为灵活的服务结构；（3）将盈利机制从成本驱动型定价转变为需求驱动型定价。这样的转型必须得到组织结构和管理中心的支持才能实现，前者由前端面向客户的单位以及后端的能力提供者组成，而后者能够发挥协调和领导的效用。

前端的转变：从标准化到个性化的价值主张

产品型或平台型商业模式受益于可以实现标准化和规模经济的少量供应规格。与之相反，项目型和方案型商业模式只有在提供全面、灵活且整合的以服务为中心的供应内容时才能获得成功。大多数公司都致力于将服务内容整合到供应内容中，包括提供咨询建议，保障系统的可靠性和责任性，以及在项目整个生命周期内提供运营、维护和资助服务。从客户的角度来看，这样整合型的供应内容的价值必定大于其单个组成部分的总和。

因此，企业必须重视灵活性并向客户提供多样化的选择维度，同时还要保持其他维度的高度标准化和可扩展性。过去的大规模市场生产者在这方面既有优势也有弱点。虽然这些生产者拥有久经考验的规模化的经营能力，但其身份和品牌形象可能会成为转型成功之路上的障碍，因为它们可能会限制员工的开放性策划能力以及客户对个性化项目或解决方案的期望。为了应对这一挑战，企业必须拥有项目和风险管理能力。以圣加仑大学（University of St Gallen）的高管教育项目为例，我们发现客户能在标准化的开放式招生项目中得到很好的体验，培训师能够向项目参与者提供来自多个行业领域的新颖理念。然而，这些定制课程的潜在客户会对这些教师是否拥有好的背景和能力来提供个性化的、能满足特定公司需求的教学表示怀疑。为消除这种怀疑，行政学院建立了一个"效果结构"团队，负责专门接待客户，并与教职人员一起调整后期的教学内容。当从平台型转变为方案型商业模式时，公司甚至可以提供第三方的产品和服务，以满足客户的需求。例如，为了提供必要的商业咨询服务，公司可以与专业的服务公司达成战略联盟，或者在公司内部自主开发这些技能。

在向东转型时，公司独特的销售主张不再依赖成本优势或产品和服务的特征。与之相反，如今客户的购买决策在很大程度上是由公司调整其供应内容以满足客户个人需求的能力来决定的。这一调整离不开其与客户之间的紧密协调和整合（例如共同创新的过程）。在 FUNDES 转型期间，建立经验丰富且符合大型跨国公司需求的员工团队和开发相应业务非常具有挑战性，因为该公司之前专注于向南美的小型区域性公司提供标准化的支持服务。而培养销售员工的新兴技能和建立全新的营销文化又是重中之重，因为成功的关键在于满足大多数客户的需求并且建立个性化的价值主张，并将小供应商整合到公司的整个供应链中。这样紧密的联系可能会导致客户对供应商产生依赖性，因为个性化服务需要供应商针对特定客户进行前期投资（项目型商业模式），或者会通过客户长期选择同一个供应商以实现互利，导致供应商和客户之间形成双向依赖性（方案型商业模式）。基于这种相互依赖的关系，如果公司能够提供符合客户最佳利益的客观建议，就可以成功树立值得信赖的顾问形象。

在通过商业模式转型以提高定制化水平的过程中，企业需要重新调整其销售渠道，因为公司往往无法通过广泛和匿名的客户联系方式来提供产品或服务以真正满足客户的个人需求。因此，公司必须建立直接访问渠道并与客户进行对话，以代替原有的客户联系方式。根据业务的不同，这种对话可以通过供应商和客户代表之间的交流来实现。除此以外，公司还可能选择引入技术性解决方案，让客户表达他们的个人需求。例如世民连锁酒店（CitizenM）推出了平板电脑，其客户能够根据自己的意愿或旅行目的，定制个性化的酒店体验项目（例如光线、声音、环境、服务）。

除了建立沟通渠道之外，公司还需要从事全面的重点客户管理工作。客户经理应负责制定交易或确保交付等决策内容。此外，产品销售和服务销售组织的激励机制应该相互关联，以实现理解和满足客户需求的总体目标。在理想情况下，一个由单个客户服务团队代表组成的综合或虚拟的客服团队，应在客户参与的整个期限内都能为其提供适当的建议和专门的服务。

后端的转变：从可扩展的生产转向灵活的服务结构

为了生产定制化产品和服务，公司需要大幅改变其运营后端。虽然它们之前通过稳定化和形式化的生产过程而获利，但如今它们必须采用更灵活的生产模式来满足客户的需求。这对从产品型商业模式转型而来的企业而言尤其具有挑战性，因为其改变过程（例如在生产线上的改变）通常会产生巨大的费用。这种转型通常需要对新型基础设施进行高额投资，以满足根据客户个性化需求来调整生产和完成变现过程的需求。3D 打印技术和机器人领域的最新进展可能为公司提高其商品定制化水平提供新机会。

除了更灵活的生产系统之外，模块化方法也能够提供必要的灵活性。与客户可以在多种选项中进行挑选的大规模定制化不同，模块化主要意味着将产品细分为更小的部分。然后客户可以决定他们想要个性化定制的部分，以及他们想从标准化选项中进行选择的内容。明确接口能确保，即使是定制的零件也能被完美地纳入整个产品或服务中。这能帮助企业及其客户控制个性化定制的成本。但是，标准化和可复制的模式必然存在着一些限制，因为客户可能会发现他们的个人需求尚未得到充分的满足，而且他们通常希望公司能够从头开始设计自己的产品或服务。

为了向东转型，企业还须提高处理和实现客户需求的能力。例如，有时候用客户能够密切参与的共同创造模式（使他们成为"生产与消费的结合者"）来取代传统的研究和开发活动，就可以提升公司的这一能力。对于业务流程和员工而言，这都意味着一个重大的转变。例如一些高端手表品牌建立了由客户和经验丰富的钟表匠组成的团队。两者通过紧密合作，在不断修改的过程中设计了一款价值数十万美元的高度个性化的作品。作为这种高度的人力密集型设计过程的数字化替代方案，公司可能会采用以服务为导向的软件原则。例如，当客户使用从模型到代码的业务流程管理工具来编译软件时，最终的解决方案实际上是由二者共同创作而成的。

盈利机制的转变：从成本导向型的定价模式转变为需求导向型的定价模式

随着定制化水平的提高，企业也需要改变其定价逻辑。鉴于对个性化产品或服务的需求比标准化产品或服务的主观性更强，市场竞争者对其定价的影响相对较小。相反，公司确定的价格需要反映客户为个性化定制项目或解决方案支付费用的意愿。通常情况下，公司迈向新定价模式的第一步，是向有形的模块化组件以及个性化的服务收取费用。在接下来的步骤中，公司可能会提供不再体现组件和定制工作价格的个性化项目或解决方案。正如圣加仑大学高管教育项目案例中所表现的那样，这一变化有利也有弊。在从标准化转为个性化的过程中，教育项目也开始推出包含教学和定制内容的软件包。但是它必须意识到，客户（特别是那些在运行内部项目方面经验不足的客户）几乎不知道他们需要什么样的服务，以及他们自己能做些什么。他们会因此要求额外的帮助和支持，但却不愿意为这些服务付费。为了应对这一挑战，合同的设计变得更加灵活，其中明确提到了潜在的附加成本。此外，公司还引入了客户监控环节，定价模式可以得到个性化的设计，以更好地将客户的特定背景和潜在需求纳入考虑范围。

从西向东的商业模式转型还改变了利润和盈利能力的逻辑基础。公司需要将注意力从固定的成本转移到可变的、与客户参与度相关的成本。例如，罗尔斯·罗伊斯通过向航空公司提供"按时计费"项目来提升市场竞争力。它将喷气式发动机与维修和升级服务整合在一起进行销售。为确保客户的参与能带来收益，公司对其客户参与度相关的成本进行了密切的监控。需要特别指出的是，公司要向所有参与者明确哪些个性化调整是项目和解决方案合同中的一部分，以及哪些额外的定制要求会额外收费。

总结

从西向东转型的主要挑战在于寻找标准化产品尚未覆盖客户需求的市场，以及寻找客户愿意为广泛、灵活且整合的、以服务为中心的供应内容付费的领域。如果存在这样的市场，那么问题就在于公司是否能深入了解客户的需求，以提出量身定制的项目或解决方案。提供为单个客户服务的供应内容，也意味着公司现在必须提高满足客户个性化需求的能力，并在服务水平协议或项目协议中来承担满足这些要求的全部责任。最后，公司必须调整其报告系统，以便能够控制可变的、与客户参与度相关的成本。

向标准化程度更高的商业模式转变

定制化有时可能非常令人沮丧。尽管公司已经在单个解决方案中投入了大量的时间和精力，但客户可能会在方案完成后立即开始对其进行调整。贾森·弗里德（Jason Fried）在创建37signals（一家私人控股的网络应用公司）后就经历了这样的事。37signals 是一个于 1999 年创办的、总部设于芝加哥的网站设计公司。为了处理越来越多的项目和应对不断增加的业务复杂性，两位创始人决定开发一个简单的项目管理软件供公司内部使用。软件的简易性给 37signals 的客户留下了深刻的印象，开始有客户询问他们是否可以购买这些软件。两位创始人因此决定改进软件，并将其命名为"Basecamp"进行出售。一年后，该软件带来的收益比网站设计业务还多，因此 37signals 将其从项目类业务转变成了产品型业务。如今，成千上万的小企业在使用这一软件，而它自 2006 年以来再也没有建立过一个网站（除其网站本身之外）。

Blume2000 与其情况相似。该公司创办于 1973 年，是一家位于德国汉堡市（Hamburg）的传统独立花店。售货员当场包装鲜花（一种不易储存的产品）以满足客户的个人需求。1989
年，沏宝咖啡连锁店（Tchibo）的成功经营者赫茨家族（the Herz
family）掌控了该公司，Blume2000 在之后的 17 年中增加了 54
家店铺。此外，它还通过在 1991 年引入特许经营概念来不断推
动公司的发展。如今，公司拥有了一个生产和物流中心，为 200
多家商店和数百万终端消费者提供鲜花运送服务。与花费时间为
顾客创作个性化花束的传统花店不同，Blume2000 在其线上和线
下店铺中销售数量有限且已提前包装好的花束。这些花束是大规
模集中化包装而成的。持续的营业额使公司能够保证鲜花为期七
天的新鲜度。此外，花卉的大量采购为公司带来约 20% 的成本优
势，而这一优势可以传递给客户。最后，复杂的企业资源规划系
统（ERP）为共有平台上的合作伙伴创造了透明度，并且加快了
订购流程。ERP 还提供了来自商店的市场洞察结果，这些信息可
用于预测未来的客户需求，并优化线上的供应内容。

　　印孚瑟斯（Infosys）位于印度浦那，成立于 1981 年。在
20 世纪 80 年代，印孚瑟斯专注于提供服务于单个客户的、当场
交付的个性化项目。该公司在 1993 年进行了首次公开募股，之
后的几年是其高速发展期，其收益从 1993 年的 500 万美元增长
到 2000 年的 2.03 亿美元，又于 2004 年达到了 10 亿美元。由
于经典信息技术外包业务的日益商品化以及相关项目的利润在
不断上升，印孚瑟斯于 2000 年左右开始从项目类服务转向产品
化服务。在后端，这需要技术服务供应商从传统的资源管理重
点，即有效地分配项目经理、顾问和技术专家并与客户共同创

建个性化的技术解决方案，到建立知识产权的一个根本性转变。
这一产品化战略的首要实践成果是面向银行业的软件产品，这
些产品如今已被命名为"Finacle"。印孚瑟斯第一次将有关单个
分行的业务解决方案的知识，成功转化为任何银行都可以使用
的更为通用的软件。在经验丰富的工程师的帮助下，它建立了
一个灵活且可扩展的体系结构，这使其竞争对手很难复制它的
产品化策略：功能性很容易被复制，但灵活性不能被复制。这
一软件还具有专门由银行家而非软件工程师来操控的产品管理
功能。此外，印孚瑟斯领导团队还调整了盈利机制。他们将与
基于时间和材料的项目相对应的、具有内在可变性和周期性的
收费模式，战略性地转变为与软件产品相对应的、一次性前期
许可支付的收费模式。此外，他们还在软件产品交易中进行了
盈利机制调整，这些交易通常规模更大并且本质上具有更多转
换性，而战略咨询、实施和维护服务领域等内容也得到了相应
的调整。他们对报告内容也进行了改变，这意味着印孚瑟斯从
项目导向型的 PSPD 模型（包括收益的可预测性、预测的可持
续性、已实现收入的盈利性以及降低风险）转向了降低固定成
本的、以产品为中心的关键绩效指标。当 Finacle 有足够影响力
来制定行业标准时，印孚瑟斯决定扩大产品组合，并进一步投
资知识产业领域。它进行了 Skava（技术平台公司）与 Panaya
（以色列软件厂商）等多项收购以实施这一战略，并于 2014 年
7 月建立了子公司 EdgeFerve Systems，在此之后又增加了第二
个企业级产品。如今，产品和平台销售为印孚瑟斯带来的收益，

已经占了企业总收益的 5% 左右。

如果一家公司决定从东向西穿越商业模式子午线，就需要将包含各种独特的客户案例的个性化商业模式，转变为提供标准化供应内容的工业化商业模式。这一过程通常被称为产品化。之后公司之间会展开关于可扩展性的比赛，这对大规模生产、定制和营销的能力提出了更高的要求，而非常复杂的制造、策划和项目管理能力相比之下变得不那么重要了。

如果一家公司得出了定制型解决方案没有发展余地的结论，那么这样的转型可能会作为一种防御性措施而被公司所采纳，因为面向大众的供应内容能够满足绝大多数客户的需求并且成本也相对更低。因此，个性化商业模式的客户群可能会缩减，并且可能导致公司无法将市场扩展到高端客户中。相反，当公司利用其深厚的客户知识，发现有机会更好地让它们现有的产品实现标准化时，或者当它们发现有机会利用其在大规模市场中积累的部分能力和技能时，这样的转型也可作为一种进攻性措施而被公司所采纳。例如，如果一家公司为客户解决方案构建了一个高度整合的、为单个客户服务的体系架构，那么它就能以大规模市场发布平台的形式将该架构进行标准化处理，从而扩大业务的规模。如果企业从方案型商业模式转变为平台型商业模式，那么强大的合作伙伴关系网的协调能力就可能是一项潜在的、可利用的关键性资产。但是，这也取决于合作伙伴提供可扩展产品或服务的能力。

企业要成功实现商业转型板上从东向西的转型（见图 2.1），

就需要做到以下几点：（1）将前端从为单个客户服务的个性化价值主张转为标准化的价值主张；（2）从灵活的服务结构转变为可扩展的生产结构；（3）将盈利机制从需求导向型的定价模式转向成本导向型的定价模式。

前端的转变：从个性化价值主张转为标准化价值主张

许多公司未能成功实现从东向西的转型，因为它们认为只要大规模生产供应内容就能达成这一目标。然而，为了成功地与大规模市场上的老牌公司进行竞争，公司必须提供一种更新、更好的标准化产品，以满足绝大多数客户的相关需求，因为标准化产品迄今为止已经非常普遍。因此，公司不得不凭借更优质的价值主张对现有的产品和服务进行创新。重点应放在利用公司传统技能的核心产品或服务的创新上，这些技能包括市场洞察力、项目管理能力和服务能力等。在最成功的案例中，公司往往是提供之前从未在大规模市场上出现过的产品或服务的第一家企业。例如，银行开始为所有客户增设易于使用的股票交易功能，从而打破了参与股票市场交易活动是享有定制化投资策略的高净值人群[1]特权的逻辑。与老牌企业相比，从东向西转型的企业更为了解客户的潜在需求。这使它们能够确定客户希望拥有灵活性选择的领域，以及明确其供应产品的哪一部分更易于实现标准化。

---

[1]　高净值人群一般指资产净值在 600 万人民币（100 万美元）以上的个人，他们也是持有金融资产和投资性房产等可投资资产较高的社会群体。——编者注

向西转型意味着要与大量客户进行高度标准化的互动。这些客户主要重视产品或服务的特别功能或成本优势。因此，公司应当实施低接触、可扩展的销售模式，并且需要拒绝"非标准"客户以降低销售成本。定制化的商业模式通常基于单一的销售渠道，这允许客户与供应商之间进行深入持续的对话。而这需要被广泛且紧密联系的线上销售渠道所取代。这样的全渠道或多渠道策略能够让企业拥有更多与客户接触的机会。有些客户喜欢在逛商店的过程中直观地了解所有供应产品的概况，但他们也希望公司能将产品直接寄送到其家中。其他客户喜欢在网上购物，但却更喜欢在商店里取货。考虑到客户与供应商之间互动的复杂性，让价格、产品、服务和整体品牌体验在所有销售渠道中始终保持一致性是极为重要的一点。

当客户数量显著增加时，供应商与客户之间的沟通变得更加间接化，因此公司必须为其供应内容打造一个强大的品牌。公司需要特别说服之前采用定制化解决方案的用户，令他们相信新的标准化产品或服务能够满足他们的绝大部分需求。这样的品牌营销活动通常以数字化形式出现。公司需要在网络上宣传新的供应内容，通过网络和社交媒体与客户进行互动，从而创造良好的客户体验。

后端的转变：从灵活的服务结构转变为可扩展的生产结构

为了达到高水平的可扩展性，企业需要改变他们的生产或实现过程。在其最初的定制化商业模式中，它们可能会拥有强大的个性化制造能力。通过转型，这些能力突然失去了大部分价值。与之相反，公司需要建立一种工厂式的生产模式，用高度自动化的机器取代人力资源。这种自动化不涉及公司的内部流程，但也需要在供应商关系中实现。为了确保能成功实现规模经济，公司有必要考虑与供应商签订即时交付合同，并确保生产、策划、订购和物流系统之间的有效衔接。

当从适应型生产过程转向可扩展型生产过程时，企业须大规模地向大量不同的潜在客户提供知识。这需要企业将知识"产品化"为可构建的模块。例如将服务转变为模板、标准方法或软件工具。为了将知识"产品化"，企业需要将服务和内容转换为可重复使用的元素，并使其具有可重复性和可再生性。通过关注现有知识如何被细分为模块（这一过程决定了向客户提供的产品或服务是什么样子），企业可以彻底地实现产品化的过程。这种方法的关键性挑战在于正确预测用户的需求，以避免为满足单个客户而对供应内容进行巨大的调整。或者产品化可能会由外而内地进行。在这种情况下，公司须凭借之前的经验，从客户的角度出发来决定理想的供应内容，并借此推断出构建模块所需的知识。在此基础上，公司能判断出其已经拥有的知识和它需要获得的知识。在线学习平台 Moodle 就是实施该产品化方法的一个例子，其原有的个性化学习项目如今已被开放式获取资源的模式所取代。

但是，拥有这样的标准化知识构建模块是远远不够的。企业必须确保它们可以在整个公司内部（知识市场）都能得到快速有效的访问。这一点在国际化的商业环境中显得尤为重要，只有当知识产权与公司的中心知识库在全球范围内共连的情况下，当地用户通过子公司重复访问公司知识构建模块才是合法的。此外，内容管理在保证知识的质量方面发挥了巨大的作用，而这一过程是通过确保"语义一致性"来实现的，其以无缝整合内容和发挥构建模块协同效应的方式创造了价值，整体不仅仅是其部分的总和。但还需要着重强调的一点是，成功的产品化不仅需要强大的知识管理，还需要建立知识共享体系。

盈利机制的转变：从需求导向型转为成本导向型的定价

企业要实现从东向西的转型，就要转变其盈利机制，因为它们可能不再关注其客户支付的意愿，而是转为关注其在大规模市场中的竞争者所定的价格水平。因此，它们必须首先决定以哪个市场为目标。基于这个决定，它们可以确定一个具有竞争力的价格。而这一价格将是其开发产品或服务的基础。

在非定制化的商业模式中，固定成本是利润的驱动因子。为了促进利润的增长，公司需要开始积极地管理这些固定成本，例如通过与供应商的谈判创造规模经济并实现市场支配力等方式进行管理。此外，公司必须利用可重复使用的标准化资产带来的低廉成本效果。向西转型涉及大量的自制或外购决策。由于成本的压力，公司可能不再具有单独支付其全部价值链的能力。相反，它可能需要关注一些具有实际核心价值的活动，以确保拥有可持续的竞争优势。而其他那些不具有核心能力以及不能帮助公司在市场中脱颖而出的活动可以外包给其他公司，以提高客户的资金价值。

总结

从东向西转型的主要挑战在于提出一个更新、更好的标准化产品。公司必须学习如何通过（大规模）销售将大规模业务进行商业化转变。但是公司也必须将知识"产品化"为构建模块，并对之前的个性化服务进行工业化转变。最后，对实现经济的成功转型而言非常重要的一点是，快速壮大规模经济，并且通过管理固定成本来提高利润。

第六章　为多种根本性转型排序

在前面的章节中，我们着重研究了穿越商业模式赤道或商业模式子午线的模式转型。然而，如果企业的环境和竞争地位受重大的且不连续的变化影响，那么这些单一交叉分析可能不足以支撑企业的长期发展和繁荣。在这种情况下，有三条可供选择的转型道路，比如公司可能会选择沿顺时针或逆时针方向进行逐步转型，或者可能选择直接沿对角线方向进行转型（参见图6.1）。这些转变显然具有极高的挑战性，因为公司必须为此穿越商业模式子午线和赤道。在本章中，我们将讨论企业在多维度转型中所面临的挑战，并提出一些旨在帮助企业成功完成转型的建议。

以新加坡邮政为例。随着互联网产品的迅速发展（电子媒介）、生活方式的改变和市场的自由化，新加坡邮政与许多其他国家的邮政公司一样，在基础邮件服务，即传统邮政业务方面的需求出现了较大的结构性下滑，这主要体现为邮件量的下降和邮局交易量的减少。2011年，该公司雄心勃勃地发起了一项名为

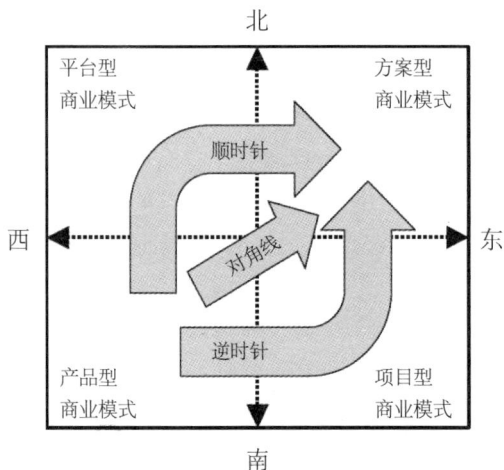

图 6.1 三种转型路径

"为未来做准备"的转型计划。为实现"成为电子商务物流和可靠通信领域的区域领导者"的目标，该公司通过在亚太地区提供端对端的电商物流平台，成功地从国内邮政运营商转型为区域性电商物流运营商。为能顺利实现这种根本性的转型，公司须在人力资源（沟通下线、招募人才、领导力培训等）、信息技术和运营领域投入大量资金。一方面，公司通过将交易性服务整合到数字化平台的方式改进了原来的核心业务。这种改进让使用自助服务机、手机、平板电脑和笔记本电脑的客户能拥有统一的用户体验。另一方面，为了帮助客户以一种可扩展、可持续的模式在多个市场和国家扩展其电子商务运营，该公司投资了如线上安全、软件兼容、市场营销和全渠道等多项技术，以提供整合型的端对端的解决方案。公司还通过在海外进行收购和成为合资企业的方式，将其业务扩展到亚洲的线上市场，从而加强了其在区域电商物流领域的业务能力。

直接性：对角线转变与逐步转变之间的比较

首先要解决的问题在于，一个多维的转型是否可以从对角线方向实现？或者说这样的多维转型是否由于调动管理方面所面临的挑战而需要两个连续的步骤，即第一步先从水平方向改变，第二步再从垂直方向改变？在克诺尔集团（Knorr-Bremse）铁路车辆系统的案例中，公司从一开始就很明确这必须是一步式的转型。该公司是一家为铁路公司生产并销售制动控制装置零件的企业，为了保持与客户的直接联系并且避免被降级为一个单纯的零件供应商，公司显然需要针对每家铁路公司的特定需求为客户定制更合适的产品。为了保持竞争力，克诺尔不得不从根本上转变其商业模式，从而在铁路系统的整个生命周期内都能为其提供个性化的产品和服务。

这种直接的、一步式的转型有一个好处，就是一家公司只需要经历一次变革。商业模式转型的目标从一开始就很明确，而整个公司可以被统一协调起来并向前迈进。但是，由于启动、管理、控制和终止转型计划需要大量同步转变，所以管理的复杂性非常高。除了需要开展更切实的项目去更新系统和流程，管理团队还必须通过一种使员工不拘泥于原公司文化的根本性的文化变革来领导组织共同前进。

通过两个连续的步骤进行转型，可能看起来不那么复杂并且更易于实现，因为它一次只能将转型限制在一个维度上进行。这种方式可能需要更长的时间，但每次转变所需要的投入和转变的复杂性都较一步式更低，这更易于公司控制操作风险。但是，决策者仍须清醒地意识到这种方法的缺点和风险。商业模式转型往往是一次重大的企业变革，这必然会给员工带来相当大的压力。当公司发起了转型，该组织（在理想情况下）将根据转型需要来调整其前端、后端和盈利机制，但也将会更珍视那些未被改变的方面。这些部分甚至可能成为转型期的核心支柱。在转型的第二步中，如果管理层开始调整在上一步骤中保持稳定的这些内容，那么组织中很有可能会出现抵制这种转变的声音，从而使公司在转型过程中受阻。

我们可以得出这样的结论：如果二维转型对公司来说是必要的，并且公司有能力在相对较短的时间内适应新的游戏规则，那么直接向对角线方向进行转型可能是一个很好的路径。然而，如果公司需要许多新的资源和能力才能实现向目标商业模式的转型，那么逐步实现转变可能是更好的选择。

转型顺序：顺时针转变与逆时针转变之间的比较

如果公司认为其商业模式的转型更适合逐步转变的方式，决策者必须决定是以顺时针方向进行还是以逆时针方向进行。例如，从产品商业模式到方案型商业模式的转变需要提高交易包容性和产品的定制化水平。如果一家公司决定按照顺时针方向进行逐步转型，那它首先需要通过制定全面且整合的价值主张，例如建立一个整合型的结构体系并引入重复性收费模式，来增加交易的包容性。有一定的规模和组织网络来开发和管理综合性产品的大型组织，往往更容易进行这种顺时针方向的转型。该转型方式的优势在于，公司在第一步便构建好了整体架构，这就意味着领导者之后要做的仅仅是增加一些功能使其业务变得个性化。但是，当从产品型商业模式顺时针转变为方案型商业模式时，公司将会面临两项风险。首先，较大的公司规模的确有助于实现由南向北的稳固转型，但与此同时，规模太大通常也会限制其灵活性，从而妨碍定制化服务的实现。如果在从产品型商业模式转变到平台型商业模式的过程中需要许多不同的合作伙伴一同参与，那么风险会更大。这种合作契约通常有严格的规范，需要合作者之间付出共同的努力来进行适应。在某些情况下，如果合作伙伴所提供的方案不够灵活从而无法满足方案型商业模式中各个客户的需求，公司甚至可能需要更换合作伙伴。其次，新建立的平台越好，客户能够自行配置满足其需求的解决方案的风险就越高。这可能导致转型的第二步根本没有机会进行，公司可能会失去销售其定制服务的机会。

　　相反，如果一家公司追求逆时针方向的转型顺序，首先它必须提供个性化的价值主张，开发灵活的服务结构以实现客户需求，并着眼于需求导向型的定价策略。在第二步转型过程中，它可能会开始增强其核心产品以提高其包容性，并将其客户更紧密地融入全面综合的方案中。对小公司来说，第一步往往更容易实现，因为根据定义它们可以更灵活地满足客户需求。然而一般来说它们会在第二步遭遇困境，因为这时候公司需要建立一个整合型的平台或系统，并围绕其开发一个有活力的补充供应系统。由于资源有限，小公司还面临将所有资源集中在一个或几个客户上的风险。即便是成功实现了第一步的转型，它们也往往缺乏推出方案型商业模式的能力。

理论上而言，对角线方向的转型并不局限于从产品型商业模式到方案型商业模式的转变过程，它也可能被用于其他方向的转型。但是到目前为止我们还没有观察到这种情况。一个可能的原因就是，包容性和定制水平越高，阻碍企业向南或向西移动的锁定效应就越高。克服这些锁定效应可能需要很多资源，导致企业没有能力实现另外的转型工作。

值得注意的是，并非所有的两步式转型都是公司从一开始就计划好的。一些公司采用了试错法，它们先向某一个方向进行转型，如果这没有达到理想的效果，则又将注意力转向另一方向。利勃海尔就是一个很好的例子。该公司是全球领先的工程机械制造商之一，2014 年其员工人数约为 41 000 人，营业额达 88 亿欧元。利勃海尔很早便认识到改变其商业模式的必要性。它曾经是原始设备供应商，采用产品型商业模式。为了应对激烈的竞争和日益被压缩的利润空间，公司决定通过在挖掘、装载等采矿过程中加入额外的服务来实现向北的转型，例如将设备维修服务整合到原有重型设备业务中，或者提供如项目融资、信息技术咨询等增值服务。然而，因为竞争对手很快便复制了利勃海尔这种整合型产品和服务的组合，其平台型商业模式很快就遭遇了种种压力。通过仔细观察不断变化的客户需求并根据这些需求调整自身产品，该公司决定致力于另一种转型方式。这一次，利勃海尔的转型更为彻底。它意识到客户并不想投资大量物力，而是仅希望在需要时使用这些机械。因此，利勃海尔通过聘请现场工作人员的方式，接手了客户所有的设备管理工作。它们以"使用成本"和"运行时间"为标准对客户收费，而这通常会被写入服务水平协议，签约时长一般为 8～10 年。因此，利勃海尔的商业模式最终转型成为一种方案型商业模式，这种模式会向客户提供一系列整合型的产品与服务，旨在为客户解决其特定问题。

结论和展望

转变公司的商业模式是一项非常具有挑战性的工作，而这往往是有风险的。不仅公司要面对这些风险，那些发起和实施这种变革的勇敢的企业家和领导者也要面对这些风险。在大多数情况下，变革在前期会受到来自多方利益相关者的抵制和怀疑。投资者可能会担心这些数量庞大的投资在转型完成之前会亏损很多年；员工可能会担心自己缺乏参与新商业模式的能力；忠诚的客户可能会怀疑公司采用的新商业模式是否仍能满足他们的需求；最后，领导转型的企业家本身也无法确定他们是否有能力一直推动变革以取得最后的成功。为了消除这些质疑，领导者需要制定一个令人信服的战略方案以说明为什么需要变革，并完美诠释最佳商业模式的状态，以及提供一个完整、清晰的具体行动计划。本书试图为正在经历商业模式转型之旅的读者提供支持。首先，商业模式分类法可帮助读者先定位企业当前的商业模式，同时为未来的商业模式制定出有吸引力的蓝图，并明确两者之间需要缩小的差距。其次，商业模式的交叉点使读者对企业所需采取的行动有更深入的了解，并允许读者检查组织是否真正拥有进行成功转型的先决条件。最后，本书详细地介绍了许多发生在现实中的转型案例。本书是由一些拥有推动商业模式转型经验的公司领导和商业领袖们一起撰写的，他们的经验既可以作为最佳的实践案例，同时也揭示了公司在迈向新商业模式过程中需要注意的一些风险。

第三部分

向成功转型的组织学习

第七章 从根本上改变公司包容性的公司案例研究

戴姆勒如何塑造汽车出行的未来：从 car2go 到 moovel

亚历山大·齐默尔曼，金特·米勒-施特文斯（Günter Müller-Stewens），克里斯多夫·法伯（Christoph Färber）

瑞士励智识别技术有限公司：从销售 ID 到提供对 ID 网络的访问途径

吉多·巴尔特斯（Guido Baltes），克劳斯·克劳沙（Klaus U Klosa）

思爱普：从标准企业软件的先驱到领先的数字公司

卡斯滕·林茨

网飞：商业转型大师

甘特·米勒-施特文斯

戴姆勒如何塑造汽车出行的未来：从 car2go 到 moovel

亚历山大·齐默尔曼，金特·米勒－施特文斯（Günter Müller-Stewens），
克里斯多夫·法伯（Christoph Färber）

　　在过去几年中，我们看到汽车行业高层管理人员的思维方式发生了根本性变化。例如，大众汽车集团前首席执行官马丁·温特科恩（Martin Winterkorn）在 2015 年 3 月 12 日说的一番话让媒体和投资者都感到惊讶。他说："我们被一个迷人的愿景驱动：在未来，我们希望从汽车制造商发展成为全球出行供应商，我们的汽车成为排名第一的出行工具。"一年前，宝马集团前首席执行官诺伯特·雷斯费尔（Norbert Reithofer）说："我们在 2020 年的愿景是成为领先的个人出行高端产品和高端服务供应商。即使是在今天，我们也不仅仅是一个制造商，我们正在朝着成为优秀的、能提供出行与连接服务的供应商迈进。"同样，戴姆勒股份公司[1]的前首席执行官蔡澈（Dieter Zetsche）在同一年表示："我们不仅将自己视为汽车制造商，还将自己视为出行方案的提供商。"这引出了一系列问题：隐藏在从汽车销售转向出行销售这一根本性转变背后的目的是什么？这些公司的商业模式意味着什么？它们又将如何实施？我们将仔细研究戴姆勒及其出行服务计划的新方案，以便更好地了解此商业模式转型背后的动态变化。

---

[1]　全球最大的商用车制造商，总部位于德国斯图加特。——译者注

戴姆勒公司自其创始人戈特利布·戴姆勒（Gottlieb Daimler）和卡尔·本茨（Carl Benz）于 1886 年发明汽车以来，已经有了十分悠久的历史。当时，其价值主张是自力推动型汽车［马车汽车（*voiture automobile*）］。在随后的几年中，马车形状被底盘形式所取代，生产也从手工制造发展到由亨利·福特（Henry Ford）于 1913 年发明的流水线生产，戴姆勒在 1935 年使用了这种生产方式。今天，在主流汽车市场中，戴姆勒是高档轿车市场的重要参与者之一，也是全球最大的商用车制造商。在过去，戴姆勒还一再进入其他的细分市场和行业，并且应用新的商业模式。在 20 世纪 90 年代中期，当时的首席执行官埃扎德·路透（Edzard Reuter）希望戴姆勒成为一个综合性的技术集团，它收购了航空航天公司多尼尔（Dornier）和电器公司 AEG 等。然而，这种多样化的尝试失败了，路透的继任者于尔根·施伦普（Jürgen Schrempp）重新将公司的重点放回到了盈利的汽车业务。1998 年，施伦普推出了自己的多元化战略，将戴姆勒与美国大众汽车制造商克莱斯勒（Chrysler）合并，并收购了三菱汽车和现代汽车的股份。但是这一扩张也失败了，并且导致了 9 年后戴姆勒和克莱斯勒的解体。此后，戴姆勒调整了策略，专注于高端汽车业务的盈利增长，并辅之以创新的金融和出行服务。在 2015 年戴姆勒董事会对话上，时任首席执行官蔡澈说，公司多年来一直忙于优化和增加其核心业务。虽然他认为这至关重要，但他指出，下一个任务是为公司的长远未来构建一个更广阔的基础。这意味着戴姆勒要面对所有业务领域中的数字化挑战，并为根本性变革做好准备。

　　汽车行业中的商业模式和客户需求也一直在不断变化。而在早期阶段，消费者在购买汽车时会遇到和购买其他产品时一样的情况，即高成本会阻碍大多数人的购买行为。为了推广汽车的销售，制造商与银行联手为客户提供资金服务，使它们能够将巨额成本的支付方式变成按月支付。这样的资金方案发展势头强劲，并且成为提高企业竞争力的一项重要因素，因此制造商开始争先提供具有最佳性价比的产品。租赁最初是为企业客户开发的，但它与私人客户之间的关联度日益增强。在这种商业模式中，汽车的所有权由租赁提供商（银行或制造商的金融服务部门）拥有，客户可以通过支付月租来获得汽车使用权，租赁协议也涵盖了保险和维护费用。从技术层面而言，在这种模式下，客户只购买了汽车的使用权而不是汽车的所有权，但是他们依旧可以选择特定的汽车。对那些想拥有更多选择的客户来说，还有一个选择是汽车租赁公司，它们长期以来提供大量可以日租的汽车。

　　近年来，另一种商业模式也被添加到这个不断发展的产品列表中。戴姆勒和宝马等汽车制造商以及瑞士的 Mobility[1]，德国的 Flinkster[2]（德国联邦铁路公司所属）和美国的 Zipcar[3] 等独立供应商开始提供汽车共享服务。在这种模式下，客户享受了比汽车租赁更大的灵活性，因为他们可以在各个地点借车，并且只需根

---

[1]　一家汽车共享公司，总部位于瑞士里施。——译者注
[2]　德国的一家汽车共享公司。——译者注
[3]　美国的一家分时租赁互联网汽车共享平台。——译者注

据他们的驾驶时间来付费。这项服务有一个突破点，它使得汽车制造商和创业公司开始与各大汽车租赁公司合作，例如戴姆勒和欧洛普卡租车，宝马和 Sixt（一家汽车租赁服务公司），Zipcar 和 Avis（阿维斯出租汽车公司）。这些公司拥有运营和服务能力，能够高效地运营大量的车辆，并能根据所订立的契约关系管理流动性较大的司机。2013 年，汽车租赁公司 Avis 以 5 亿美元收购了 Zipcar，汽车共享行业的相关性就显现出来了。虽然这一估值仍远低于欧洲最大的租车公司欧洛普卡租车的 17 亿欧元市值，但它仍显示出汽车共享服务正在追上目前已建立的商业模式，并且成为个人出行行业中的重要板块。最近，一些新的 P2P[1] 平台，如瑞士的 Sharoo，开始进入汽车共享市场，它们允许个人向其他用户出租自己的汽车。这些平台不再提供车辆和服务，它们只将用户和汽车连接起来。

　　总而言之，从客户的角度来看，汽车的使用正在从实质性的长期投资转变为计时服务（即按具体使用情况付费）。这些新的商业模式受到了广泛的社会变化的影响，因为汽车正在失去其身份象征的功能。相反，人们对轿车和出行的需求也改变了，灵活性和环境可持续性变得越来越重要。因此，人们对获得物品的所有权越来越失去兴趣，反而将更多的兴趣投入到满足汽车的使用需求以及其他配套产品的灵活性上，也就是共享经济。这一变化

---

[1]　个人对个人（伙伴对伙伴），又称点对点网络借款，是一种将小额资金聚集起来借贷给有资金需求的人群的一种民间小额借贷模式。它属于互联网金融（ITFIN）产品的一种。——译者注

不仅仅发生在汽车行业中。

在这些与客户互动的新模式出现的同时，汽车行业的竞争格局也发生了巨大变化。在过去很长一段时间里，汽车市场中已有的成熟厂商在争夺一个相对稳定的市场，汽车业务的发展在很大程度上是可以预见的。随着客户需求从拥有汽车转向享受出行服务，新的或其他行业的玩家进入了这一领域。例如，很长一段时间内，公共交通行业不会直接与汽车业务进行竞争。车主们被汽车的高费用"绑定"，这往往使人们很少选择其他交通工具。由于汽车共享现在以分钟为单位向客户收取车辆使用费，因此从 A 地到 B 地的费用变得更加透明，人们可以直接将它与乘坐火车、公共汽车和出租车等方式所需要的费用相比较。早期，人们只能用私家车来满足大部分出行需求，或是从公共交通与出租车这两个选择中选一个。而在今天，由于日益增加的透明度，客户能够灵活地结合多种出行服务以及选择多种交通工具，并为每一次出行单独付费。我们可以预期，将来在线平台将为人们充当数字化的出行助理，针对客户需求提供积极的建议，车辆（包括轿车和公共交通）将有可能实现自动驾驶，并能自动互相通信，客户为了使用这些服务可以统一支付出行费用。这种更灵活的出行方式的推广还需要企业具有新颖的技术和数据管理能力。

另外，纯粹的共享平台，如优步、Lyft、MyTaxi 或滴滴出行并没有参与汽车技术开发，而是将拥有汽车的人与寻求交通工具的人相连接。基于双边平台，它们允许个人充当个人出行服务提供商。因此，你不再需要通过生产汽车来售卖个人出行服务。与传统实体企业相比，这些"资产匮乏"的公司对于价值在哪里以及如何被创造有着截然不同的理念。这就像是世界上流行的媒体Facebook 一样——它不创造任何内容，或者像世界上最大的酒店业者爱彼迎一样——它没有任何的房地产，或者像最有价值的零售商阿里巴巴一样——它没有任何的库存。

这些平台商业模式的主要优点是便利性：由于优步司机会随时随地接到你并随时随地为你提供服务，客户不必再寻找专门的接送点。这些消费者平台是出租车运营商的直接竞争对手，这使优步遭到抗议甚至被施以一些阻止其运营的法律手段。尽管一些人在努力地维持现状，但是商业模式的改变和市场竞争已经无法避免。当前快速成长的创业公司正在尝试采用新型商业模式。优步最近与亚利桑那大学（University of Arizona）合作开发了先进的地图和光学传感器，并与自动驾驶的先驱——卡内基梅隆大学（Carnegie Mellon University）的机器人实验室合作。优步计划推出无人驾驶汽车服务已不是什么秘密，2016 年 3 月，市场上有传言称，优步已经购买了至少 10 万辆梅赛德斯 S 级自动驾驶汽车，这些汽车目前仍未进入市场。如果能够将自动驾驶汽车纳入，优步将能在它的最大开销——"司机成本"上节省大笔资金。一些以平台为基础的公司也在努力走向实体，成为汽车制造商的直接竞争对手。例如，Lyft 公司在 2017 年与其投资者之一通用汽车公司合作测试了一系列自驾电动出租车。

老牌汽车制造商也可能从另一个角度看待这些正在进入或计

划进入汽车市场的来自信息技术行业的玩家们，因为他们可以借此利用自己的商业模式。最近的例子包括谷歌的母公司 Alphabet 的无人驾驶汽车项目，它与菲亚特克莱斯勒汽车公司（Fiat Chrysler）合作测试了 100 辆克莱斯勒小型货车，还有传闻说苹果公司将以"iCar"品牌进入汽车行业。2016 年 5 月，苹果向中国的汽车共享公司"滴滴出行"投资了 10 亿美元。滴滴由阿里巴巴集团和腾讯集团等公司共同控股，而这两家公司也是优步在美国的最大竞争对手 Lyft 的投资者，Lyft 公司在去年接受了滴滴的投资。很明显，这不仅是汽车共享领域的一场战斗，它还涉及别的问题：在行业边界被破坏和重新定义的情况下，哪家或哪类公司将主导全球的出行业务？谁将控制与客户的直接接口？谷歌和苹果公司凭借它们的智能手机可以与消费者建立持续、直接的联系，它们不会止步于车门前，这些公司比任何汽车生产商都更了解消费者的行为和偏好。

在这些变化的背景下，汽车制造商的首要问题是，必须准备好从根本上改变自己，而且这一改变越快越好。例如，在一个联合行动中，奥迪、宝马和戴姆勒在 2015 年以 28 亿欧元的价格收购了诺基亚的地图服务，以应对优步和其他竞争者的竞争。这一战略是为了防止一家科技公司垄断汽车内置地图。高精度的数字地图与车辆传感器的实时信息是未来自动驾驶车辆的重要组成部分。它们是汽车制造商为客户提供全新差异化和特定品牌服务的重要基础。

但是，这些成熟的汽车制造商能够迅速改变吗？例如，如果我们看一下德国汽车行业的行政人员或咨询委员会,就会看到大多数的"汽车人"仍然在关注规模经济、质量、品牌、燃油效率等,而不是网络效应、信息和数据的作用、新的盈利机制等。他们能够应对这种转变吗?他们是否能够对出行市场中的游戏新规则形成清晰的认知并进行分享?有些人可以,但不是所有人都可以。

针对不断变化的客户需求和不断变化的竞争格局,老牌汽车生产商之一戴姆勒推出了一系列新业务。戴姆勒商业创新部门成立于 2007 年,旨在开发和实施新的出行商业模式,该部门最初是戴姆勒公司战略部门的一部分。它于 2008 年推出了戴姆勒汽车共享服务 car2go,这是其首批业务之一。之后,戴姆勒于2012 年 7 月成立了戴姆勒移动服务有限公司(Daimler Mobility Services GmbH)及其移动服务平台。

与梅赛德斯 - 奔驰汽车公司已建立的产品型商业模式相比,moovel 平台代表着戴姆勒进入了一种全新的平台型商业模式。有些人会将其视为仅在 moovel 发生的全新商业转型,从原有的公司商业模式转变成混合模式,而梅赛德斯汽车集团仍然致力于以传统方式开发和销售高端汽车。但从长远来看,如果戴姆勒希望在出行市场竞争中保持领先地位,并且不充当出行系统中硬件供应商的角色,那么这是一个会对整个公司产生影响的根本性改变,将使汽车成为与消费者连接的移动生活空间。

car2go:从汽车拥有权到灵活的车辆使用

2008 年 10 月 24 日,第一家 car2go 汽车门店在戴姆勒的主要研究机构地之一乌尔姆市（Ulm）建成了。正如时任首席执行官蔡澈说的那样："car2go 凭借其绿色环保汽车，智能且富有创意地为人们提供了一套简单、灵活并且高性价比的出行方案。"戴姆勒将 50 辆奔驰精灵汽车作为可以在任何时候使用的车辆储备。顾客在一次性注册之后就可以即兴或预约使用车辆，并且能按照自己的意愿设定使用时间。服务按分钟收费，而按时和按日的费用会有所降低。使用结束后，车辆可以停在城市内的任何公共停车位。最初 car2go 只提供给戴姆勒的员工使用，但很快便向公众开放。在随后的几年中，该业务迅速扩展到欧洲和北美 30 多个城市，而 car2go 在中国的运营始于 2015 年。由于 car2go 旗下的 Blackbrand 在部分城市提供梅赛德斯 B 级车，因此其车型范围也有所扩大。

就商业转型板而言（图 2.1），car2go 的推出代表了向北转型的趋势，因为人们一次性购买汽车的行为被按需使用汽车的行为所取代或补充。戴姆勒在开发汽车共享服务方面处于优势地位。car2go 的前任负责人强调："像戴姆勒这样的公司为开启新服务提供了理想的条件，因为它可以提供各种资源，如技术、管理和法律知识，以及市场营销、通信和资金等。就大公司的本质而言，它的确会比初创型公司要花费更多的日常开支，但在我看来这些开支被过分夸大了。任何利用戴姆勒的商业名片打开世界各地大门的人都知道，相比于跨国公司之外的无名小卒试图创造新的想法所要付出的代价，大型企业的日常开支只是一笔很小的费用。我完全相信，car2go 能帮助我们公司进一步走向成功。"

在这种背景下，管理者们能够同时拥有企业家精神与应对大公司的行政管理能力就显得尤其重要。一位高级经理解释道："在car2go，我们拥有一个管理层，一方面他们在戴姆勒集团积累了长期的经验，知道哪一环节需要小心谨慎对待，知道如何应对不同类型的高级经理们。另一方面，他们也有很强的独立性，不依赖既定的方法和思维方式。他们只负责判断进入市场的正确时机，寻找合作伙伴，获得开发资源，并发挥其在大公司中的创造力。"

前端：促进客户互动

为了将商业模式从销售汽车转变为销售汽车共享服务，公司与客户互动必须更加方便并更具常规性。为了实现这一目标，戴姆勒这家原本长期以来仅专注于通过在公司车辆展厅开展与顾客互动的公司，需要采用新的手段与客户进行沟通。出行服务的一位高级经理指出："我们一直在思考是什么促成了梅赛德斯的成功。事实上我们可以开发和生产很棒的汽车，使其概念化，然后交给自己的经销商或独立的经销商进行销售。我们通常会遇到与终端客户沟通的难题。"car2go 创办前期，车辆的定位和预订可以通过互联网或热线电话来进行，预订车辆的位置信息可以通过短信发送给客户。随着智能手机的蓬勃发展，car2go 得以被推广到更广泛的受众群中，从而大大增加了公司与客户互动的机会，提升了用户使用的便利性。一位高级经理指出："没有 2007 年第一款苹果手机的发明以及应用程序开发的快速发展，我们就无法启动 car2go。"今天，car2go 的手机应用程序可以让人们看到附近的所有车辆，让预订变得更加方便：它可以引导客户找到自己的车，提供如燃油液位等车辆的特定信息，并向客户推荐兴趣点。在最新的版本中，如果有 car2go 车辆停在附近，客户还可以决定是否要接受附近有车辆的提醒，这又增加了用户黏性和使用频率。

除了这些技术性方案之外，从客户以及他们的经历中吸取经验也尤为重要。正如 car2go 负责人所回忆的那样："客户的热情为我们的团队注入了活力，并帮助我们进一步开发产品。我们经常邀请客户吃午饭或邀请他们参与研讨会，询问他们喜欢或不喜欢什么，他们在使用汽车的过程中注意到了什么，以及他们会有哪些不同的做法。我们的初始客户一直热心地支持着公司，并在公司犯错时大度地包容我们。"

鉴于汽车共享服务提供商数量的增长，将客户与 car2go 绑定变得越来越重要。锁定效应源自人们对方便性的追求，由于客户在使用该服务之前必须用驾驶证进行注册，因此他们很少签订多种服务。但是，这意味着先行者的优势非常重要。因此，car2go 及其德国主要竞争对手 DriveNow（来自竞争对手宝马）已经开始在德国以及其他国家的不同城市推出其服务。这些公司最近也开始在市场上开展竞争，其中一个例子就是 car2go 在 DriveNow 的"老家"慕尼黑推出了业务。在意大利市场，car2go 项目比本土公司发展得更快，在其竞争对手 Fiat（菲亚特）与能源公司 Eni 联合推出 Enjoy 服务之前，car2go 就在都灵（Torino）实现了首次运营。

后端：学习新技能

后端也必须进行转型才能成功进入新的商业模式。因为戴姆勒之前没能拥有支撑性的流程和技术，当它在 2008 年推出新服务时，公司的管理、财务以及法律和人力资源部门无法处理好新业务的特殊性质。car2go 的前负责人罗伯特·亨利希（Robert Henrich）仍记得他曾经在笔记本电脑上生成所有客户的发票，并且独自一人统计每周的数据。移动车载信息系统也必须从头进行开发，然而在最初阶段这一开发过程很容易失败。由于既没有专门的呼叫中心，也没有客户服务部门，团队中的每个员工在早上 5 点到 8 点之间都需要一直在街上修理汽车。随着时间的推移，戴姆勒的流程和技术得到了改善，并且建立了专业的团队。car2go 的前任负责人认为这一早期阶段是成功的一个关键性因素："所有员工无一例外地在任何地点、任何需要的时候都能提供帮助，他们知道每件产品的核心细节，这使我们的管理变得非常高效。"

为了促进 car2go 在欧洲的发展，戴姆勒决定与其新竞争对手之一，汽车租赁公司欧洛普卡开展合作。2011 年，两家公司共同建立了一家名为"car2go 欧洲有限责任公司"（car2go Europe GmbH）的合资企业。欧洛普卡公司的首席执行官菲利普·吉耶莫（Philippe Guillemot）指出："car2go 见证了我们具有高度创新特色的出行服务的扩张。80 多年来欧洛普卡租车一直致力于提供个人出行方案，并且在很早的时候就开始关注人们出行行为的改变。如今我们与戴姆勒一起，将提供创新型的城市出行方案，以满足当前和未来用户的各类需求。这次的联合能为合作伙伴们带来协同效应，并且几乎能在任何场合为人们提供多种多样的出行选择。"

这次合作经营能使 car2go 受益于欧洛普卡公司专业的车辆管理和物流技术。此外，其在 160 个国家建立的广泛的运营网络分支能让客户在更多地点进行注册。最后，该计划将使得 car2go 和欧洛普卡公司的服务在未来得到进一步的整合。在汉堡，客户将 car2go 服务与欧洛普卡租车绑定之后可以获得特殊的优惠条款，并可能在欧洛普卡租车站享受免费服务。

盈利机制：管理可变成本

在盈利机制方面，也需要有一个从预先定价（即出售汽车）向基于使用情况的定价（即出售从 A 到 B 的出行服务）的转变。这就需要 car2go 在车辆和基础设施方面进行大量的前期投资，以及为赢得客户进行投资。为实现这一目标，car2go 最初提供了每日统一费率，这是客户最常使用的付费方式，但其产生的利润却很少。此外，最初客户无须支付停车费，这也导致了额外的费用。如今，凭借已建立的客户群，car2go 仅提供基于使用情况的定价和惯常的停车费用。根据目前的定价方案，其主要的收入来源是城市范围内的短期租赁（平均每辆车一天内被租借 7~9 次），少数则来源于长期租赁和远距离出行服务。尽管这一业务在一些城市已经达到了收支平衡，但就整体而言，car2go 是从 2016 年起才开始盈利的。

car2go 提供了集成化的端对端移动服务，这一服务涵盖了与用车相关的所有花费，例如投资、保险、维护、停车费和燃料等。这与戴姆勒公司原有的纯生产成本有非常大的不同。考虑到这种服务每分钟的价格在很大程度上是由竞争决定的，因此盈利状况主要是依靠管理（与驾驶相关的）费用来驱动的。例如，对汽车的投资可以通过提高使用率进行优化，因此在街道上投入多少汽车就显得尤为重要：汽车太少会让客户失望，太多则会出现亏损。car2go 使用了多个统计模型来计算车辆的供应量。它的出发点是当客户需要汽车时，始终会有一辆车在他附近。基于社会人口统计数据和各城市、地区之间的比较，car2go 首先明确了它想要为其提供服务的城市的商业区，然后综合考虑地区规模、车辆的使用时间以及车辆的可用性来确定车队的规模。

除了增加汽车的数量，还有其他手段可以提高盈利水平。例如，car2go 引入了生态得分（Eco Score）功能，该功能可以向司机实时显示他的驾驶方式对生态环境是否无害。三种驾驶类别（加速、巡航和减速）都用树木来表示。司机开得越好，则他获得的树木越多，甚至在某一时刻能养动物。驾驶结束时司机会获得一个总分。当司机驾驶得特别差时，汽车会出现警告信息，要求司机更加小心。生态得分以有趣的方式让司机参与到减少二氧化碳排放、降低燃料消耗的行动中，让司机更加谨慎地驾驶，甚至还有利于减少事故的发生。这不仅有利于 car2go 的盈利，而且对环境保护也很有帮助。社会生态研究所（ISOE）目前正在对这些影响进行分析。car2go 平台不仅改变了盈利模式，还改变了推动人类、地球和盈利三重底线背后的机制。尽管戴姆勒一直在寻求技术上的解决方案来减少车辆的燃料消耗，但它现在的目标是改变消费者的驾驶习惯，这对减少二氧化碳排放量的影响要大得多。

尽管取得了这些成就，但 car2go 似乎并不能完全满足客户不断变化的需求，因为优步（Uber）等竞争对手进入了这个领域，提供了不受客户驾驶意愿和驾驶能力影响的移动服务解决方案。很明显，戴姆勒必须进一步转型，从以 car2go 为单一供应内容的单边商业模式转变为以戴姆勒股份公司为核心的开放且更具包容性的移动平台型商业模式。2012 年 7 月，戴姆勒推出了 moovel 移动服务平台，其价值主张是提供移动出行服务（取代之前的汽车销售等主张）。

moovel：从车辆使用到出行服务

通过 moovel，戴姆勒集团一路前行，并进入一个真正的多平台型商业模式。在一次采访中，moovel 的前首席执行官表示，公司希望成为出行领域中的亚马逊。"moovel 的目的是提供一切可能的城市交通选择。通过选择公共交通工具、出租车、豪华轿车、租用汽车、租用自行车、共享汽车、货车、长途巴士或飞机，我们能够获得从 A 到 B 的最佳途径。我们诚邀能够为此做出贡献的人都加入进来。"moovel 于 2012 年在德国的两个城市（汉堡和斯图加特）开展了试点项目，目前正在为其平台争取大量合作伙伴，以便为客户提供更加灵活的点对点交通服务。

从长期目标来看，公司要将 moovel 打造成一个在城市出行领域占据领先地位且完全中立的平台。然而在第一阶段，它主要建立在 car2go 的基础之上。car2go 为更广泛的交通服务开了一个好头——moovel 可以从 car2go 的成果中以及为建立庞大的客户基础而进行的投资中获益。由于典型的 car2go 用户已经对新颖的出行方式有了强烈的兴趣，并且能灵活使用智能手机来计划和预订个人的旅行，因此这一点对于 moovel 来说具有很大的价值。而另一个优势在于，moovel 可以凭借戴姆勒集团的良好声誉以及其他公司的信任打开与潜在合作伙伴（如公共交通公司）之间的大门。此外，客户的信任也是关键。一位 moovel 的信息技术专家曾问道："你认为用户会将敏感的出行数据委托给谁？是某个经常被指责缺乏数据安全的公司还是我们？"

前端：开拓范围

moovel 的想法是让客户在完成一次注册后就能以整合的方式访问整个出行服务方案。因此，moovel 的目标是扩大服务范围，增加服务的灵活性和便利性。用户可以在不进入多个应用程序或网站的前提下进行搜索、比较和预订点对点的出行服务。特别值得一提的是，该平台的一个强大优势是，其用户能够比较不同选项在时间、成本和潜在的环境影响等方面的情况。这意味着，你可能拼车去最近的火车站，坐火车去市中心，然后骑上你租来的自行车到达目的地。不同交通方式之间的界限变得模糊，这越来越接近人们在给定路线上实现无缝出行的愿景。

除开始提供更广泛的服务之外，公司与客户的互动也在发生改变，这对戴姆勒的 car2go 服务有着根本性的影响。moovel 团队预计，在不久的将来，大部分的 car2go 客户将会通过 moovel 这样的平台来预订这项服务。这背后的理念是：客户存在交通出行的需求时便会与公司进行互动，而非仅仅在他们寻求汽车共享时才这么做。根据这一设想，moovel 平台的前端遵循的是与 car2go 完全不同的逻辑。它不再关注客户附近有哪些车辆可以使用这一问题。相反，它关注的是客户的整体交通需求，平台会据此计算出多个交通选项的价格与时长。

引导出行需求的能力使戴姆勒集团能够更好地了解客户。反过来，这也为戴姆勒改善自身的服务（如 car2go）提供了重要的数据。如果客户越来越多地在没有 car2go 汽车的地区寻找出行工具，那么公司就会为那些愿意自己驾车的客户分派更多比出租车和豪华轿车更便宜的汽车。此外，戴姆勒公司的目标是保持与客户之间的亲密关系，并希望其正面的交通品牌内涵能够激发他们购买奔驰汽车的兴趣。例如，当客户从原来的城市搬到了没有 car2go 的地区，或由于个人生活的变化（如孩子的出生）而引发对汽车的需求。

增加便利性可能是产生客户黏性的最重要的因素。然而，巨大的竞争压力仍然存在，正如 moovel 的前首席执行官所言："只有一个谷歌、一个易贝、一个亚马逊的情况并非巧合……这是一个全球市场，最终只会有少数赢家。"与 car2go 不同，使用 moovel 并不一定需要注册。对于提供的路线，客户仍然可以通过 moovel 的合作伙伴（如公共交通供应商）进行直接预订。因此，moovel 需要通过其他的方式来锁定客户：其注册客户不仅能够规划路线，而且能够通过 moovel 的应用程序直接预订或支付来自其他合作伙伴提供的服务［目前有 car2go、德国铁路（Deutsche Bahn）、Mytaxi 以及其他公共交通提供商］。这不仅使客户在操作上更方便——他们不再需要与不同的公司分享付款信息，而且也让客户更加紧密地联系在一起。除了为客户预订和支付各种服务提供单点联系的方便性之外，这样的平台型商业模式也带来了网络效应。随着客户群的增长，路线的算法会进行自我改进，为忠实的客户提供更高质量的服务。

传统意义上推动汽车行业锁定客户的另一个因素是制造商的品牌。虽然品牌在未来仍然十分重要，但品牌的价值将发生变化。正如一位 moovel 的高级经理所言："苹果（Apple）等公司并不以进入品牌无法发挥作用的行业而闻名。然而，我们今天看到的高端汽车制造商的品牌价值和品牌属性很可能和以前不一样……例如，自动驾驶方面的技术发展可能会重新定义被动安全性，并降低事故发生率，因为计算机将代替司机进行越来越多的决策。这不仅会使制造的汽车有所不同，也将给目前围绕汽车安全而建立品牌的汽车制造商带来新的挑战。"

为了应对新一代业务与传统业务中品牌价值的独特属性，戴姆勒引入了严格的品牌区分。高档汽车业务仍然属于梅赛德斯品牌，而许多新的出行服务则拥有它们自己的品牌。它们甚至不使用奔驰这个名称，而是建立了 Smart 这个品牌。这一品牌最早是在 20 世纪 90 年代与瑞士手表制造商斯沃奇（Swatch）合作时推出的。最初，这个品牌着力于创造一种新型城市交通方式，它注重设计的独特性胜过先进的技术，然而这一雄心并没有获得预期的吸引力。但在今天，这个定位鲜明的老品牌，已成为构建新型出行服务的理想核心。

后端：注入力量

后端转型是由许多不同的合作伙伴共同推动的。建立和管理广泛的合作伙伴网络的关键因素通常不是技术或客户群，而是长期战略和令人信服的未来规划。所有竞争者都知道这个行业会改变，但没人知道这种改变会如何进行，会在哪里发生，会在何时开始。这种不确定性可以帮助一些人获得支持。一位高级经理指出："每一个经过深思熟虑的战略都会被认真对待。新的伙伴通常愿意合作，因为它们担心自己无法成为一个长期成功运行的平台的一部分。有趣的是，这帮助市场中的许多公司开发出了类似的平台（如 Deutsche Bahn、Qixxit 和 Moovit）。这就形成了一种群居的本能，每个人都想成为其中的一员。"

在合作伙伴的管理领域，moovel 可以从 car2go 中吸取经验。在供应方面，car2go 的发展取决于城市政府部门是否愿意批准并支持它的自由浮动汽车共享服务，例如为其设置公共停车位。moovel 平台还依赖其他合作伙伴的支持，如公共交通服务商。尽管戴姆勒品牌对老牌组织和公共交通服务商非常有帮助，但对于初创企业群体却并不奏效。为了在小型创新公司中树立形象，戴姆勒需要成为这个社区内的积极成员。为了达到这个目的，戴姆勒出行服务公司开始积极地收购其他公司来提升它在出行市场的地位。例如，2014 年它收购了 MyTaxi 和 RideScout（网约车服务商），用户在这两个平台上可以定位并预订司机服务。除了获得这些公司的资源和客户之外，这些交易使得其他公司（如出租车供应商）也加入到这个平台之中。正如 moovel 的前任 CEO 所解释的那样："收购 MyTaxi……绝不是对现有出租车运营商宣战。恰恰相反，我们希望出租车运营商能够与 moovel 和 Mytaxi 建立密切的合作关系，充分利用移动互联网服务带来的潜力和机遇。就此而言，未来几个月，我们会着力加强与出租车运营商之间的密切合作。"

此外，戴姆勒在 2016 年 7 月宣布，它将合并 MyTaxi 以及位于伦敦的另一家大型出租车应用程序提供商 Hailo。到时候它将拥有约 10 万名出租车司机。这笔投资也包括了之前戴姆勒为建立出行平台花费的 5 亿欧元。这次成功的收购使戴姆勒及其所有出行品牌在初创阶段获得了更高的声誉，这也促进了未来它与其他潜在合作伙伴的接触。

启动 moovel 还需要新的流程与能力。为此，戴姆勒不仅要雇用新员工，还需要增强竞争力。一位高级经理指出："我们有一个营销部门，在网络营销方面特别强大。我们的控制部门致力于开发新的支付系统，同样重要的是，我们拥有一个庞大的 IT 开发骨干团队，负责应用开发和信息技术创新。戴姆勒出行服务公司总共雇用了大约 700 名员工，其中有许多人在戴姆勒这样的汽车公司里是找不到的……在招聘方面，我们没有遵循传统的行业法则，即规定职位并从就业市场上招聘员工。相反，我们利用了在初创社区的强大关系网以及与戴姆勒 IT 开发服务提供商的联系。它们向我们推荐了一些人，这些人通常正在戴姆勒之外做项目，但最终会被我们纳入其中。这更像是一种创业型招聘模式。"

盈利机制：分得一杯羹

moovel 的收入来源与 car2go 迥然不同。虽然汽车共享模式与在车辆上的高投资以及可变的使用成本有关，但 moovel 的主要投资会用于平台的开发，以及将其推广给贡献者和客户。因此，moovel 对于出行用户而言是免费的，并只对通过该平台进行交易的合作伙伴收取少量的代理费。未来的收入来源具有其他可能性，譬如对于在平台上直接进行的交易收取服务费。在更遥远的未来，人们甚至可以想到更多创新性的收入来源，例如对在某一地区提供的出行服务可以收取固定费用。公司已经在内部对此进行了发放员工出行津贴的测试。此外，在线平台往往会为客户个人提供广告服务。移动服务平台尤其如此，它允许人们了解和定位客户，从而开发和显示符合客户使用模式和当前定位的商业广告。

总结与展望

戴姆勒实现了商业转型板（图 2.1）上从南向北的两步转型。第一步，随着 car2go 的引入，它已经从独立交易（将汽车销售给客户）转变为能够继续发展客户关系的更全面的服务。不管客户什么时候需要用车，car2go 都能对其进行定位并向其提供可供租借的最近的车辆。然而，这项初始服务也加强了标准化。在传统模式中，客户会参与到汽车的每一个小细节的配置中，因此可以从数百万种可能的组合中进行选择，而 car2go 只提供了一个完全标准化的模型。这种标准化使得维修和处理车辆变得更加容易，但也意味着双座汽车不一定适合所有的出行需求。第二步，引入 moovel 让戴姆勒进一步向北转型，并穿越了商业模式赤道。由于这一服务的范围远远超出了汽车共享，并与公共交通、豪华轿车和其他服务紧密结合在一起，客户有更多潜在的机会与公司建立联系。这种转型还允许大规模定制，因为它让客户能够选择从 A 到 B 的不同交通方式（参见图 7.1）。

戴姆勒及其出行服务正在进行转型。戴姆勒的一位高级经理表示，未来 moovel 走向成功的最大驱动力之一是自动驾驶技术的发展。他许下了美好的愿景，car2go 汽车在未来能够自主地搭载顾客，顾客既可以选择自行开车也可以选择被搭载，在用完车后，他们还可以把车停在街道上，等待下一位客户的使用。这将大大提高 car2go 的灵活性，从而减少 moovel 对其他服务伙伴的依赖。人们可以想象，这可能会在某一时刻推动其转型成为一种

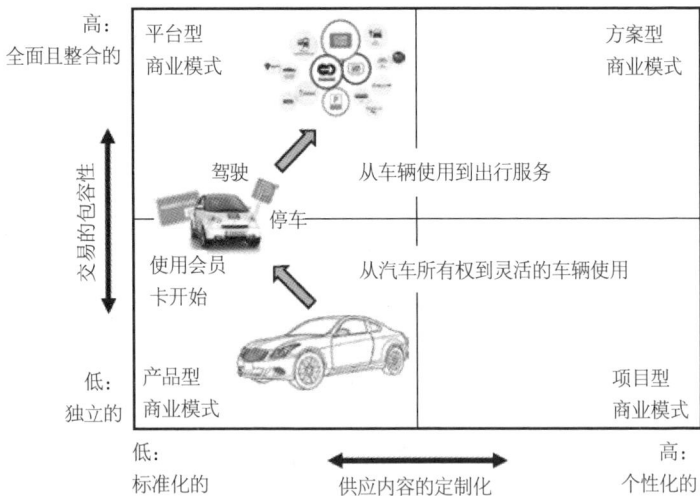

图 7.1　戴姆勒的商业模式转型之旅

出行产品，这种产品能将出租车或高档轿车的便利性与公共交通价格上的灵活性相结合。

有趣的是，出行服务行业的新方式对传统的汽车销售行业也产生了影响。戴姆勒为了加强与客户之间的互动，推出了Mercedes me Stores（奔驰的线下体验店）。由于大多数人不会经常购买高档轿车，这些门店通过提供一个酒吧区、一个休息室和一个新潮的展示室来吸引潜在的顾客，在那里顾客可以设计独属于自己的虚拟汽车，而素材、颜料等都可以从墙上的大型架子上获取。因此，经营展厅并不是门店的第一要务。正如奔驰品牌战略负责人所指出的："在这里，主要不是销售汽车……这家店是体验梅赛德斯的最佳方式。"这家门店的目标是把它打造成一个休闲的好去处，因此它定期举办各种活动：音乐会、艺术展览或论坛。尽管梅赛德斯计划在世界各地开设 40 家这样的门店，但这只是提高其核心业务包容性并进一步向北转型的第一步。作为这一方向的另一项举措，Mercedes me 平台追求随时随地提供越来越全面的服务（包括出行、社交、公益等）。虽然还有很长的路要走，但戴姆勒正走在增加其商业包容性的道路上。显然，公司的转型之路远未结束。2015 年，car2go 仍然面临着三位数的损失，并决定从一些城市退出。但戴姆勒时任首席执行官蔡澈（Dieter Zetsche）仍然认为，到 2020 年，其销售额将达到 10 亿欧元。

瑞士励智识别技术有限公司：从销售 ID 卡到提供 ID 网络的访问途径

吉多·巴尔特斯（Guido Baltes）与克劳斯·克劳沙（Klaus U Klosa）

励智识别技术有限公司是识别技术领域的技术提供商，它成功地完成了从模拟驱动到数字驱动的商业模式的转型。它最初采用的是产品型商业模式，它的特性使它具有较高的用户黏性。然而随着市场的成熟，这一趋势逐渐减弱，产品也变得同化了。面对这种情况，励智采取了大胆的举措，将商业模式从南向北转型，即从非黏性产品型商业模式转变为平台型商业模式。通过将实体产品与软件和服务组件整合在一起，该公司成功地发挥其技术能力以及已有的合作伙伴网络和品牌资产的效力，向用户提供具有创新意义和整体性的供应内容。这不仅使励智成功地在关键的垂直市场中站稳脚跟，也使它重新找回它在行业成熟期间失去的细分市场。

励智及其在 ID 技术市场的根基

自 1992 年起，励智设计并提供了非接触式无线射频识别（RFID）技术，这种技术可用于 ID 应用领域，涉及访问控制、时间以及电子票务等。该公司由总部位于瑞士的卡巴股份公司（Kaba AG）创立，是全球领先的安全行业创新访问解决方案提供商。励智在智能卡市场上是一家自给自足的公司，并为其合作伙伴（其中包括卡巴集团）提供服务。

RFID 技术是"物联网"（IoT）的核心技术，它彻底改变了我们识别物体和人的方式。这样的系统包括一个或多个传输识别信息的应答器，以及一个读取器，即存储在应答器上的能识别信息的读卡器。射频识别应用程序跨越了许多领域，如访问控制（汽车点火钥匙）和 ID 管理（启用 RFID 的护照）或支付（如信用卡中的感应功能）。但它也涉及资产跟踪（如自动登记、货物和家畜的跟踪）和活动监控（如老年人服用的药物）。

物联网当前的目标是，在交换数据和信息的基础上，将人与物随时随地联系起来，实现交互、交流和感知的目的。无触点识别是为具有自配置功能的动态全局网络的无缝互连提供基础设施的核心技术。在这里，RFID 将人、物及其个性无缝地融入到信息网络中。这种"个性"包括实体的和虚拟的属性。因此，在现实世界中，"事物"可能是有"感觉"的，并在没有人为干预的情况下自主地做出反应。

在启动仪式上，励智是第一家提供安全的、非接触式智能卡技术，并能以 13.56 兆赫的频率访问、控制身份识别应用的公司。其直接客户主要是负责设计、实施和维护客户特定解决方案或产品（如 ID 终端）的系统集成商。250 多个这样的合作伙伴被授权使用励智 ID 知识产权（IP）和技术，为其最终用户公司开发可靠的 ID 系统。每天，至少有 1.5 亿人和 10 万家公司与机构会使用其 ID 技术。励智凭借其回报丰厚且不断增长的业务，而自诩为访问控制技术的创新先驱。

励智的技术核心一般呈现为一种基于产品的按键锁定技

术。其中一端是读卡器芯片（reader chips，识别各自智能卡的读卡器终端的一部分），作为"锁定"；另一端是应答器芯片（transponder chips，智能卡的一部分），作为"密钥"。该产品提供了一种基于标记的控制系统（主令牌系统控制），方便管理最终用户公司的权利和应用程序。在瑞士，设计这些元件的励智通常是作为一个无晶圆半导体公司在 ID 安全领域开展业务。

励智的产品具有锁钥的特性，并且显示出了截然不同的生命周期："锁"即读卡器芯片，设计为固定设备（例如门锁、销售点终端）并且具有耐用性，这一特性不仅体现在持久性方面，还体现在前向兼容性方面。它们的体系结构与未来技术的兼容性决定了它们的复杂程度，并且这种体系结构还能够处理合作伙伴在设计决策时遇到的问题。例如，励智的产品一旦设计成合作伙伴的读卡器终端产品，随后的其他设计就不太可能实现，因而在读卡器芯片产品的生命周期中会产生进一步的需求。"钥匙"即应答器芯片，相比之下则是更简单、更便宜、更易消耗的设备。在美国，每个酒店每年消费 100 张钥匙卡，而锁本身（以及内置芯片）将持续使用大约 10 年。

补充性的主令牌系统控制（Master-Token System-Control）让励智能够便捷处理多种应用，例如一个智能卡可为多种应用提供服务（学生证：用于支付餐费、购买咖啡、查看书籍、进入实验室、进入停车场）。励智的授权合作伙伴无须成为 ID 技术专家，就可以通过向其终端用户提供顶级的 ID 解决方案而获利。相比之下，合作伙伴的销售主张通常很接近终端客户的使用情况（如酒店、大学）。

励智作为实体的安全识别供应商的产品型商业模式

励智传统的产品型商业模式建立在实体产品的基础上，其中包含一个专有的锁钥特性：励智合作伙伴的设计决策不仅将其产品绑定到设计好的读卡器芯片上，而且还将合作伙伴的企业终端客户与励智的匹配转型联系在一起。合作伙伴影响着这些设计决策，并由此建立了励智的战略客户基础。

因此，读卡器与应答器的销量之比反映了市场的发展。在 20世纪 90 年代末的早期，励智的这一比率远高于 100。然而，市场很快就采用了廉价的、非接触式的应用途径，用于滑雪售票等低成本领域。这在一定程度上是因为新一代读写器芯片价格缩减了一半。新兴的低安全性、非接触式的应用，加上技术的进步，促进了整个市场特别是低端市场的商品化。为了应对这一市场演变，励智战略性地逐步将其产品型业务重点放在有更高要求的领域（即多面应用的领域）上，这反过来导致其在 2000 年的比率显著下降到 50。

由于市场成熟所带来的影响，产品型商业模式内在的锁钥方案失去了其独有的特点：励智的读卡器芯片现在也与竞争对手的转发器，例如 MIFARE®（恩智浦半岛体公司旗下品牌）卡一起工作。虽然这提高了合作伙伴在设计决策上的竞争力，但也加剧了比率的下降，而这使得应答器部分的业务保持不变（从数量上来说）。这对公司收益的影响也是极为深远的。20 世纪 90 年代末以来应答器的生产不断量化，而到 2000 年中期，销售数量的增长已不再能弥补价格的下降。因此，这家公司被迫修改其战略。

　　一路走来，励智管理委员会发现其长期采用的产品型商业模式存在一些问题。尽管非接触式应用的市场份额正在显著增长，励智销售的产品数量也在不断增加，其收入却趋于平缓。这使得作为励智品牌和声誉的核心的未来知识产权的研发难以为继。

　　基于这一预判，励智公司管理委员会为调整商业模式而考量了多个方案，以便为可持续增长创造更多的收入来源。但是，路径依赖性也由此产生。将已有的产品型商业模式中的价值链进一步提升到项目型或方案型商业模式似乎是显而易见的选择。但是，这种垂直扩张可能会使励智与其合作伙伴发生冲突，从而破坏现有的产品业务。相反，横向扩张更值得考虑。通过向现有产品组合添加补充性的软件和服务产品从而转变成平台型商业模式，是更优的选择。

　　因此，近距离无线通信技术（NFC，2003 年实现技术可行，2004 年实现市场化），这项用在 2006 年的移动设备（诺基亚）上的技术引起了励智的注意，励智成为试验这项新技术的先驱之一。将 NFC 集成到其技术路线图中后，励智于 2007 年开始提供 NFC 读卡器芯片，并率先推出了卡中卡解决方案，该解决方案使置入了 NFC 的诺基亚手机能像智能设备那样工作。然而，就在同年，随着苹果公司 iPhone 的来袭，智能手机风潮席卷了整个市场，这不仅冲击了支持 NFC 的诺基亚，还将人们的注意力转移到应用程序的生态系统之上——将 NFC 预期的繁荣变为睡美人般的泡影。而金融危机的巨大影响更进一步加剧了励智在商业模式转型中所遭遇到的冲击。

尽管励智仍处在金融危机之后的恢复过程中，但2011年它的软件和服务扩张蓝图被其酒店客户重新唤醒——一家重要的美国市场伙伴展示了用手机打开酒店门锁的情景。在过去资产累积的基础上，励智已经做好了腾飞的准备。它开始以新的热情在技术和客户方面探索移动ID案例。基于之前成功探索出的结果，励智为了展示移动ID而启动了一个软件和服务项目，并将其作为向平台型商业模式转型的一个证明案例。公司自此之后重拾信心，员工也被告知公司将于2012年开启新的战略计划。

转型：从实体的锁钥型产品到提供软件与服务的平台

此时励智的管理层和首席执行官已明确表示，他们打算将公司的商业模式从产品型商业模式转型为由软件和服务驱动的平台型商业模式。而这种决策受市场环境变化的进一步驱动：励智的酒店行业合作伙伴（如系统集成商和门锁供应商）的业务正受到终端用户（酒店）的推动。因此，移动的身份识别技术与功能将会在不久的将来进入它们的产品路线图中。这突然将移动身份识别能力变为了继续活跃在连锁酒店供应商名单上的先决条件。而在其他的垂直市场中，这一计划也将被推行。

励智的软件和服务扩展理念因此成了其核心业务的发展机遇，为合作伙伴提供了方便而灵活的解决方案，并向其公司终端客户提供移动ID技术。面对这一情况，励智决定发展实体的ID

架构的技术替代品，即一种用于管理移动设备上的凭据的可信赖的服务。励智将该服务管理（TSM）平台作为一种白标签服务提供给它的合作伙伴，从而使它们能够为励智的终端用户提供移动ID解决方案。这样的移动ID解决方案将允许终端用户通过移动网络向单个用户的移动设备发送凭证，以代替智能卡来运行其ID基础设施（门锁、终端机等）。凭借其在2007年早期尝试中获得的技术知识产权和经验，构建TSM的技术核心被证明是一项相对容易的任务，就像将NFC应用于蓝牙一样。然而，尽管励智在技术领域获得了早期的胜利，但整个公司的转型对其而言仍是一项巨大的挑战。

最初作为横向业务扩展的软件与服务项目却导致了商业模式转型，影响了整个公司。在这方面，公司聘请了一名外部专家，并任命他为软件和服务团队的领导人。他充分运用了自己在软件行业的经验和在不同垂直智能卡市场的经验。为了更好地履行职责并使团队具有更多的战略自主权，他直接向首席执行官进行汇报，并被任命为管理委员会的成员。他的工作是将软件和服务项目作为一个嵌入式的创业团队来运行，并建立起励智未来的竞争优势。值得注意的是，他还被任命为董事会成员，并且无须承担任何运营责任，只须为软件和服务团队负责，而这一团队在当时只是一个处于初级阶段的小型项目。然而，该团队不仅利用移动ID解决方案抓住了新的商业机会，而且也有策略地将其作为向平台型商业模式转型的根基。这不仅会影响整个励智，也为其母公司卡巴股份公司铺平了数字化商业的道路。企业家的精神、领导者的风范以及不断更新的领导团队使得许多原先不愿意加入这一团队的人都开始参与其中。早期的推动者现在因为追求新的路径而受到认可，例如敏捷开发和测试，这很快引起了团队的共鸣。

前端的转变：走向励智的全面供应道路

这个软件和服务项目在市场上被认为是励智在创新领域领先地位的复兴。然而，除了成功地应对技术挑战之外，励智还必须制订全面的价值主张和盈利方案，以鼓励其客户群采用其服务。

全面的价值主张将不仅包括支持移动设备的读卡器芯片和TSM 平台，而且还包括一个软件开发工具包（SDK），使励智的合作伙伴能够创建针对客户的移动电话应用程序，并将低成本的转发器作为离线备份。励智并不认为智能手机会让智能卡完全过时。相反，在可预见的未来，智能卡有望在大多数应用中发挥作用。因此，励智通过向后整合与开发其专有的物理芯片设计，同步开发了一个低成本的应答器，使芯片的成本价格与应答器市场的最底端相匹配。这使得励智在 2014 年的下半年做好了将其全面的价值主张应用于市场的准备，即走向励智之路。

此外，新开发的励智联系服务会根据不同的客户群体与使用复杂程度进行定制。新手启动服务作为其中的一部分，提供了一种支持客户进行概念化使用的专业服务，让他们能够自定义相关的特性并更新基础设施。这种新手启动服务不仅被提供给励智的合作伙伴，也会被提供给励智合作伙伴的终端客户。这一市场仍然处于早期阶段，所以客户难以将移动 ID 技术整合到业务流程与定价中。励智旨在通过标准化培训、教程、网络研讨会等方式实现这些服务的自动化。然而，在没有充分的使用案例可供借鉴的情况下，这一过程是难以预期的。

这种全新的整体供应内容及其与客户互动的日益复杂性，要求新的销售能力能够与更长的销售周期和咨询支持相适应。对于励智来说，作为一个传统的硬件驱动型企业，会面临诸如在敏捷（软件）开发中采用受控市场实验的巨大挑战。

与此同时，"传统"硬件业务进入了波涛汹涌的水域，因为该行业仍处于金融危机过后的复苏阶段，这也相应地引发了持续的利益冲突。与此同时，在卡巴集团"无亏损部门"范式的推动之下，传统业务需要提高成本效率以及投资不确定的软件与服务。因此，将励智的创新能力与卡巴的研发能力相结合可能会是一个可行的战略选择。然而在这一点上，创新团队直接接触市场的价值理念开始盛行。为遵循这一理念，励智要求销售人员进行探索以抓住向平台型商业模式转型的市场机会，同时还敦促他们与同行进行会面。这些内在矛盾以及对商业模式转型的不同接受程度与热情程度引起了管理层的担忧，使得其开始使用变化晴雨表来确定正在发生的事情。这些都表明了商业模式转变的重要性与紧迫性，但是励智中期的战略目标看起来仍相当模糊。

尽管这表明励智的转型尚未深入，但它整体的供应内容使它成功地重新进入其在行业成熟期间失去的细分市场。这一点在酒店行业尤为明显，具备便利性和良好安全性能的整体性服务，使得励智能够在 2014 年底将以 TSM（终端安全管理系统）为基础的移动身份识别技术应用到拉斯维加斯的克伦威尔酒店。在 2015

年的第一季度，另外四家全球连锁酒店紧随其后采用了该技术。至此，越来越多的全球连锁酒店开始与其进行合作。

后端的转变：转向整合结构与敏捷软件开发

为了推动软件与服务业务的发展，遵循传统意义上"失败不是选择"安全行业范式的励智必须采用敏捷软件开发和以客户为中心的应用程序、平台设计。另外，为了加快升级的进程，软件开发在很大程度上是外部化的。虽然这导致了技术路线图上的快速胜利，但新增长的能力的外部化却进一步加剧了管理层对战略推理的担忧。

面对这种情况，首席执行官明确了加强企业领导的必要性，并邀请所有员工在公司公开的问答环节向管理层进行提问。回答这些问题不仅有助于厘清战略目标，也有助于管理层明确其待解决的问题。第一个问答环节由首席执行官主持，他就企业愿景和未来期望发表了较长的演讲，并将移动身份识别解决方案视为一个机遇与威胁的共同体——公司的商业解决方案因此变得更具开放性，因为励智试图再一次成为市场的先驱。

在开场致辞之后，与会者提出了许多问题。一方面，董事会成员强有力的回答加之先前的开场白引发了在场者对于软件与服务项目的接受心理与好奇心理。另一方面，这也阐明了员工思维范式的转变——让其质疑自己是否有能力与公司的前景相匹配——从而引发了人事波动。然而，这也提供了扩大和更新励智能力基础的机会，并能够事先应对可预见的挑战。

为了进一步增强公司能力，被指派到"传统"研发部门的研发主管承担了将软件和服务项目中的经验与学习体验进行内化的任务。因此，励智的研发很快就进入了一个学习循环的过程，旨在在更广泛的基础上采用敏捷方法。与此同时，软件和服务项目团队建立了在原型成熟期间已经被逐步外化的能力和资源。这些活动允许将后端从敏捷原型设计扩展到系统的可靠扩展操作。

这种后端的转型得到多方力量的补充，可将已有的伙伴网络转变为新的战略伙伴关系，进而在供应内容的市场普及中发挥重要的作用。移动网络运营商（MNOs）在这一合作关系中发挥了至关重要的作用，因为它们向作为安全元件的 SIM 卡提供接入口，并通过移动网络管理凭证进行传输和监视。励智利用 ID 网络对这一合作伙伴生态系统进行长期且成熟的专业管理后，让MNOs 能够一站式访问 10 万多家公司中的 1.5 亿人，而这些人原先是由励智的数百位合作伙伴来提供服务的。

盈利机制的转变：转向整合型定价与重复性收入方案

励智的软件和服务团队以其独有的方式成功地应对了挑战，但还有一个问题尚未解决：对于他们的客户来说，什么是可接受的定价模式？

在这方面，钥匙卡业务的美妙之处在于：你卖了一张卡，它将来会被替换，然后你又可以卖一张新卡。新的盈利模式则要复杂得多：是谁在购买什么？他用什么方式付钱？一个酒店通常会习惯于为钥匙卡付费，因为它们会随着时间的推移而被消费掉。那在新的模式中，这种情况又会怎样？

由于这些问题只能由客户回答，所以将付费客户运作起来是一个关键目标。克伦威尔集团于 2014 年底成为第一个与系统集成商展开紧密合作的战略合作伙伴，随后又有 4 家连锁酒店迅速跟进。这为可接受的定价模型提供了有价值的参考：智能卡的定价是基于消费，而移动 ID 解决方案则是基于读卡器终端（如酒店的门锁）安装基础的订购服务。定价模型的重复收费部分来自每年一次的订购。

然而，由于这一盈利模式尚处于早期阶段，因此它被认为是不稳定的。此类费用的价格涵盖范围广泛——反映了已提供服务水平的类似范围。根据励智所提供服务的定价，酒店中每把锁每年的价值将超过 100 美元，而励智的 Connect 服务能够以将近一半的价位提供相应的服务。这样一来，励智就处于塑造顾客期望和认知锚定的先锋位置。

除了这个集成的基于小额收入的经常性收入流之外，还有软件开发工具包。该工具包作为客户使用的服务包的一部分，被用来制订解决方案并被整合到客户的价值链中。这里的定价是基于许可模式的，也就是说，客户将按软件开发工具包（SDK）所开发的智能手机应用程序的数量付费。

从酒店的案例来看，这些应用程序似乎为终端客户提供了最高的且可以直接感知到的价值：酒店将移动 ID 技术整合到其专有的智能手机应用程序中，可以让顾客跳过登记手续直接入住房间。此类客户可能更倾向于使用酒店的应用程序，他们未来能直接通过这一应用程序进行预订，而不是以任何随意的、价格驱动的方式预订或由旅行代理商进行电子预订。这将使直接预订房间的利润率提高两位数——这是酒店采用移动 ID 解决方案的一个很好的理由。反过来，酒店应用程序中的免签功能似乎是酒店客户最喜欢的功能：双赢局面昭示着励智在软件和服务上未来可期。

展望

回顾过去，我们可以看到励智进行了多次商业模式的转变（参见图 7.2）。目前看来，励智的商业模式似乎很好地适应了进入市场的颠覆性范式变化。该公司没有以技术挑战的方式来应对问题，而是采用了商业模式的创新。因此，它将自己置于发展的

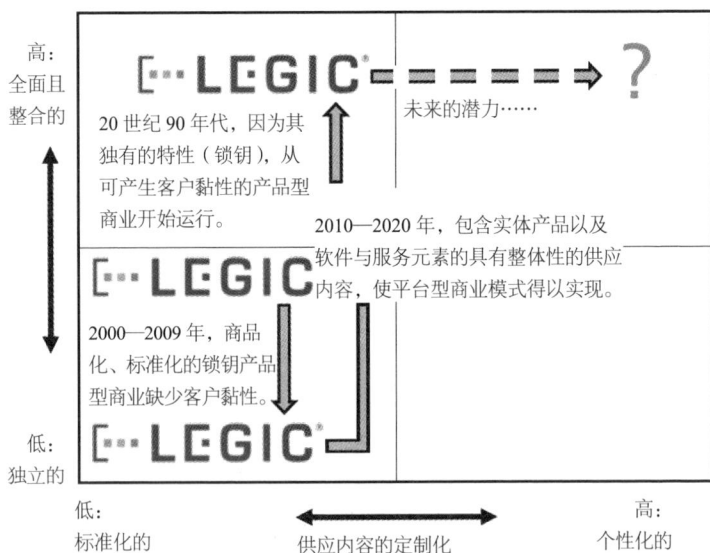

图 7.2　励智的商业模式转型之旅

前沿，并把这些发展视作机遇而非威胁。然而，形势依旧是千变万化的，未来的主导范式仍未显山露水。

因此，合作伙伴在励智商业生态系统中的角色以及当前的定价模式可能会发生变化。随着励智进一步加入垂直和区域性市场并将其 Connect 服务作为移动 ID 解决方案的选择平台，其业务在未来将愈发稳定。

在早期，励智以产品型商业模式起家，这种商业模式特有的性质使励智能保持一定的客户黏性。然而，不断成熟的市场降低了这一特性的影响力，产品价格和客户黏性随着时间的推移而不断下降。鉴于励智以能力为基础的市场定位，这被视为一种战略性威胁。

在这一点上，励智的管理层大胆地将商业模式转变为平台型商业模式，这一模式仍然保留了其实体产品供应（ID 转发器和读卡器芯片），但更好地利用了其技术能力、已有的合作伙伴网络（励智的 ID 网络）和品牌资产。由于它具有整体性的供应内容，也收到了积极的反馈，并且在酒店业实现了垂直运作，这一转型可以说是相当成功。而有些公司则没有把握住从模拟商业模式向数字商业模式转型的挑战。

然而，这条道路可能不会就此结束，因为这一转型已经获得了动力并且取得了一些初步的成效，它还将在未来得到进一步的发展。客户案例的最初经验似乎表明，作为整体性供应内容的一部分，新手启动服务可能会出现在更多的定制服务之中。此外，随着垂直市场被进一步添加到投资组合中，特定行业的解决方案可能会出现。这样的服务定制可能需要对已启动的向东转换进行扩展，转为一种以方案为导向的商业模式。

除此之外，励智的母公司卡巴股份公司还宣布了与德国的多尔玛（Dorma）控股公司的合并计划，以组建一个制造安全与接入产品的新的市场领先集团。这一举措旨在应对城市化和数字化等大趋势。因此，此次合并可能会使励智的软件和服务创新成为新成立集团的战略重点。由于技术和新的商业模式的成功建立，新成立的"多尔玛＋卡巴控股公司"在内部利用这些资源，可能会驱使人们重新考虑将励智的创新能力应用于新集团的研发。

思爱普：从标准企业软件的先驱到领先的数字公司

卡斯滕・林茨

思爱普公司 1972～2009 年间的变革：作为增长引擎的集成化组件

如今，思爱普公司已成为全球应用软件企业的领导者，它在 190 个国家拥有 30 多万客户，在 130 个国家拥有 77 000 名员工。这家秉持着开发和许可标准化、集成化的，以及能够作为可扩展系统的软件包理念的初创型公司创建于 1972 年。这一理念与当时在逐个项目基础上为每个客户开发个性化软件的行业标准形成了鲜明对比。1972 年 6 月，德国曼海姆（Mannheim）的五名前 IBM 工程师——迪特马尔・霍普（Dietmar Hopp），克劳斯・奇拉（Klaus Tschira），汉斯 - 维尔纳・赫克托（Hans-Werner

Hector），哈索·普拉特纳（Hasso Plattner）和克劳斯·韦伦赖特（Klaus Wellenreiter）——建立了他们的私人合伙公司（系统分析和程序开发）。这家年轻公司的第一个客户是帝国化学工业公司（Imperial Chemical Industries）的德国分公司。需要指出的是，这家年轻公司的员工人数不多，而且更令人惊讶的是他们没有电脑。因此，公司关于薪资和记账的第一个程序是在夜班期间，在其第一个客户的电脑主机上开发出来的。该软件是在可以与客户开展紧密合作的工作现场开发的，这使这家年轻的公司在初始阶段就得以建立真正与业务相关的应用程序。1973 年，公司推出了第一个关于财务会计的商业产品，后来被命名为 SAP R / 1。

1976 年，思爱普有限责任公司成立，并于次年迁至德国瓦尔多夫（Walldorf）。 1982 年，SAP R / 2 时代拉开帷幕。新公司的建立是基于实时计算的梦想，即能在客户需要的时候处理数据，而不是通宵地处理大量数据软件，现在其被称为在线事务处理（OLTP）。为实现这一雄心，年轻的团队存储了当地的数据，因而不再需要通宵地处理机械穿孔卡。因此，他们将这一软件称为实时系统，其产品则被称为实时的 SAP R/2-R，这在当时是独一无二的发明。SAP 的第一款旗舰产品真正在电脑主机上实现了实时的软件应用程序流程和集成的企业业务功能。例如，来自计费交易的发票将被转入会计系统，出现在可接收的账目和销售商品的计算成本中。作为现成的标准软件包，SAP R / 2 可以提供给更广泛的市场并开始大规模地取代定制软件项目的方法，因为它的安装更便宜，也更快速。该公司始终保持着业绩增长，并且于 10 年后，即 1992 年的 7 月推出了 SAP R / 3。新的客户—服务器时代拉开帷幕，SAP 的实时方法到达了桌面。SAP R / 3 可让企业的所有业务流程实现自动化，从生产到销售、服务、分配、财务和人力资源，并能在复杂的企业内高效地分配资源。SAP R / 3 组件包括各种软件模块，其通用的架构使这些模块之间的无缝整合得以实现。这一重大的突破令思爱普在企业资源规划市场成了行业标准。随后，思爱普开始通过客户关系管理、供应链管理等功能应用程序，以及公用事业、消费品、零售、石油和天然气等行业的解决方案，来提升其 ERP 供应内容。思爱普有一个明确的应用程序重点，而公司的战略是保持平台的中立性。因此，所有思爱普的应用程序可以在每一个主要供应商的数据库（DB）上和任何服务器操作系统上运行，例如 UNIX（20 世纪 70 年代出现 的一个操作系统），Linux（一套免费使用的类 UNIX 操作系统），Solaris（UNIX 操纵系统的衍生版本之一）和 Windows 服务器，这通常被称为"any-DB"策略。这降低了往常的系统进入门槛，并使得思爱普软件吸引了广泛的客户群。在 20 世纪 90 年代后半期，互联网将商业软件的关注点，从公司内部的流程整合彻底转变为企业之间的整合。开放的协议和网络服务被推为软件集成的"圣杯"，它承诺挑选和整合最好的产品，这优于从单一的供应商处获得一个大型整合的解决方案。初创企业开始为特定业务功能提供"最佳品牌"的解决方案，其重点是一组非常有限但有很多深度功能的业务流程，例如用于客户关系管理的 Siebel（电子商务软件供应商）或用于供应链管理的 i2（IBM 公司数据 分析软件）。当时有很多关于思爱普能否保持其领先的市场地位的争论，但是时间证明，客户的确在许多功能领域中追求无缝整合的端到端的流程服务。其结果是思爱普公司凭借其组件方法与整合的应用程序的优势，在公司向不同供应商购买软件的市场领域杀出一条血路并最终成了最佳品牌。维基百科是这么说的："思爱普具有与 ERP 解决方案的其余部分相整合的优势：在大型跨国客户的领域，全面整合加上单一供应商采购的双重主张被证明是其具有决定性影响力的发展策略。"1998 年，思爱普的两位联合创始人迪特马尔·霍普和克劳斯·奇拉宣布辞去公司执行董事的职务。二人都转入思爱普监事会，由霍普担任主席。与此同时，监会任命孔翰宁（Henning Kagermann）与哈索·普拉特纳为公司的联合首席执行官，其中孔翰宁是第一位非创始人执行官。1999 年 5 月，在"新经济"的中级阶段，联合首席执行官哈索·普拉特纳宣布了新的 mySAP.com 战略，该战略彻底调整了公司及其产品组合。这一新战略在尖端网络技术的基础上，将电子商务解决方案与思爱普现有的 ERP 应用程序相结合。因此，员工、客户、供应商和其他商业合作伙伴可以跨越公司边界展开合作。2000 年，思爱普通过将相应领域分别外包给 SAP Markets 和 SAP Portal 子公司，并通过与美国第一商务公司（Commerce One）建立合作关系，进入了电子市场和企业门户网站领域。2001 年，思爱普收购了以色列公司 TopTier，这是当时领先的企业门户网站供应商。服务导向型架构（SOA）标准导致行业更为关注系统和企业之间数据的便捷交换，思爱普决定围绕这个概念来规划其未来的发展策略。2003 年，思爱普公布了 SAP NetWeaver 应用程序和集成平台，以在企业内部和企业之间实现互通和可重用性，并借此让公司能够联合使用各种各样的 IT 系统。它结合了思爱普传统的、基于万维网（Web）的开放式技术的专有 APAP 编程语言，例如美国太阳计算机公司（Sun）的 Java。该平台需要对抗其竞争对手推出的平台产品，例如微软公司的 Microsoft's NET 和国际商业机器公司（IBM）的 WebSphere，这些产品都在市场上得到了大力的推广。2003 年，哈索·普拉特纳从执行委员会辞职，并在此后被选为监事会主席。普拉特纳是最后一个离开公司管理团队的思爱普联合创始人，但是他仍然担任思爱普的顾问。2007 年，首席执行官孔翰宁宣布，思爱普的所有商业应用程序将在中期完成以服务为基础的转变，并向客户保证最大的灵活性。通过这一改变，思爱普为企业市场的其他成员设定了行业标准。在孔翰宁的领导下，增长的季度收入和持续增加的市场份额令思爱普在日新月异的 IT 市场中始终保持领先地位。《商业周刊》（*Business Week*）将孔翰宁评为欧洲 25 位最佳商业经理人之一。尽管"新经济"的泡沫破灭，并且导致了 IT 投资的急剧下降，但客户对思爱普解决方案的信心并未受到影响。

在孔翰宁的领导下，思爱普于 2007 年宣布其有意收购博奥杰公司（Business Objects），这是一家致力于开拓快速增长的商业智能应用程序市场的法国公司，这项价值 67.8 亿欧元的收购最终于 2008 年完成。此举打破了思爱普避免收购大型公司并倾向于有组织地扩大其增长的传统战略。在全球金融危机期间，思爱普同样遭遇了困境。但是，凭借特殊的客户项目、人员削减以及其他节省成本的措施，它甚至提高了运营利润。

1972～2009 年，是思爱普指数级发展的时代。许可收入飙升，员工人数增至 3 倍。通过 SAP R ／ 2 和 R ／ 3，思爱普重新定义了软件市场，并且成了新的行业标准。特定的客户软件开发项目已成为过去。新标准是适用于任何数据库的现成的标准软件组件，该软件作为一个可扩展的系统，从架构上整合了各种软件的模块和功能。收购博奥杰公司进一步扩大了思爱普的产品组合，并且使其成为商业软件、企业绩效管理和商业智能领域的市场领导者。鉴于这一发展历史，思爱普的未来战略不应仅仅是延续这一增长轨道，还应将公司提升到下一个增长水平。

思爱普 2010 年的数字化战略：向平台和云发展

新的发展计划：翻倍扩大目标市场

2010 年 2 月，监事会任命孟鼎铭（Bill McDermott）和施杰翰（Jim Hagemann Snabe）为思爱普的联合首席执行官。2010 年 4 月，他们共同宣布了一项积极的全公司发展计划，旨在通过专注于平台开发和向云技术的转型来翻倍扩大思爱普的目标市场。这一计划打算继续拓展公司在企业应用程序和商业分析领域的核心业务，此外还要探索移动、内存、云计算这三个颠覆性的技术市场。基于这一战略，公司制定了 2015 年发展目标：获得 200 亿欧元的收入——包含 35％的不按国际财务报告准则（non-IFRS）计算的运营利润，使思爱普软件用户人数达到 10 亿，完成价值 20 亿欧元的云业务，并且成为成长最快的数据库公司。

思爱普开展这个大规模转型计划时面临的主要挑战在于，它缺乏势必达成这一目标的显著需求，因为它已经是企业应用程序和商业分析领域的市场领导者了。所以，这一切都是为了推动健康的公司进入下一个发展阶段。施杰翰在此背景下指出："商业中最难的事情就是改造一个不处在灾难境地的公司。鉴于我们的核心产品的实力以及我们对发展这些细分市场的承诺，我们没有任何的紧迫感。我们必须以迎来新机遇的雄心，而不是以应对威胁的被动理由来鼓舞自己的团队继续前进。"

公司新发展计划的首要里程碑之一是，思爱普于 2010 年 5 月宣布其正在收购位于加利福尼亚州的赛贝斯公司（Sybase）。这是一家专门销售移动设备，为"无线"公司提供解决方案的最大的商业软件和服务供应商。该收购在 7 月以 58 亿美元的价格完成，这不仅使思爱普成了移动市场中具有独立发展能力的参与者，还通过赛贝斯的 ASE 和 IQ 数据库业务，为思爱普提供了额外的柱状数据库专家，以助其实现这一最具战略性的转变。

内存的改革：作为数字化基础的 HANA

思爱普 2010 年战略的真正基础是在内存数据库领域的改革，即 SAP HANA。它的早期原型是 TREX，其在 2000 年成为思爱普的组件之一。SAP NetWeaver BI 加速器于 2005 年首次推出。2009 年，哈索·普拉特纳在美国罗得岛州[1]的普罗维登斯

---

[1] 罗得岛州（Rhode Island），全名罗得岛与普罗维登斯庄园州（The State of Rhode Island and Providence Plantations）。由于名称过长，一般简称为罗得岛。

（Providence）举行的 SIGMOD 数据库会议上展示了公司历时两年的研究成果。SAP HANA 之后在与思爱普和哈索·普拉特纳软件研究所（HPI）的密切合作中得到了进一步的发展。这一研究所位于柏林附近的波茨坦，是由哈索·普拉特纳建立的高校研究所，同时也是 IT 系统设计领域的卓越中心。之后思爱普开始为使用柱状内存数据库的交易流程和分析系统研发一个专业版本的内存数据库，并称之为 SAP HANA。实践证明，思爱普在开发和实施这一颠覆性的技术的过程中，将原本独立且实体上相互分离的高校研究相结合，加之思爱普丰富的业务和 IT 经验，是成功实现目标的关键性因素。

SAP HANA 于 2010 年推出，第一批客户在 2011 年期间开始使用这一平台。思爱普于 2013 年 2 月发布了开放式 HANA 云平台（HCP），该平台可利用 HANA 功能在云上构建、扩展和整合应用程序，运用了平台即服务的理念。到 2015 年，SAP HANA 已成为市场领先的实时计算平台，为所有主要的思爱普应用程序提供技术支持。哈索·普拉特纳解释了思爱普内存解决方案的市场需求："现有的 ERP 系统是基于我们确切知道用户想要了解的内容的理念。为了在合理的时间内解答客户的问题，我们实时保存了汇总的数据——这意味着我们每次记录商业交易时，都会更新所有受影响的数据。因此，系统也被称为实时系统，它已经准备好为任何可预见的问题提供答案。"相比之下，SAP HANA 秉持的激进理念是要彻底删除集合、表格和数据库索引等派生数据，因为所有数据都被保存在内存中，可以按照需求进行实时计算。商业交易和商业分析的不同领域应该联合起来，变理念为现实，构建全新的企业应用程序。从技术上而言，SAP HANA 数据库在一个系统上同时运行着在线交易处理（OLTP）和在线分析处理（OLAP）。它不仅凭借内存优势在报告和分析方面变得更快，还因为删除了冗余程序而使商业交易处理方面的运行速度提高了三四倍。最终，这使得思爱普能够专注于其商业逻辑，并且为企业提供实时的应用系统。在非常大的数据库中实现自由导航的组合，处理结构化数据与社交媒体等非结构化数据，以及借助HANA 强大的数字库功能构建应用程序，这些在过去是不可能的。其案例包括飓风破坏预测、基因组学和蛋白质组学应用、开展癌症研究的新创新方法以及交通优化等。

作为新标准的云：思爱普向云供应商的转型

高容量网络、低成本计算机和存储的普及，以及对硬件虚拟化、服务导向型的体系结构和公用计算的广泛采用，使云计算得到了快速发展。根据美国高德纳公司（Gartner）的预测，全球范围内公共云服务市场预计在 2016 年将增长 17.2%，从 2015 年的1 780 亿美元增至 2 086 亿美元。"这一强劲的增长反映了从传统IT 服务到以云为基础的服务的转变，而这也是行业组织追求数字化商业战略的趋势。"弗雷斯特研究公司（Forrester）预测，公共云市场将会获得可观的发展，并在 2020 年达到 1 910 亿美元。到目前为止人们还没有实现对云计算的统一定义，但在这一概念的核心特征上人们已经达成了一致。根据美国国家标准与技术研究院（NIST）的定义，我们将云计算描述为"在共享的、灵活的第三方资源的基础上，可作为服务通过互联网进行消费的信息技术"。一般而言，云计算还意味着从首席信息官到商业线的信息技术购买领域的转变。

云计算的主要优势包括能保证创新的独特性和定期的安全功能软件更新，无须前期投资基于订购的支付方案，以及能满足不断增长的宽带业务需求的运营灵活性。但还有一个问题：尽管云计算具有较高的安全标准，但企业会发现将敏感的商业数据放入基于云的解决方案中是有风险的，因为这些数据的存储通常缺乏一定的透明度。通过由供应商掌控的自动更新过程，知名的用户界面可能会被调整，或者新的特性可能在不引人注意的情况下被引入。云合同也相当严格，买方在一定程度上被绑定在供应商上，例如，很多合同的履行时间至少要三年。

鉴于思爱普的新发展计划的雄心，为实现其云收益在 2015 年前达到 20 亿欧元的目标，公司大量投资研发领域，并致力于为人力资源、采购、客户关系管理和财务管理等业务线内容开发出标准化、可延展的云方案。与此同时，专门做云计算的公司在专业领域对思爱普发起了挑战，例如销售自动化领域的赛富时公司（Salesforce.com）提供了客户关系管理的服务。另一家专门做云计算的公司是工作日公司（Workday），它在人力资源管理市场的领域与思爱普展开竞争。这种情况类似于思爱普在 20 世纪 90 年代经历的最佳品牌竞争，但这次竞争是在云背景下进行的。这促使思爱普作出收购一系列基于订购的软件公司的决定，其在自身软件开发之外的发展变得更具逻辑性。2011 年 12 月，思爱普以 36 亿美元的价格收购了胜略（SuccessFactors）（基于云的人力资源管理软件的领导者），并于 2012 年 5 月以 43 亿美元收购了 Ariba（全球最大的企业对企业商务网络，该公司已经历了从内部部署到云的转型）。Hybris 是一家领先的电子商务公司，于 2013 年 6 月以大约 13 亿美元的价格被收购。Fieldglass 是为供应商提供管理服务的头号公司，随后于 2014 年 3 月以 10 亿美元被收购。2014 年 9 月，Concur，基于云的旅行和费用管理服务的领导者，以 83 亿美元被收购。如今，思爱普的商业网集团已经包括 Ariba、Fieldglass 和 Concur，它可以通过一个开放的平台将企业内部流程与外部利益相关者联系起来。据统计，思爱普在外部发展方面的投资超过了 180 亿美元，用来进一步扩大其在云市场的覆盖范围，以及保证在公司之间存在大量云 DNA。

思爱普的转型：前端、后端与盈利机制

下面从前端、后端和盈利机制这几个方面介绍一下思爱普遵循商业转型板（图 2.1）逻辑的从南到北的商业模式转型。

前端的转型：通过 SAP HANA 平台的推动，从销售软件产品转变为提供整合的商业流程

联合首席执行官兼发展委员会成员施杰翰（Jim Hagemann Snabe）在 2009 年的影响者峰会（Influencer Summit）上表示："我们相信，现在有一个可以扩展人们已知的应用程序范围的新机会。"思爱普以其跨所有"模块"的端到端流程集成而闻名，这些模块都是基于公共架构的。公司已在新发展计划中对未来发

展方向作出了明确的安排，即凭借其整合的实力以及创新，将软件组合的广度和深度推向新的高度。为此，公司需要建立一个能提供共享功能和工具的完全不同的平台基础。思爱普公司将所有应用程序在 SAP HANA 上运行的计划，被视为其历史上影响最为巨大的战略决策之一。

转型计划的工作始于一个问题，即原有的思爱普 Business Suite 及其 4 亿行代码是否可以在合理的时间内适应 HANA。如果不能，其替代方案将意味着要从头开始构建商业组件的接替物。显然公司必须向客户提供从现有的 Business Suite 到下一个在 HANA 上运行的商业组件的非破坏性的技术转移。为了满足采用 HANA 和技术转移不中断的目标，下一阶段的计划已经推出并于 2012 年 3 月开始执行：

1. 从原有的 Business Suite 系统到 HANA 的转移；

2. 优化原有的企业应用程序使其适应 HANA 平台；

3. 通过重写所有企业应用程序来进行简化。

计划的第一步相对而言比较简单，因为通过一些调整，思爱普的现有应用程序可以像其他数据库一样在 HANA 上运行，这是因为数据结构并没有发生变化。因此其好处在于可以减少数据占位并能立即加速分析查询。2013 年 1 月公司推出了新的"HANA SAP Business Suite"，其中包含了 1 100 个 HANA 优化后的流程。随后它在同年 6 月推出了一般市场准入，并且实现了将现有的 Business Suite 转移到 HANA 的首要目标。

计划的第二步更具挑战性。该团队开始运用运行报告功能进行内存优化，该功能将直接嵌入企业的应用程序中，并开始工作。交易和分析工作被纳入了一个系统，SAP HANA 成了单一的源，此外，不必要的数据传输、一致性检查和数据重组功能被立刻移除。

在计划的第三步中，使应用"在"SAP HANA 中运行并可供本地使用是最有挑战性的，因为它旨在通过置换即时计算的整合理念来为企业应用程序提供全新的体系架构。思爱普在 2012 年中期开始重写其企业应用程序，而 SAP Simple Finance 是它随后推出的第一代组件解决方案。这是为适应 HANA 而重写的组件，用来取代思爱普原有的财务会计和控制组件，它在 2014 年 6 月的商业同略会（SAPPHIRE NOW）上被发布。通过简化基础架构和系统本身，思爱普得以大幅减少数据占位。更重要的是，当思爱普在短短 5 个工作日内从原有的财务系统转变为新的 SAP S / 4HANA 财务系统时，实时结账几乎可以在任何需要的时候得以实现，思爱普也因此成了德国 DAX 蓝筹指数中最有效率的数据归档公司。

2015 年 2 月，思爱普时任首席执行官孟鼎铭（Bill McDermott）在纽约正式推出了重写的第四代思爱普旗舰组件，被命名为 SAP S / 4HANA："今天的思爱普正在重新定义 21 世纪企业资源规划的概念……当哈索·普拉特纳（Hasso Plattner）发明 SAP HANA 时，我们知道思爱普的 Business Suite 将在数字时代得到改进……这是一个历史性的日子，我们相信它标志着 20 世纪信息技术堆栈及其所伴随的所有复杂事物的灭亡。"

SAP S / 4 HANA 在纽约的发布是思爱普历史上的一个重要里程碑，因为它最终证明思爱普可以在 HANA 平台上为企业建立实时的应用程序系统，其中包含过去不可行的应用程序，以及具有 SAP Fiori 用户体验的现代设计原则。与此同时，思爱普进一步重写了端到端商业流程，例如 SAP S / 4HANA 采购以及 SAP S / 4HANA 供应链。

新的组件 SAP S / 4HANA 可以在云内部署，并通过结合内部部署和云解决方案来实现混合方案。SAP S / 4HANA 云版本于 2015 年 5 月推出，旨在大幅扩展在 SAP HANA 上构建的思爱普云产品的业务范围。除了现有的业务方案外，客户现在还可以通过由财务、会计、控制、采购、销售、生产、设备维护、项目系统和产品生命周期管理等最基本的方案组成的数字化核心，在云上运行其整个公司的业务。客户可以通过订购模式来采用 SAP S / 4HANA 的云版本。

转型计划的下一步，是将 SAP S / 4HANA 和 SuccessFactors、Hybris、Atriba、Concur 等其他的思爱普云应用进行原生整合，以推动端到端的数字化流程，如订单到现金，采购到付款，计划到生产，需求到服务，以及更多的财务能力。其目标是让客户按照自己的进度来使用云服务，同时保留其现有的思爱普解决方案的整合与商业利益。

除了扩展价值主张外，思爱普的数字化转型还包括客户参与的转变，以及价值交付向数字化和保留导向型客户交互关系的转变。其目标立得很高，即推动思爱普客户体验的无缝数字化。这不仅包括品牌推广、基于网络的广告推送、为在所有渠道（全渠道）提供统一的客户体验而采用的可延展的方法，还包括利用内容商业的机会。除了强大的全球客户组织外，思爱普还拥有利用低接触可扩展的销售方法的记录，从而为全球各地的重点客户补充提供传统的高接触的客户参与方式。此外，在线体验也非常关键，内部分析显示，80%的企业对企业的销售始于线上搜索，而有80%的潜在客户根据在网上发现的内容，会将思爱普纳入其考虑清单。对应的转型计划包括以下工作流程：

1. 在每次互动的背景下提供个性化的体验；

2. 在减少员工工作量的同时，创造单一的、和谐的客户体验；

3. 协调营销、商业、销售、服务和计费这些业务流程。

为了进一步推动数字化商业和流程，思爱普于2014年11月任命乔纳森·贝歇尔（Jonathan Becher）为公司首位首席数字官。思爱普时任首席执行官孟鼎铭（Bill McDermott）解释说："乔纳森不仅要负责为公司开发新的收入来源，还要实现以数字化的方式为客户与消费者进行互动的大道至简的目标。"与此同时，Maggie Chan Jones（玛吉·陈·琼斯，音译）被任命为首席营销官，她曾指导微软进行从内部部署业务到云业务的转型并且领导发布了Office 365，从而为思爱普带来了大量的云经验。作为转型的第一步，思爱普的在线体验得到了改进，其结果是清除了超过80%的原有网站，让全球在线内容本土化，使其能够适应当地市场，并且以更低的成本加速了线上开发。

公司数字化活动的一个特别之处在于云购买者，因为网站和产品正在为这一用户群而进行融合，因此公司应当为数字云的购买者提供在网上探索、试用、购买和使用解决方案的无缝旅程。一旦实现这一目标，在线的信息和功能就可以被重新运作，为客户提供一个易于掌握的产品组合简化图，客户可以在网上看到清晰透明的定价，直接在线进行无摩擦试用和订购活动（试用和购买），还能拥有无缝连接的解决方案、支持系统和社区体验。例如，SAP S / 4HANA 的云版本和公司内部版本可以免费试用，客户能在体验具体角色和预定义场景的过程中发现新组件的价值，这些角色和场景包括项目经理、现金管理者、营销专家、采购员和销售代表等。

作为转型过程的下一步，思爱普开始将原有的线上商店并入新的 SAP Store，买家可以在其中发现、尝试、购买、下载和升级其软件、服务、教育和内容产品。2015 年 1 月，SAP Store 正式上市。在此基础上，思爱普实现全渠道贸易和捆绑销售的愿景得以实现。SAP Store 销售内容包括业务分析、移动应用程序、云端以及首批内容和数据产品，个人购买的价格通常低于 1 000 欧元，客户只需要进行一键式购买就能获得心仪的产品。购买软件后，客户可以通过访问凭证直接访问云系统，也可以借助个人许可密钥下载云系统并在个人设备上运行它。售后的产品和客户支持是通过网站提供的。SAP Store 也向其合作伙伴开放，合作伙伴可以通过这一低成本的渠道发布其产品并从中获利，还可以借此参与思爱普牵头的市场活动。2015 年，SAP Store 已于 32 个国家上市，进行了大约一万笔在线交易，并且拥有 140 万个独立访客。除 SAP Store 之外，思爱普数码团队推动了整个公司商业流程数字化的过程，例如全生产试验、透明线上定价、一键式注册、信用卡结算、内置购买功能以及产品和支持社区。此外，数码团队还展示了思爱普是如何将其引向 C 级客户的数字化转型。

后端的转型：从线形软件开发链到补充商生态系统与整合的 DevOps 模式的转变

思爱普决定采取超越数据库的战略性方法，并通过建立一个拥有开放式架构的领先平台来实践完整的平台型策略。其战略目标是把 SAP HANA 转变为数字化平台，这不仅是为了思爱普的所有应用程序，还为了给来自第三方供应商的外部软件创新提供一个基础，这些第三方包括系统集成商（SI）、独立软件供应商（ISV）、初创型公司和客户。思爱普在 HANA 平台上投入了大量资金，该平台目前将数据库、数据处理和应用程序平台功能整合到了内存中。通过在单一架构上提供预测文本分析、地理空间处理和数据虚拟化等先进功能，HANA 平台进一步简化了开发应用程序和处理大量数据源与结构的过程。因此，2016 年德国信息技术杂志 *Computerwoche* 以"从内存加速器到数字化平台"为标题，详细描述了这一战略举措。

思爱普有借助合作伙伴力量来扩展业务的历史。在公司发展早期阶段，思爱普决定让独立的 SIs 为其客户提供活动方案和定制化项目，而在今天，SIs 仍然主导着信息技术项目业务并且帮助思爱普完成了大量项目。借助于 SAP HANA 这一开放式平台，思爱普决定将合作方式提升到新的水平，并将其应用于开发人员生态系统社区。这需要思爱普鼓励其他公司（包括竞争对手）构建可以在 SAP HANA 上运行的应用程序。为了发展开发者生态系统，思爱普建立了专业的合作伙伴生态管理系统，通过精心制作的计划实现共赢或互补，以促进各个伙伴之间的合作（例如共同创新），并建立一个合作型的利润共享模式。

为了让 HANA 平台更具吸引力，思爱普多年来推出了多个合作伙伴计划。思爱普社区网络（SCN）会集了将近 200 万名成员，他们可以参与博客、论坛以及个人和主题空间的互动，以实现解决问题、学习和开发新业务方式的目标。SAP PartnerEdge 计划可以为发展伙伴和经销商增值服务提供领先的开发平台以帮助合作伙伴解决行业特定的需求。合作伙伴可以在 SAP HANA Marketplace 上发布其解决方案以加入生态系统，将其创新成果在思爱普全球客户群中进行销售，还可以参与思爱普的营销活动。SAP Startup Focus 计划则是关于大数据和预测模式或实时分析的解决方案，并且针对的是对在 SAP HANA 上进行创新感兴趣的企业家和年轻公司。这些企业家和公司可以加入为期 12 个月的全球计划并获得思爱普的支持，这一支持包括在 SAP HANA 上开发新的应用程序以及增加市场吸引力。此外，这些企业家和公司还有机会通过 HANA Real Time Fund 和 SAP Ventures 向风险投资界进行宣传。思爱普和苹果公司于 2016 年 5 月宣布开展合作，思爱普的时任首席执行官孟鼎铭（Bill McDermott）表示："通过结合 SAP HANA 云平台和 SAP S／4HANA 的强大功能，加上 IOS 这一领先的、对企业而言最安全的移动平台，我们将随时随地为需要工作的人提供实时数据。"思爱普随后推出了一个新的 iOS 软件开发工具包（SDK）和培训学院，以便开发人员、合作伙伴和客户可以轻松地分享和学习如何构建自己的 iOS 应用程序，使程序符合其商业需求。苹果公司的首席执行官蒂姆·库克（Tim Cook），强调了这一开发者生态系统的价值："通过新的软件开发包，我们使思爱普能够容纳超过 250 万个开发者。"借助于整体横向管理合作伙伴的办法，思爱普旨在建立一个能进一步丰富其产品与服务组合的生态系统，并通过发挥网络效应的力量来提升组合的包容性和扩大规模。对发展伙伴和补充商而言，关键的好处在于它们可以通过成为合作伙伴来从其创新成果中获利。此外，它们还能受益于思爱普的营销计划。

除了平台和生态系统的转型之外，思爱普还向跨功能且整合的 DevOps（一站式研发效能平台）模型转变。作为一家云计算公司，供应商接管了运营合同，并且要为客户外包的业务流程负责。通过收购云计算公司，思爱普不仅获得了大量的云 DNA，而且还拥有了庞大的运营环境，因此世界各地的数据得以汇总于其中。这一战略步骤意味着思爱普不再只管理自己的运营活动，而是在专门的云传输组织的帮助下，代表客户管理其运营活动。此外，2014 年，思爱普决定为 SAP Business Suite 等关键任务应用程序提供完全托管的私有云系统，这一系统能使基于订购选择的定价具有灵活性，它被命名为 HANA Enterprise Cloud。这些战略性举措使得思爱普需要管理全球的数据中心网，因此服务可用性和破坏恢复能力等新标准也变得至关重要。德国《商报》

（*Handelsblatt*）对这一转变作出了评论："新的办公大楼和计算中心是思爱普正在进行重构的明显迹象。"云概念的优点在于，供应商可以更频繁地更新供应内容并且改善运营状况。通过反复的客户反馈缩短学习周期，敏捷方法可以比之前更快地发布新的供应内容版本。思爱普于 2009 年开始实施精益开发方法，并在 2012 年之前将整个软件开发流程从瀑布式方法转变为敏捷开发方法。"精益 @ SAP"转型计划涵盖了整个产品价值链，敏捷开发（Scrum）被用作团队层面的新标准开发方法。这一变化影响了全球 12 个地区的 18 000 名开发人员。思爱普向云公司转型的下一步是将其组织模式转变为 DevOps 模式——将开发和运营合为一体的复合模式。思爱普于 2014 年开始实施 DevOps 模式。这意味着软件开发相关团队之间的协作面临一场文化变革，其团队包括质量保证团队和云运营团队等。这场变革还涉及自动化软件交付流程和基础设施变更过程。这还意味着一次组织调整，需要将开发团队和服务于特定应用程序组的运营团队聚集在一起。由此带来的好处是这些团队能够每天发布软件的新功能和补丁，可缩短软件的上市时间，此外还能提高生产力和效率，因为软件版本能够以完全自动化的方式被"运送"到各处。

盈利机制：从永久许可模式到实现价值获取的订购和交易模式

思爱普商业模式的转型要求公司改变实际获利方式，即从传统的基于本地软件的永久性许可模式转变为基于云计算的按需付费许可模式。转型以对从高级管理人员到普通员工的公司所有成员开展培训为开端，帮助他们应对在云盈利机制的基础上发生的收益减少和股票价格下降的内在风险。思爱普的首席财务官卢卡·穆西奇（Luka Mucic）会定期向全球员工发送更新信息，以易于理解的方式解释盈利模式转变的原因和影响。此外，新成立的全球卓越云中心在企业控制部门中提供了诸如"云商业模式和关键绩效指标"等控制指南，并将其在整个组织中进行推广。

传统的基于本地软件的模式也被称为资本输出模式（CAPEX），在这种模式下，客户要购买软件使用许可证以及专用的信息技术基础设施，并且还要为常规软件的更新支付年费。使用和配置软件的费用通常由系统集成商按时间和材料来收取。在过去，对于作为软件供应商的思爱普而言，这意味着两个收入来源：软件交易中客户前期支付带来的许可收入以及每年因重复性维护工作而产生的长期维护收入。相比之下，云模式是一种运营型支出模式（OPEX），因为它围绕着这样一种理念：以按次付费或按交易付费的模式，将共享信息技术资源作为一种服务来使用。与公司内部布置模式相比，云模式不需要客户支付任何前期成本、持续使用费，公司也无须对相关的基础设施投资。虽然客户能够将固定成本转换为可变成本，但思爱普与每个云服务供应商一样，只有云传输这一项捆绑收入流，还承担了提供信息技术服务的所有成本，例如数据中心的投资和信息技术管理的运营成本等。卢卡·穆西奇对云盈利机制及其潜力进行了如下解释："从长远来看，云模式的收入和盈利潜力甚至高于公司内部软件模式。云计算的运行的确需要一些初始投资。但是，公司一旦收回这些初始投资成本，就可以在市场中获得高额利润。据估计，大约 4 年后云服务合同产生的收入将与公司内部软件模式带来的收入相当，而 5 年后前者将超越后者。"

基于这一长期目标和指导，思爱普的财务和控制团队对收益流的转变及其对营业收入和净利润的影响进行了详细的预测。关于收益的关键问题在于，云收益的增长将如何弥补预测中减少的那部分维护费用。

为了有效推动云业务的收入增长，公司需要在定价策略方面做出明智的决策。公司通常在云合同期限内按比例确认收入。一方面，订购或按需付费的定价方案适用于思爱普的大多数软件，即云服务产品，例如 SuccessFactors 或 Cloud for Customer。对于订购模式，其价格（一般是针对每个用户）需要具有竞争力。因此，思爱普选择了底价模式而不是供应商专用的传统客观凭证模型，这一传统模式曾被思爱普用来确定云订购的合理价格。自收购 SuccessFactors 以来，思爱普已经改用预计续订费独立售价法，这意味着续订费必须高于思爱普可长期接受的最低价格。换言之，这里提到的底价是指最低价格，包括所有直接可归属成本和合理的利润。另一方面，交易费用模式更适合于商业网络云产品，随着更多用户加入网络且每个用户执行的交易越来越多，这些云产品的网络价值就越来越大。因此，思爱普的供应组合包括以交易费用为基础来实现盈利的一系列供应内容，例如 Ariba, Fieldglass, Concur, 服务平台 Hybris, 以及 SAP Exchange Media。

在研究专门做云服务的初创企业的损益表时，我们发现企业对盈利机制进行了一场非常彻底的转型。它们只有在达到一定的成熟度水平后才能盈利,这种成熟度体现为拥有良好的客户群,以及续订客户数量多于新客户数量(高原效应)。其原因在于与一次性大型许可交易相比,云服务的收费通常较低。因此在加快云业务发展时,云服务的收费还不足以覆盖云基础设施运营和获取客户的相应成本。此外,在云模式中,因为收入和利润只有在服务发生时才会被确认,所以它们的获取都会被推迟。这种固有的延迟正是2015年1月思爱普将其2017年营业利润目标从70亿欧元降至63亿欧元的原因。转型计划将管理层的注意力转向让大量有安装基础的客户选择并订购云服务。推动续订也成为首要任务,因为客户的终身价值逐渐由重复性销售而非一次性销售来决定。由于云业务的规模效应,思爱普开始更加主动地管理固定成本。其措施包括为增长率较低的部门设计重组计划,与服务器供应商等云基础设施供应商重新签订合同,以及凭借合作伙伴关系为思爱普客户提供第三方数据。2015年,思爱普为金融市场提供了全新的、积极的展望,并且确立了2020年的目标,即收入达到260亿至280亿欧元,订购收入达到75亿至80亿欧元,以及调整后的运营利润达到80亿至90亿欧元。

转型的下一步是建立新一代的管理汇报系统和导向系统,以反映公司对建立和维系消费者忠诚度的重视,例如用复合增长率来测量和激励成功参与客户数量的增长。思爱普数字会议室(SAP Digital Boardroom)就是新型管理系统之一,它向公司高管提供有关业务状况的实时信息,且对信息背景加以说明。这个解决方案采用了 SAP HANA 技术来绕过成堆的历史数据和交易数据，使得高管在讨论业务时不再需要像以前那样，阅读提前准备好的已经过时的静态信息，而是能直接分析动态的实时数据。几乎所有类型的信息都可以被即时获取——无论是资产负债表、损益表还是某一特定销售区域的单个入口的间隔空间。此外，对业务变动及其影响的预测也可以在相同的交互风格下达成。自 2015 年第二季度以来，思爱普执行董事会就一直在使用 SAP Digital Boardroom，该系统也引起了客户极大的兴趣。

朝未来前进

2010 年，思爱普开始意识到仅仅成为商业应用程序领域的领导者并不足以使其在 21 世纪保持长远的竞争力。

伴随着数字经济的崛起，思爱普开始逐步进行转型计划。2015 年，思爱普实现了其自主确立的转型目标：公司自 2010 年以来收入几乎翻番，达到 208 亿欧元；同时客户数几乎增至三倍，达到 29.6 万人。如今的思爱普是全球云公司中使用者最多的，拥有超过 8.5 亿的用户，为其增加了 100 倍的云计算和数据库收入，云业务规模高达 23 亿欧元。2015 年，公司新的云预订量增长了 23%，而云订购和支持收入则飙升了 33%。思爱普经营着全球最大的商业网络，在这个网络上活跃着将近 200 万相关联的公司，交易规模达到 7 400 亿欧元。

思爱普还开发了 HANA 内存平台，该平台如今拥有将近 1 万的 HANA 客户，是企业应用程序领域的市场领导者，其提供

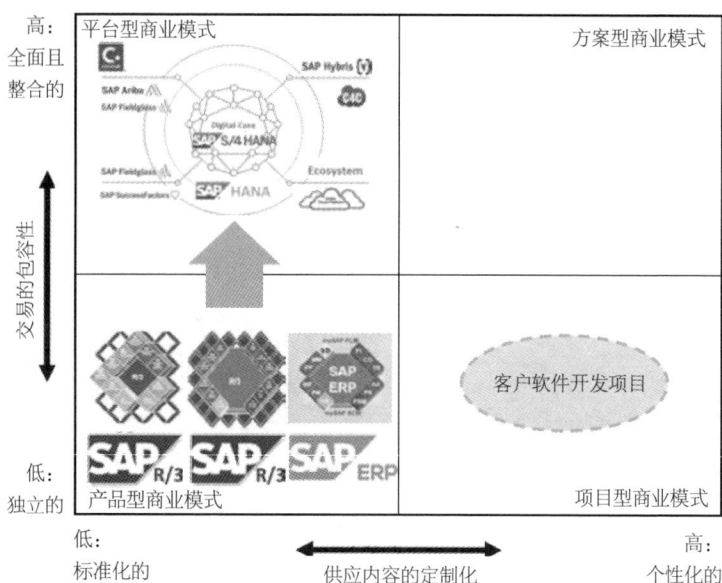

图 7.3　思爱普的商业模式转型

的 SAP S/4HANA 是思爱普发展史上最畅销的产品。超过 1 300
个客户选择 SAP S/4HANA 作为其数字化核心，其中有 100 多个
是实时的。思爱普不断提高其价值主张的广度和深度，如今在
HANA 平台上提供了创新且整合的端到端流程，跨越了云、内部
软件以及包括思爱普和其开放式生态系统在内的混合场景。孟鼎
铭（Bill McDermott）曾评论道："我们在 5 年前开启了这一段旅
程，为数字经济构建了灵活的平台和解决方案。在这段旅程中，
我们在收购方面耗费了 300 多亿美元，并持续投入了数十亿美元
的研发资金。结果不言自明——我们提供了唯一的端到端解决方
案以帮助 CEO 们解决问题。这一切的核心便是 SAP HANA，一

个伟大的简化物……借助于 SAP S/4HANA，我们重塑和改造了业务流程实时的工作方式，使其简单化并能产生更高的价值。我们意识到将世界进行整合的力量。有近 1 兆美元的商业项目通过我们的数字商业网络实现运作。……此外，我们每天都与全球高端客户共事，致力于将业务简单化、创新化和数字化。

思爱普的商业模式转型也要求整个公司的管理进行重大转变。公司开发了新的技术和能力。思爱普在客户参与和价值传递领域采用了新的数字化方法，例如思爱普存储（SAP Store），它还采用了一个跨功能的整合的 DevOps 模式，以推动项目简化和指数式增长。

然而，思爱普的转型还有很长一段路要走。思爱普首席财务官卢卡·穆西奇对未来有着这样的展望："我们通过将投资重点从非核心业务转向战略增长领域，实现了公司的转型和精简化，这使我们能够抓住市场上的巨大发展机遇。我们因此走上了一条通往未来的强大道路，这也反映在我们 2017 年的目标之中。"

网飞：商业转型大师

金特·米勒－施特文斯

1997 年，里德·哈斯廷斯（Reed Hastings）在加利福尼亚的影片租赁商店租了一盒录像带，但因为晚还了 6 周，不得不支付 40 美元的罚款，他为此感到很气愤。在当时，百视达（Blockbuster）是影片租赁业的主要参与者，但这个市场的绝大部分商户是夫妻经营的零售小店。然而，通过塑造一个强大的品牌并保持运营效率，百视达将这种夫妻经营的零售小店逐出了影片租赁的竞争圈。该公司在美国各地已经拥有数百家租赁店。客户必须前往其中一家商店，找到他们需要的影片，然后为其支付一定的租金以暂时使用。此后，客户必须在约定时间内将影片返还，否则就要支付罚款。即使市场上的放映方式已经从 VHS（家用视频系统）演变为 DVD（数字视频光盘），这种商业模式仍然非常有效。

然而，作为前计算机科学家的哈斯廷斯再也不想支付罚款了。他认为必须用一种更友好的方式来满足人们租用娱乐品的需求。正是这个想法成就了一段了不起的故事。那一年，他和马克·兰多夫（Marc Randolph）一起创立了网飞。截至到 2016 年，网飞是世界领先的互联网电视系统，是在线点播流媒体和邮寄式固定价格 DVD 的供应商，其在近 50 个国家拥有 5 700 多万客户，每月为客户提供包括其原创系列节目在内的 20 亿小时以上的电视节目和电影。2016 年 10 月，该公司的市值约为 550 亿美元。它的成功并非易事：市场竞争非常激烈，而技术必须进行彻底改变。网飞为了生存下去，不断地对其商业模式进行微调和重塑，有时甚至是进行根本性的变革。这种变革现在仍在继续。

福布斯在一篇文章中称哈斯廷斯是"调整大师"。这种能力在商业中十分重要，因为网飞从一开始就遵循了"在人们需要的时候，以其想要的方式，给予其想要的东西"的原则。

初创型公司首次采用基于订购的模式

网飞首先开始在美国推出了"直接邮寄影片"形式的租赁服务。1998 年 4 月，该公司创建了一个可以在线租借或购买影片的网站。顾客可以在线选择影片，之后网飞会在 7 天内将客户租借的影片邮寄到他们家中。网飞每次收取 4 美元的 DVD 租借费和 2 美元的邮费。客户必须通过之前付过费且预先写好地址的网飞信封来归还 DVD。这使公司可以利用其信封筹集额外的广告收入。尽管里德·哈斯廷斯自己不喜欢被罚款，然而网飞还是采用了与百视达类似的方式，即对不按时归还 DVD 的顾客收取滞纳金，但至少顾客不用非要去实体店才能完成租借活动。从 VHS 到 DVD 的过渡为这种新的商业模式提供了支持。和笨重的磁带不同，DVD 光盘变得越来越轻薄耐用，邮费也随之降低。回顾这段早期转型期，哈斯廷斯说："因为你必须打开市场并吸引客户，那就必须购买 DVD，所以公司面临的第一个重大挑战便是如何获得盈利并停止消耗现金。不论是市场还是客户的回报都只能随着时间的推移而显现出来。而我们低估了这一点给后勤方面带来的挑战。"

在 1999 年推出基于订购的商业模式

然而，尽管邮寄为商业的运营带来了便利，但这种初始的商业模式并没有因此获得足够的发展动力。因此，在网飞公司成立两年后的 1999 年 10 月，第一次商业模式转型应运而生。新的商业模式主要建立在以下三大支柱之上：

1. 固定费用定价模式。订购模式意味着订购者可以创建和管理他们希望在线接收的 DVD 列表，这通常也叫列队。当 DVD 被返还时，网飞会自动寄送用户列队中的下一部影片，这都是由网飞网站管理的。用户每月支付 15.95 美元的固定费用后，可以享受不限量的 DVD 租赁（一次 4 部，后来改为一次 3 部），不收取滞纳金并免费寄送 DVD。所有这些做法，都为用户带来了便利（没有到期日，快速送货上门，预付费信封）。

2. 提升的用户满意度和扩大的合作关系。网飞很早就意识到了拥有庞大电影库的战略重要性。2001 年初，网飞为其客户群（约 300 000 名订购者）提供了约 7 000 部影片。为了能持续并快速地扩大影片库，网飞决定与华纳家庭影视（Warner Home Videos）、哥伦比亚三星（Columbia TriStar）、梦工厂（DreamWorks）和艺匠（Artisan）等电影集团公司进行合作。自 2000 年以来，网飞与这些公司的合作都基于直接收入分成协议，但有时也基于排他性，其竞争对手将无法获得某些影片的资源。一个被称为首席内容官的新职位应运而生，其职责为处理与影视集团的关系并推动执行相应的举措。

为了更有效地接触新客户，网飞与 DVD 播放器制造商签订了特殊合同。索尼和松下等公司在销售新的 DVD 播放器时都包含了网飞服务。网飞还与苹果、惠普和索尼等计算机制造商建立了合作关系，将 DVD 驱动器整合到它们的产品中。2001 年，它还与百思买推出了联合品牌的在线 DVD 租赁服务：百思买在其网站和商店推广网飞；作为回报，网飞鼓励其消费者到百思买网站购买 DVD 播放器。

为了增加网站的客户黏性，网飞改进了网站的搜索功能，并为客户提供越来越个性化的信息，以便客户进行更明智的选择。2000 年，该公司推出了独具特色的个性化电影推荐系统 Cinematch，该系统使用会员打分制来预测所有网飞会员的选择。该工具使具有相似品位和兴趣的客户得以相互参照。例如，租借影片 A 的客户往往还会选择影片 B。基于其不断增加的客户行为数据，该公司可以为其客户提供选择某部影片的建议。这会产生积极的网络效应。客户分享的信息越多，就越有利于网飞为其提供定制产品服务。这种个性化服务是商店无法做到的。Cinematch 系统为网飞提供了非常有趣的信息：在网飞推荐列表排名前 100 位中的许多电影在票房上都失败了，但客户实际上更加关注一些低调的电影。这意味着许多小型的或独立的电影制片厂都能从中受益。而且，这种关注度可以影响人们对此类 DVD 的购买行为。此外，由于库存系统的过滤器会将缺货的电影从推荐系统中排除，因而网飞推荐的影片不会让用户感到失望。

3. 高效的流程。为了防止客户因为长时间等不到订购的 DVD 而选择去竞争对手当地的影片商店，网飞建立了一个运输中心网络，以便将运送时间缩短到 1 个工作日。截至 2004 年底，网飞有 24 个这样的运输中心。2007 年，当时 44 个运输中心中的一家完成了十亿张 DVD 的运输量，公司可以保证为 90% 的用户提供"下单次日送货到家"的服务。为了保持这种收发流程的高效性，网飞在自动化和软件开发方面投入了大量资金。同时，它允许用户在他们自己的线上账户中管理他们所订购的内容。

2002 年上市融资

基于这种新的商业模式，又受益于拥有 DVD 播放器的家庭数量的增长，订购者的数量几乎每年翻一番——1999 年：107 000；2000 年：292 000；2001 年：456 000；2002 年：857 000。2000年，网飞首次公开募股（IPO）以增加公司的资本实力。但是，在互联网泡沫破灭的阴影影响下，加之对商业模式增长潜力的怀疑，公司不得不撤回该计划。尽管如此，公司仍然在继续发展，并且在 2001 年出现了第一个正向现金流的季度。这鼓励了哈斯廷斯及其团队在 2002 年进行了第二次公开募股集资。这一次，股票发行成功了，公司在纳斯达克上市并筹集了 8 250 万美元。公司以每股 15 美元的价格募集了 550 万股，并且在上市的首日其股价便上涨了 12%。2002 年，公司 5 年来首次实现收支平衡。

竞争日益激烈：与百视达的商业战

这种新的商业模式对传统的基于门店销售的 DVD 租赁公司发起了挑战，例如世界上最大的视频租赁连锁店百视达和美国第二大视频连锁公司好莱坞娱乐公司（Hollywood Entertainment Corporation）。这些公司主要在门店方面（成本、地点、定价系统、内容范围等）进行竞争。尽管网飞获得了竞争对手没能拥有的成功，但问题在于，在现有企业采取应对措施，或者新的竞争者跨过低门槛进入在线 DVD 租赁市场之前，这样的成功能维持多久？根据当时的传言，资金雄厚的百视达公司将在网飞首次公开募股后做出反应。这一威胁吓坏了网飞团队：网飞能在竞争中存活吗？哈斯廷斯试图通过指出胜利的可能性来激励他的团队。他坚持"一切照旧"的惯例，并推动他的团队对公司的商业模式进行稳步改进和微调。

然而，最终是零售业巨头沃尔玛，而非传言中的百视达，在 2002 年进入了在线 DVD 租赁市场，它的订购费用仅为 3 美元，远远低于网飞，但沃尔玛实际上无法与网飞的服务内容和经验相抗衡。

对于网飞来说，幸运的是，百视达在 2004 年 6 月才进入市场。它在开始阶段的订购费为 19.99 美元，而网飞的定价为 21.99 美元。百视达显然是当时网飞在市场上的主要竞争对手：一个高端的品牌，占有 45％ 的市场份额，在全球拥有近 9 000 家门店（其中 65％ 在美国）和 5.94 亿美元的运营现金流。2003 年，百视达在租借 VHS 录像带、DVD、视频游戏方面取得的收入占了其总收入（59 亿美元）的 59％。同年，网飞的收入为 2.7 亿美元，毛利率约为 33％。

网飞凭借其强大的品牌、数据库、分销网络和投资能力使得百视达没能迅速获得市场份额。由埃森哲支持的百视达或多或少地复制了网飞的主页，但在一开始其背后的流程（计费、物流等）并不能非常可靠地运行。这令公众感到惊讶，并使网飞员工再次变得乐观：百视达是一个如我们预期中那样强大的竞争对手吗？

然而，百视达的劣势并没有持续很长时间。截至 2004 年底，它已经运营了 23 个配送中心（而网飞有 30 个配送中心）。它以不同的方式利用其商店网络，例如每月两次向在线客户提供店内电影或游戏租赁的优惠券。

这两家公司展开了恶性价格战。网飞的订购价从 21.99 美元降至 17.99 美元，百视达紧接着从 19.99 美元降至 17.49 美元。截至 2014 年底，百视达还取消了滞纳金。很明显，百视达希望在线上 DVD 租赁市场中占据主导地位。所有这些举措都让两家公司的投资者感到紧张。网飞的股价从最高时的 39 美元跌至 10 美元。然而，尽管百视达取得了进步，但需求的增长使网飞的客户群在 2014 年从 1 487 000 增长到 2 610 000。百视达推出的在线租赁越多，他们对客户的干涉就越多，这也促使客户转而选择尝试网飞。

这还不是战斗的最终结果。2005 年初，百视达实施了另一项主要的降价措施，订购价从 17.49 美元降至 14.99 美元。这一措施加上取消滞纳金的行为，对百视达的盈利能力产生了很大的影响。该公司面临的问题是：这种利润的减少是否会因为需求的增加而保持平衡，还是会因为吸引新客户而导致入不敷出？

而网飞所面临的短期问题是：是否应该跟随百视达继续降低订购费用呢？这个问题在 2014 年亚马逊以英国作为测试市场进入线上 DVD 租赁市场后变得更为复杂。从长期来看，亚马逊进入美国市场可能只是时间问题。亚马逊拥有强大的零售网站 Amazon.com 所积累的客户量，所以其获客成本几乎接近于零。对于网飞来说，好消息是沃尔玛开始退出该商业领域。2005 年 5 月，网飞与沃尔玛达成了一项交叉促销协议，沃尔玛将其 150 万在线 DVD 租借客户转给了网飞。作为回报，网飞将推动沃尔玛的在线 DVD 销售活动。

　　网飞和百视达之间的破坏性竞争持续升温，在抢夺对方客户的过程中双方都产生了损失。

从实体光盘到视频流的转变

　　经典的有线电视商业模式是以用户拥有电视机的假设为前提的，电视频道或电台将其大部分独家内容传送到电视机上。这些电视台在预设的时间，通过复杂的远程控制将电视节目呈现在非便携式屏幕上。这些电视台从影视作品制作公司获得内容。2005年，分析师开始预测视频点播（VOD）可能对未来的在线 DVD 租赁业务构成重大威胁，这将破坏当时的商业模式，使网络电视取代有线电视，使应用程序取代电视频道，而屏幕的数量将会激增。因为互联网变得更快捷、更可靠、更有用，这会使网络电视随着时间的推移取代有线电视。此外，更多的电视机将开始利用 Wi-Fi、网络连接和应用程序，而使用平板电脑和智能手机等设备的用户也将越来越多。

　　网飞的目的始终与其资源的传输方式无关，而是让客户获得最佳视频观看体验。其目的不是通过邮寄方式提供 DVD。"这就是为什么我们将公司命名为网飞，而非邮寄的 DVD。"哈斯廷斯说。因此，网飞的核心问题并非现在转向数字化发行是否合适，而是什么时候应该转型。随着技术的快速发展，消费者何时能通过互联网更高效地获取影视资源？当时宽带普及率低，可用资源非常少，并且影片的传输成本非常高。此外，大多数客户无法在他们的电视屏幕上观看流式电影，因为他们缺少可与电视连接的互联网或者缺少一台可与电视连接的可联网电脑。2010 年，时代华纳（Time Warner）前任首席执行官杰夫·比克斯（Jeff Bewkes）就网飞对授权内容的推动表示："这有点像'阿尔巴尼亚军队是否会接管世界呢？'我个人不这么认为。"

为了在这些主要的屏障都不复存在时能有好的应对措施，网飞在新技术上投入了大量资金：2006 年为 1 000 万美元，2007 年为 4 000 万美元……每年的投资都在增加。管理团队分析出了三种可供选择的战略方案：（1）将传输环节外包给竞争对手，即电缆供应商；（2）建立一个独立的 VOD 初创公司，如 Movielink 或 Vongo；（3）将流式在线视频功能整合到核心产品中，这需要将 DVD 租借业务和流媒体服务两种传输方式进行整合。如果没有这样的整合，网飞就无法将自己与 VOD 初创企业区分开来。

网飞决定采用第三种方案。这种方案基于这样一种假设，即网络电视的出现将使网飞和 YouTube 等应用能够提供大规模的、直接面向消费者的服务，并且这些服务将独立于现有的多频道视频节目发行商（MVPD，付费电视）。首先，网飞在 2007 年推出了流媒体。最初这是对其订购用户的奖励，允许他们在个人电脑上在线观看电视节目和电影，而无须等待邮寄的 DVD。此后，随着技术的发展，网飞进一步开展业务，它与消费电子公司合作，于 2008 年推出 Xbox 360、蓝光光盘播放器和电视机顶盒，并分别于 2009 年和 2010 年将其扩展到了可联网电视和其他可联网电子设备中。在分销渠道多元化后，网飞于 2010 年在加拿大开始以地域多元化的方式实施其客户群发展战略，尽管这一战略仅在美国实施了 13 年。VOD 推动了网飞从国内公司到全球公司的转变，因为网飞没有必要与当地的邮政系统打交道。2011 年，网飞打开了拉丁美洲和加勒比地区的市场。2012 年，英国、爱尔兰和北欧国家也可以访问网飞的网站。紧接着，网飞于 2013 年将业务扩展到荷兰，并于 2014 年将业务扩展到奥地利、比利时、法国、德国、卢森堡和瑞士，并由此增加了 6 600 万个宽带家庭用户。

然而，互联网的出现也为有线电视网络创造了新的机会。一方面，许多电视网络，如 HBO 和 BBC，已经开始转向网络电视。例如，英国的 BBC 应用程序为许多 BBC 节目提供了按需界面。有线电视网络一旦无法开发出一流的应用程序，便可能失去观众并无法取得收入。

另一方面是百视达，它很早就启动了 VOD 服务，但最终由于成本太高而失败了。该公司于 2010 年申请破产。导致这次破产的原因之一是，自 2005 年开始的董事长兼首席执行官约翰·安蒂奥科（John Antioco）及高层管理团队和激进投资者卡尔·伊坎（Carl Icahn）之间的权力斗争。伊坎展开了一次成功的代理权争夺战，后被任命为董事会成员。他指责百视达于 2004 年支付了 5 160 万美元的补偿金给约翰·安蒂奥科。同时，伊坎也不同意安蒂奥科关于如何让百视达再次盈利的方案。安蒂奥科随后拿着 2 470 万美元的遣散费离开了公司。公司任命詹姆斯·凯斯（James Keyes）为新任董事长兼首席执行官。他提出了一项新的战略,其中包括不再强化无利可图的在线服务,而采用店内零售导向模式。但实体店的经营模式也崩溃了,因为大部分的个体商店都处于亏损状态。与实体店通常的服务范围相比,在线商店可以从更广泛、更优化的产品组合中获得收入。

前端的转型:提高可感知的会员价值

网飞的目标是成为一个提供合法海量影片、纪录片、电视剧,并且用户每月付费后可以享受没有广告、能在任何联网设备上不限量观看的全球互联网电视的网络平台。这意味着该公司不会流式播放某些类型的视频。它专注于电影和电视剧,因此不会与亚马逊、苹果、索尼和谷歌等公司在整个娱乐领域展开竞争。它所提供的部分内容是独家的——仅在网飞上提供。新的节目以及独家节目以完整的一季形式进行发布,以吸引网飞客户。

该领域的参与者主要在价格、独特性、内容、个性化用户体验以及与设备的兼容性方面展开竞争。网飞的国际优势在于其卓越的应用程序和服务、全球技术性投资、流程知识、相关市场数据及其品牌全球知名度。从客户的角度来看,网飞主要的差异化因素在于它提供了消费者所希望享有的功能。

目前,网飞正在为争取让会员多花时间观看其节目和向其付费,与有线网络、按次付费资源、DVD 观看、其他互联网、视频游戏、网页浏览、杂志阅读、盗版视频等展开竞争。盗版和按次付费是能够提供近乎全套电视节目和电影内容的两个竞争者。在所提供的内容上,网飞最强大的长期竞争对手之一可能是时代华纳所控制的电视网络 HBO(Home Box Office,电视网)。因为

HBO 和网飞同时竞标了许多原创内容的项目，并且 HBO 具有全球影响力和强大的技术实力。但是还存在许多诸如有线网络、广播网络以及新的在线播放器等其他竞争者，如亚马逊的 Prime Instant Video，LoveFilm 和 Hulu。如果每个服务中都有独特且引人注目的内容，那么消费者将订购多个服务。网飞的持续成功将取决于其成长能力，因为更多的收入可以用来购买更多的资源，从而为其会员提供全面的和有竞争力的产品，并足以承担技术和营销方面的支出。这是一个必须进行管理才能实现进一步成长的良性循环。

但是，由于该公司与其会员之间没有任何约束性合同，会员们可以随时离开，这降低了进入门槛。一旦需要支付固定费用，消费者的行为就会改变。此外，由于没有任何阻止会员离开的壁垒，公司必须找到其他方法来维持与会员之间的关系。首先，由于网飞对所提供的内容非常重视，其产品的质量使其会员愿意留在系统中，所以它有机会做进一步的改善。其次，成为会员和获取内容的便利性也对留住会员起到决定性的作用。使用网飞的乐趣可能源于视频选择过程十分轻松，用户可以完全控制视频在何时播放、暂停或回看，并可以挑选适合家庭中每个人品位和心情的内容。会员可以在没有商业广告和义务的情况下，在几乎每个能连接互联网的设备上随时随地观看视频。网飞为客户提供了最广泛的设备可适用范围，其可适用的设备包括游戏机、平板电脑、个人电脑和网络电视。

为了获得足够的资源，网飞在 2014 年花费了近 30 亿美元。

网飞努力做到在每个类别中都拥有最好的资源，而不是试图拥有一切资源。通常，网飞竞标的是独有性资源，这意味着它需要与影片资源制作商建立良好的关系，并且拥有源于其客户群的数量和质量的强大的议价能力。在会员续订时，网飞会评估资源的使用频率，并考虑其会员对该资源的评分反馈，以确定会员愿意支付的价格。另一个考虑因素是目前它已经拥有多少与竞标资源性质类似的资源。

网飞的战略是，只要有引人注目的市场可以扩展，就尽可能快地进行国际化扩张，同时保持其在全球范围内盈利。其经济实力来自其特定的市场规模。当网飞进入市场时，公司必须赢得大量资源的竞标，然后必须有效地推销自己以增加会员数量。每个国家的市场都融合了本地和全球的资源。网飞在进入市场之前会从各种信息渠道来进行评估。这一策略推出后，公司可以更多了解什么是最受欢迎的，而什么又是市场缺少的。公司通过明智地增加或更新交易来改善其内容组合。

为了增加客户黏性，网飞通过多种方式来提高可感知的客户价值，从而增加访客量。客户的访问可以引导平台提供更好的大规模定制服务，以及附加的服务、信息和娱乐。在 2000年，网飞推出了其个性化电影推荐系统，该系统根据网飞会员的评分来准确预测其所有访客的选择。每个近期点击、浏览、重复浏览、提前放弃的数据都为分析提供了依据，所有页面视图和所有其他数据一起决定了网飞在会员的初始屏幕上所显示的内容。2014 年，一个由约 300 名专家组成的团队负责此方面的工作，每年分析超过 600 亿次"浏览行为"。网飞将会员的浏览界面进行与其偏好度相关的内容排名，这种个性化的排名是从多样化的目录中选出的，符合用户的特别需求。网飞的目标是不断更新统计方法并据此对其规则进行调整，以形成更高的满意度、浏览量和会员保留度。但是为保留其用户，网飞仍有很多需要改进的内容，例如用户的 iPad 触屏是否灵敏，或者内容在用户的 PS4[1] 上是否运行良好。

　　最后，充足的浏览量和相关收入确保了营运资金充足并扩大了数据量，从而获得更好的客户洞察力，其反过来又帮助公司开发新的系列产品与服务，实现在此方面的创新并不断提高客户价值。

后端的转型：推动全球合作以实现规模效应

　　网飞平台作为一种基础设施，能够通过一种为客户提供有吸引力的服务并使他们获取所需内容的方式与客户进行互动。与双面平台模式的 YouTube 不同，网飞控制着它所提供的内容。

　　网飞通过微软的一个允许程序员开发较复杂网站的应用程序——Silverlight 平台，来传输流媒体。2010 年，网飞转向使用亚马逊的云服务，并开始使用 HTML5 技术，以便将视频通过网飞传输到更多的网络浏览器、控制台和其他设备。其他设备包括不支持 flash 的平板电脑和 iOS 系统。网飞现在是亚马逊云业务

---

[1]　PS4 一般指 PlayStation 4。PlayStation 4 是索尼电脑娱乐公司推出的家用游戏机。——译者注

的最大客户之一。

网飞的客户希望它能够完美运行,并且始终可用,以避免流式重复缓冲(stream rebuffering)等问题。因此在 2014 年,该公司在技术研发上投入了 4 亿多美元,以改善其服务和应用程序,从而获得卓越的运营能力。它强化了所使用的 1 000 多台设备的流媒体传输、注册、计费和客户服务。但是,为获得高投资回报,网飞必须具有强大的规模效应。网飞落实了重要的技术发展战略,例如 2007 年推出流媒体,让网飞会员可以直接在个人电脑上观看电视节目和电影,之后于 2010 年将此服务扩展到苹果平板电脑、苹果手机、苹果播放器、任天堂 Wii(Nintendo Wii)和其他可联网设备上。

网飞必须迅速与消费电子公司、互联网服务供应商、多频道视频节目分销商建立全球合作伙伴关系,使其能够在各种设备和平台上提供电影和电视节目,以确保稳定的增长率。例如,在 2008 年,网飞与消费电子公司合作,允许其内容流入 Xbox 360、蓝光光盘播放器和电视机顶盒,它们能够即时将网飞电影和电视剧集直接传输到消费者的电视中,这种合作模式将在未来得到持续发展。

2014 年,网飞在消费电子领域进一步改善了它的游戏产品。电视制造商与 Roku、Apple TV 等生产伴侣盒(companion boxes)的公司,长期以来一直认为网飞应用程序是它们设备的必备应用程序。网飞工程师通过与 YouTube 及其他公司的合作,开发了开放式多屏幕发现协议 DIAL。DIAL 不仅是谷歌

Chromecast 设备的技术基础之一，而且也被越来越多电视和消费电子公司所采用，这项技术可以让电视观众通过他们的平板电脑和手机控制某些设备来获得第二屏体验。

但网飞还开展了另一项业务。该公司一直与芯片制造商和顶级消费电子产品制造商进行直接对话，以鼓励它们重新考虑电脑的在线使用。网飞希望公司能够制造出更好的智能电视用户界面，而低功耗无线网络标准和真正的睡眠模式等基础变化也会让用户感兴趣，这将使消费者能够像使用平板电脑和智能手机一样，在关闭电视又重新开启后能立即恢复在线视频。

网飞越成功，其对互联网服务供应商（ISP）的用户而言就显得越重要。鉴于它们共同关注宽带如何很好地为人们服务，网飞需要与 ISP 建立良好的关系。网飞 Open Connect 计划允许 ISP 免费直接连接网飞的网络，从而为联合用户带来更好的视频质量，并减少视频缓冲和中断次数。市场担心一方会为彼此都需要的互联而向另一方收取费用。然而，网飞强烈支持网络中立性，以防止大型 ISP 利用其合作客户从互联网公司和其他公司处获利。

盈利机制：利用规模效应来增加利润

网飞于 1999 年 9 月推出了按月订购概念，当时它推出了邮寄 DVD 的订购服务。客户在每月支付一定费用的基础上才能无限制地租用 DVD，且没有到期日、滞纳金、运费、手续费和影片的租赁费。用户无须支付会员"加盟费"，并可以在任何时候选择离开或返回。这仍然是公司创造收益的方式。公司的主要收入来源是每月 7.99 美元的订购费，收费后公司会通过互联网向用户的电视、电脑和移动设备流式传输无限量的电视节目和电影资源。

这种商业模式是以固定的成本和规模效应为基础的：网飞拥有的会员越多，固定成本对付费内容的影响就越小，公司在降低成本方面的议价能力就越强。

在美国，网飞的利润结构大多是自上而下的。它可以估算未来某个期间的收入，并决定它在该期间的花销以及在该期间所要实现的利润。尽管竞争压力可能会导致竞标时出现超支，但网飞更倾向于竞标相对较少的资源，以避免超支状况。其在营销预算方面也是如此，因为支出选择会影响产出变量，即会员的增加。

网飞选择的利润结构，是以略低于其收入增长率的速度来增加其内容花销和市场花销的。它计划在接下来的几年中，平均每年增加 200 个基点的利润。这种增长可以大致框定花销增长的比例，并从中获得利润。

推动网飞利润增长的主要力量是其服务、内容、营销方式的改变，以及其互联网网络和设备的改进。相反，阻碍其利润增长的主要因素是市场饱和，以及大量竞争对手都在改进自身的产品。

创建和销售自己的内容

在进入市场大约 15 年后，网飞意识到它正在为获取（有版权的）资源支付大笔资金，以满足客户需求。因为任何愿意支付高竞标价的人都能获得授权，所以这让网飞很容易受到竞争的影响。因此，网飞的商业模式非常危险，因为它过分依赖资源供应商，而这些资源的所有者会在网飞拥有诱人利润空间的时候提高资源的价格。为了生存下来，保护其客户群并与时代华纳等基准公司展开竞争，网飞必须给内部的优质原创内容项目投入大量资金。它对该项目的重视程度与对有线电视供应商的重视程度不相上下。然而，为了在这方面取得成功，公司需要足够的规模来支付这些创作成本并从中获利。

在这个阶段，网飞面临的最大挑战是创作出原创内容。创作内容意味着与内容建立更紧密的关系：对于每个产品，你必须把它看作开发和管理一个新的品牌。另一个主要挑战是如何管理这种混合模式，因为网飞的主导模式仍然是平台型商业模式；但现在网飞需要制作自己的内容产品以成为平台型商业模式的补充。

前端的转变：投资优质的原创内容

2013 年 1 月，网飞认为自己已经拥有足够强大的经济实力来创造原创内容，而这些独家内容将在网飞平台上首次亮相。赫芬顿邮报（*Huffington Post*）关于此次活动的文章的标题是：网飞凭借《纸牌屋》开启了电视的未来。这个系列的美剧是 20 世纪 90 年代流行的英国戏剧的翻拍。与时代华纳、Showtime（美国电视网）和 AMC（美国经典电影有线电视台）展开竞争的网飞，在两季中（共 26 集）投入了约 1 亿美元。2014 年 2 月，它投资了《纸牌屋》第三季的剧集制作。这是像网飞这样的 VOD 公司第一次进行这样的投资。

这种尝试成功与否，在很大程度上取决于其会员对《纸牌屋》的接受度。结果表明这次尝试非常成功。该剧获得的众多奖项证

实了它的高品质。2013 年 9 月 22 日,《纸牌屋》这部作品赢得了
三项艾美奖,网飞因此成为第一家因网剧而获奖的公司,它创造
了历史并对电视台提出了挑战。网飞总共获得了 14 项原创节目的
提名,其中有 9 项是属于《纸牌屋》的。它还获得了"评论家选
择电视奖"和"美国电视评论协会大奖"的提名。

这些奖项是视频行业的一次革命。遵循网飞"在人们需要的
时候,以其想要的方式,给予其想要的东西"的原则,其客户可
以在他们愿意的情况下,一次性或多次观看《纸牌屋》的所有剧
集。他们的消费行为不受任何影响。

为什么网飞的原创业务如此成功呢?首先,它具有大型按需
平台的强大功能,可以从中提取大量数据,以准确区分人们希望
看到的内容。基于其数据挖掘,网飞可以非常精确地分析其目标
市场的需求,从而确定应该投资的类型。《纸牌屋》之所以成功,
是因为人们喜欢政治剧,当然也要归功于这部剧的导演大卫·芬
奇(David Fincher)以及主演凯文·史派西(Kevin Spacey)等。
由于网飞能根据用户的喜好向其推荐影视资源,与同类型的公司
相比,它更有机会推广原创内容。目前,《纸牌屋》在上映很久
之后,大量新会员才开始观看此剧。该剧第一季播出后,其制作
团队的经济状况有所改善,所以该剧的创作者被给予更大的创作
空间以保证故事的叙述更为精彩,也让该剧更具吸引力。

网飞下一步会将这部原创剧集授权给其他渠道。许多电视
公司已经购买了其播放版权。例如,德国的收费电视大西洋天空
(Sky Atlantic)和瑞士的 SRF1 于 2013 年 11 月开始播放该剧。

后端的转型：吸引合适的人才

网飞基于对客户的数据分析，创作出了原创内容。通过分析其付费客户的行为偏好，网飞决定，这部政治剧由凯文·史派西担任主演，由大卫·芬奇来担任导演和制作人，使其能够吸引现有的大部分用户群，从而生产出非常成功的作品（以奖项和受欢迎程度为判断成功的依据）。

网飞将继续增加其原创内容产品（例如《女子监狱》和《卧虎藏龙 II：青冥宝剑》），因为它已经扩大了规模，也增强了信心。这将极大地推动其内容产出和增强其业务能力。通过源源不断地推出原创作品，公司将更好地了解用户需要什么，如何有效地制作和推广内容产品，以及原创作品对网飞品牌的影响力。

吸引合适的人才来创作优质的内容非常重要。制作人兼导演大卫·芬奇被该项目所吸引，因为网飞承诺在几乎没有任何艺术干扰的前提下，购买 26 小时的《纸牌屋》内容。这为大卫·芬奇提供了一个创作故事的平台：根据故事线，他可以改变每集的时长，不需要制作每周回顾，也没有固定的"季"的概念。

盈利机制：通过数据挖掘降低投资的风险

每个原创内容都需要在短期内投入大量资金，这使其具有投资风险性。与好莱坞电影公司一样，网飞发现要估算出覆盖整个产品生命周期的总成本是很难实现的，但网飞通过其丰富的客户数据获得的市场洞察力降低了这些风险。此外，其庞大且仍在不断增长的客户群使其有更多机会制作优质内容，并实现其利润目标。通过将原创内容授权给其他分销渠道，网飞也可以吸引新的间接用户。到目前为止，网飞的投资已经得到了回报。

但有一个问题仍存在：网飞能否从客户那里获得足够的收入来作为创作新作品的资金？或者说，公司是否需要通过广告获得更多收入？

展望未来

如果我们从 2010 年开始回顾美国媒体的消费情况，一方面可以发现，印刷媒体（从 7.7％降至 3.5％）、广播（从 14.9％降至 10.9％）和电视（从 41％降至 36.5％）的消费都呈现出下降趋势。HBO、Showtime 和 Starz（美国有线付费电视频道）等付费电视频道正在失去市场份额。另一方面，我们发现互联网媒体的增长势头强劲（高达 23.3％），并且其中大部分来自视频流。

人们认为这种趋势将在未来几年内一直持续下去。越来越多的消费者甚至不再订购电视合约；他们只会订购合法的视频流媒体服务，如网飞、Hulu Plus（在线视频播放软件中）和亚马逊金牌服务。传统媒体公司的自然反应是进军互联网以实现多元化发展。出版商和电视台将制作出新的在线观看作品。在某些情况下，它们的作品需要与电视台签订合同，才能播出。然而，时代华纳和 Showtime（CBS）等公司已宣布不再提供带电视合同的流媒体服务。它们可能会通过剔除部分优质内容的方式来设定一个低于网飞每月 9 美元的订购价格。媒体公司可能需要做出两个主要的战略决策：（1）在制作自己的内容和提供外部内容之间找到适当的平衡点；（2）在基于电视合同的商业模式和基于支付订购

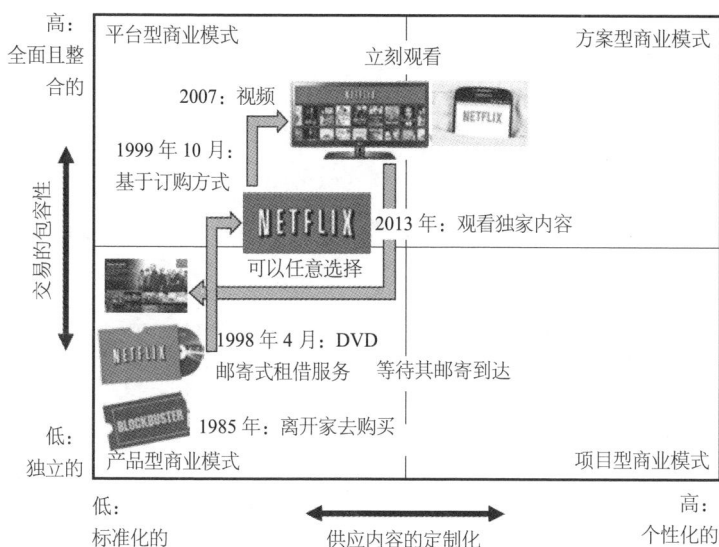

图 7.4　网飞的商业模式转型

费的商业模式之间找到正确的盈利机制。

　　网飞在用户数量上已经超过其最大的竞争对手时代华纳。它能在竞争中存活下来并且得到蓬勃发展，是因为它为许多客户提供了更优质的视频观看服务。为了保证和提升这项服务的质量，网飞必须有效且持续地调整其商业模式，而其已经经历了两次彻底的变革。

　　图 7.4 是网飞调整过程的一个简化描述图。第一次根本变革分两步完成。第一步是在 1999 年采用基于订购方式的商业模式，这种商业模式显著增加了交易的包容性；第二步是 2007 年通过网络传输资源，这需要借助新的视频流技术。第二次根本转型是

决定投资原创内容。通过这一向后整合的举措，网飞不仅成为采用平台型商业模式的经销商，还成了采用产品型商业模式的影视制造商。它使用从其经销商商业模式中获得的数据，以有针对性的方式投资标准化娱乐产品。网飞借助这些数据可直接来调整其新产品，以适应当地市场的特殊需求，但这远非真正意义上的定制化。自 2014 年 9 月起，网飞一直活跃在法国。2016 年春季，网飞成功推出了专门针对法国市场的电视剧《马赛》(*Marseille*)，该剧由杰拉尔·德帕迪约（Gérard Depardieu）和伯努瓦·马吉梅尔（Benoît Magimel）等演员主演。

网飞不得不利用快速的技术变革来满足不断变化的客户需求。它不得不超越其原有的能力不断地重塑自己。这一挑战将会持续存在，网飞还须拥有更多新能力，例如营销并且品牌化其原创内容。2014 年 9 月，哈斯廷斯被问道："你认为网飞的下一步是什么？"他的回答是："我们有很多事情愿意去尝试！流媒体显然极具发展空间，只要互联网有发展潜力，它就具有发展潜力……所以我们所面临的挑战是不断使用新的设备。我们一直在思考 iPad 十年后会是什么样子。移动设备将发生怎样的变化？我们如何创作出更多的原创内容？我们如何优化全球布局？你需要创作自己的作品并在全球市场获取主动性。我们现在已经打开了41 个国家的市场，所以我们仍有 160 个国家的市场需要去挑战。亚洲将是一个很大的挑战，因为它是一个完全不同的市场。当我在智能电视上看到网飞节目的时候，我为我们取得的成就而感到自豪……但我仍然将其视为一辆福特 T 型车。网飞是第一家成为主流的公司，但我们还有很长的路要走。我看到了网飞所有的不完美之处，我看到了所有不起作用的东西……但作为一个企业家，你必须这样看待你的产品：将自己与你想成为的样子，以及你能在五年内做到的样子相比较，那么你将会在未来做出比现在更好的成绩。"

在以互联网为中心的内容消费世界中，网飞必须确保它始终能够在连接互联网的屏幕上创造出色的用户体验。

第八章 从根本上改变定制化水平的公司案例研究

施乐：数字时代的转型

杰奎琳·费希纳（Jacqueline Fechner）

印孚瑟斯：知识商业的产品化——从基于项目的系统集成商，到提供产品化和基于平台服务的数字化服务供应商的转型

马提亚·巴斯（Matthias Barth）与卡斯滕·林茨

转变 FUNDES 的社会商业模式：成为一家消费者导向的咨询公司，以避免环境变化下的目标偏离（mission drift）

乌尔斯·雅格（Urs Jäger），乌利齐·弗雷（Ulrich Frei）与希尔克·布赫（Silke Bucher）

施乐：数字时代的转型

杰奎琳·费希纳（Jacqueline Fechner）

引言：从硬件公司到业务处理外包商

施乐公司总部位于美国，是一家销售文档类服务和文档技术类产品的全球性公司。该公司拥有 100 多年的历史。它成立于 1906 年，位于纽约州的罗切斯特（Rochester），最初被命名为哈罗德摄影有限公司（Haloid Photographic Company），生产胶卷和照相设备。

静电印刷术（Xerography）与创始年代

这一切都始于切斯特·弗洛伊德·卡尔森（Chester Floyd Carlson）。他是一位年轻的专利律师，曾在 20 世纪 20 年代为当地一家印刷商工作。当他打算为业余化学家打印一本杂志的时候，遇到了一些困难。因此，他开始思考更合适的复印方法。

在发明了创新的静电印刷术之后，卡尔森坚信它对所有人都具有实用价值。1947 年，卡尔森与生产胶卷的哈罗德摄影有限公司签订了协议，授予该公司制造静电印刷机的权利。

1948 年，也就是第一张静电印刷影像发布 10 年后，哈罗德推出了施乐复印机（Xerox Copier）。在推出完全自动化的静电复印机，以及用其新型的鼓取代作为光电导表面的感光底片后，公司于 1958 年更名为哈罗德施乐公司（Haloid Xerox）：静电印刷产品带来的收入占了公司总收入的 40% 以上。

1959 年，传奇的施乐 914 登上了行业舞台：这是进行连续批量生产的第一台自动复印机。1963 年，"哈罗德"从公司名中消失，公司以"施乐"的名字继续运营。

1963 年，施乐公司推出了点击价格概念——打印或复印一张纸的固定价格。该概念旨在优化客户打印和复印的成本。它包括与印刷或复印纸张相关的所有费用，例如维修、消耗品和其他服务。凭借这一概念，施乐迈出了转型过程的第一步，这使其在几十年后仍能获得进一步发展的动力。

复印机的发明使信息能够广泛共享。此外，它提供了一种简化的共享方法，这对于施乐来说始终是极为重要的一点。施乐一直致力于开发创新型解决方案，以改善人们的工作方式。该公司称其为"商业工程"（business engineering）。施乐公司拥有约 14 万名员工，并在 180 多个国家设有办事处。

如今，施乐拥有超过 12 000 项有效专利，并于 2014 年在研发领域投入 5 亿多美元。其产品组合包括信息管理和工作场所优化等商业服务，打印机、复印机、多功能打印机等办公设备以及数字印刷机、生产打印机和复印机、宽幅打印机和工作流程软件等生产设备。

业务流程外包时代可延展的文档管理服务

最初施乐为客户服务的驱动力是客户的需求以及公司高水平的创新。它始于托管打印服务（MPS）。点击定价概念的引入显示了公司的创新潜力。如果客户只需要更好、更便宜的设备和服务，那么该公司可能会满足于开发具有吸引力的新机器和技术。但事实与之相反，在 20 世纪 90 年代末，施乐围绕着文档管理概念系统地开展工作，这一概念能使其更好地关注客户的需求。该公司开始从整体的角度来观察整个印刷环境。它的理念是提供能够控制打印服务等各个方面的服务，并进一步为客户简化对应流程和管理工作。其结果是托管打印服务以及整个文档输出都由施乐来管理，因此客户可以专注于其核心业务。托管打印服务可以为整个文档输出定制外包服务，包括测量和优化，防护和集成，以及自动化和简化工作。

此外，客户可以通过集中打印服务（CPS），将整个与打印相关的运营工作进行外包和数字化处理。这意味着施乐运行了完整的端到端流程，并且在不断优化它，而不是仅仅提供生产设备。

这种发展的一个重要推动因素是客户的需求。因为施乐有能力实现系统的优化，一家大公司在更换硬件之际，要求施乐不仅要提供新设备，还要提供运行系统。于是，施乐公司首次推出了集中打印服务，并很快在该领域开发了全面的产品组合。

然而，托管打印和集中打印等服务都已经商品化，并且出现了价格下降的情况。这表明施乐需要在服务领域寻找新的收入来源，以保证未来的商业发展。

印刷行业的市场转变以及未来转型的关键驱动力

新世纪初，印刷业的市场状况发生了巨大变化，主要表现为价格的急剧下降。创新产品的持续发展意味着坚持传统商业模式和产品组合的公司面临着不确定的未来。像施乐这样的印刷行业专家必须处理好价格急剧下降的问题，因为这迟早会导致收入减少。

此外，影响未来工作环境的因素已经无须多言。公司必须应对越来越多的复杂流程，整合型服务比产品捆绑型服务拥有更大的发展潜力。这就是为什么施乐公司决定采取进一步转型工作，开展从文档管理到流程管理的新一级的服务（见图 8.1）。这些先进的服务旨在将整个流程进行外包，而不仅仅是打印业务。

为了应对产品销售量的缩减并获得更多的盈利，该公司开始为文档密集型流程开发服务内容和解决方案。此外，采用这一经营理念不仅加速了施乐的转型，还巩固了它的市场领先地位。

施乐实施了一项新战略：实现更具成本效益的打印，并进一步从总体上减少需打印的文档。从产品驱动的产品组合到越来越多以服务为导向的产品组合（其中产品主要作为推动者）的变化得到了动态的推进。将多功能产品作为扫描特定文本的设备来提供服务——从而完成它们的"使命"，因为进一步的处理工作都是完全数字化的。服务于工作流程自动化的数字替代方案、应用程序和解决方案，为数字化的世界开辟了道路。

印刷公司的所有客户都有一个共同的愿望：降低成本，并且显著提高文档密集型流程的透明度和控制力。在数字化环境中，打印文档似乎越来越过时——这有利于节约纸张、碳粉等。

商业模式转型

尽管施乐在市场危机严重的时期都实现了成功的发展，但它仍然面临着改变其商业模式的挑战。该公司正在从成功的平台型商业模式发展成为能更好地满足单个客户需求的供应商。在本案

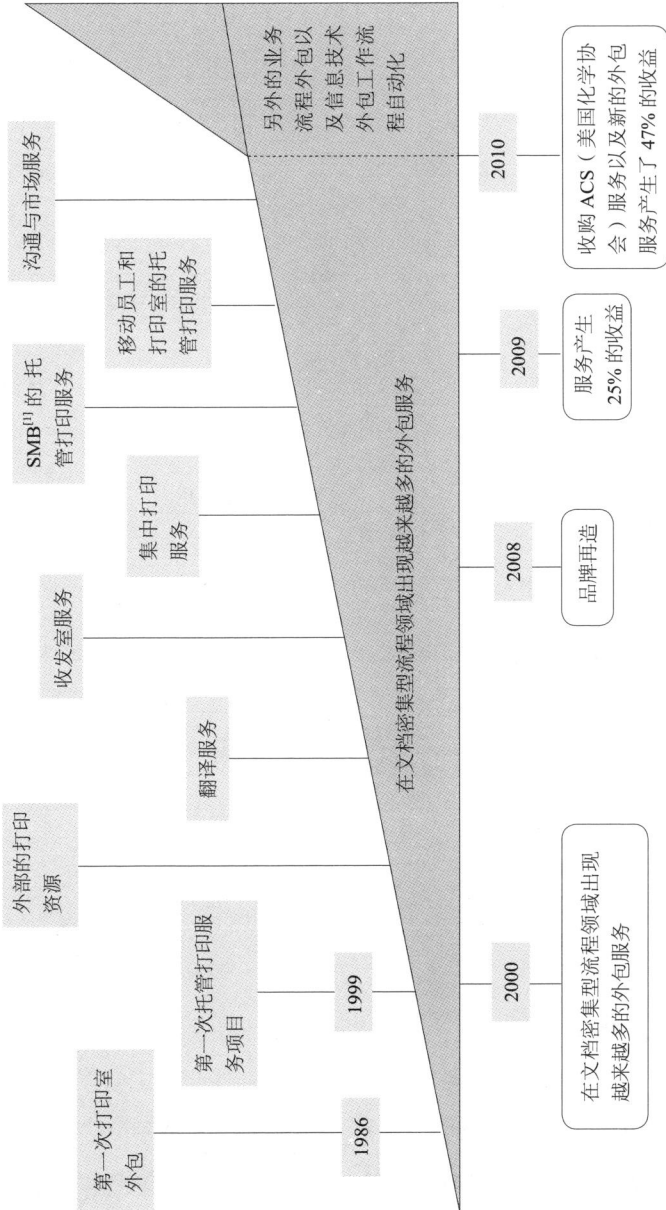

图 8.1　施乐：从硬件公司到业务流程外包商

[1] SMB 全称是 Server Message Block，是一个协议名，它能被用于 web 连接和客户端与服务器之间的信息沟通。

例研究中，我们专注于研究向方案型商业模式转型的案例。

应对这种大规模和复杂的变化意味着施乐要面临很多风险，还要为大规模投资做好准备。例如，传统的、标准化的、以产品为中心的业务线不仅要继续运营下去，而且还要发展到能够确保其在该细分市场中的市场份额的程度。此外，对于客户个人解决方案业务，施乐需要新的服务方式和完全不同的方法来与客户进行互动。而这需要整个公司进行文化变革。

施乐必须提供专业的风险和变化管理，并且要调整和重新安排三个领域的结构——前端、销售和产品组合、后端的支持功能和传输功能以及盈利机制，从而成为成功的供应商和复杂项目管理商，并根据每个客户的特别需要以及端到端的需求提供定制服务。

前端转型：从标准化的以产品为中心的解决方案到定制的解决方案

商业转型需要改变面向客户的前端，包括客户看到和体验到的所有活动。在施乐从平台型商业模式转变为方案型商业模式的情况下，前端的变化包括从标准化到单一的价值主张的发展，这意味着它需要提供整合的以服务为中心的供应内容。以方案为导向的流程管理工作，需要根据客户的个性化需求调整提供解决方案的能力以及紧密整合客户的能力。

在从标准化供应到客户指定供应，即从西向东穿越时，施乐已经成功完成了大部分的文件外包转型过程。该公司已经调整了其产品组合以及相应的内部流程，这些流程将在以下段落中展开描述。

转型过程不仅仅影响产品和服务，也涉及其他前端领域。公司将产品销售系统更改为方案销售系统时，需要完成大量工作。公司需要与客户保持联系——谁来为购买决策负责？从销售产品转变为销售复杂的解决方案，意味着公司要拥有更多商业价值主张，而不仅仅是拥有技术方面的价值主张。以前由采购或设施管理部门来决定应该购买哪台打印机，而现在信息技术部门以及其他业务领域甚至管理层都会参与决策过程。这一改变有充分的理由：复杂解决方案的附加价值在于成本和流程的精简，因此决策者很可能属于最高管理层。

因此，施乐的联系人必须与客户公司的首席信息官、首席财务官或其他高层管理者进行商议。他或她必须了解业务流程，并且非常了解客户的行业，因而能够识别和提升为客户定制的解决方案的商业价值。此外，联系人必须记住，客户方的决策者承担了相当大的责任。决策者不需要为特定产品支付特定费用，而是要决定长期花费大量资金并改变内部流程，这使得决策变得更加困难。

因此，施乐公司在过去几年中改变了销售结构，并且仍在不断地对其进行完善。那这一过程中有什么细节上的变化呢？

首先，专业销售人员所需的技能发生了巨大变化。以产品为中心的销售人员必须先接受培训才能销售复杂的解决方案，而设备只能起到推动方案销售的作用。施乐在销售培训方面投入了大量资金，例如旨在让销售人员更多地扮演顾问角色而不是产品销售人员角色的培训计划，或者使销售人员能够了解客户面临的挑战和需求，从而设计出合适解决方案的培训计划。

并非所有销售人员都能适应这些巨大的变化。在这次转型之旅中，大约三分之一的销售人员失败了，三分之一成为拥有扎实的专业技能、能够销售新的产品组合的销售代表，而剩下的三分之一则抓住机会大力发展自己，并在自身的职业生涯中使用这些技能。

随着销售代表所接受的教育及其专业技能的变化，组织也发生了变化。在转型之前，销售职能按照产品和区域来划分组织类型。转型之后，施乐采用了一个战略性的客户组织。它重新划分了目标客户，并将其复杂的解决方案向大型企业集中销售。标准化服务则通过渠道向中小型的商业市场销售。

总而言之，施乐的产品组合与客户的业务流程的直接关联度变得越来越高。为了应对这种情况，施乐需要不断地提高其内部组织服务于特定行业的能力。例如，工作流程自动化解决方案需要行业特定的关注点。为了满足这一需求，施乐公司正在采用按照行业（如制造业、金融业和公共部门）建立独立的销售团队的方式改变其销售组织。这一转型将在未来几年里持续进行。

为再次寻求解决方案，施乐必须设法处理好更大规模的项目，以及有更长销售周期的项目。拥有6～18个月的销售周期的项目必定会纳入施乐的考虑范畴。因此，公司也必须对内部销售管理进行重新调整。长期渠道管理和主动需求管理以及增加交易的折扣等短期营销方法，都变得更为重要。施乐还调整了销售渠道，以确保全面实现其关键客户管理目标。虽然新的客户销售组织的调整已经完成，但从长远来看，公司仍需要调整和发展该领域的高端技能。

2008 年，施乐新的品牌宣传口号"为实际业务做好准备"强调了其转型，这清楚地表明施乐公司已经发生了变化。

后端的转型：将后端从可延展的产品结构升级为灵活的服务结构

为了实现复杂的定制项目，施乐必须大幅修改其运营后端。首先，这意味着施乐要提供更大的灵活性以满足客户需求，并提高公司处理和满足其需求的能力。

风险管理与服务水平协议（SLA）管理等新主题和流程

更大、更复杂的解决方案也意味着销售支持功能面临着更大的挑战。施乐必须开发定价、专业技术和传送等功能。

与处于以产品为中心的环境相比，新的主题和流程，特别是在定价和法律事务领域的主题和流程，对施乐而言变得越来越重要。公司建立了全面的风险管理系统和相应的风险文化。处理大型项目不是为了确定每一个细节，而是意味着要明确技术和经济目标，从而获得全面的观点。施乐正在进行从当前运营模式（CMO）到未来运营模式（FMO）的过渡，这被其当作一个长期的项目来实施。一旦过渡成功，它必须能够以灵活的方式做出反应并管理随之出现的每一个新的和意外的挑战——尤其是合同定义的服务水平协议所带来的挑战。

在定价和签约方面，充分的风险应对措施和变更管理至关重要。对于传统产品销售板块的财务和法律部门来说，这些管理是相当陌生的。在过去，价格是通过在产品的购买价格中增加利润的方式来计算的。这种计算显然不再适用于长期项目。今天，一个特殊的施乐定价团队需要开发一个包含复杂解决方案元素的业务案例，包括全职等效（FTE）计算以及假设和风险选项。它使业务案例与解决方案描述保持一致，并通过投标过程不断地调整案例。因此，定价团队需要增强控制能力并加深对业务的理解。

在签订合同时，公司必须考虑客户特定的需求、服务水平协议和变更管理。施乐必须认真地拟定每一份合同。因此，法律部门必须对解决方案业务以及一些谈判技巧有深入了解。

具有全球能力的综合投标团队

投标管理也会受到转型的影响。投标团队必须处理复杂项目，因此必须明确团队成员各自的角色和职责。虽然过去几个销售人员只能配备一个售前专家，但如今销售人员在销售单个产品或服务时会配备一整个投标团队——包括投标经理、定价经理、合同经理、解决方案设计师、技术设计师、转型管理人、运输专家等。为确保能够拥有这些能力，施乐在德国建立了一个特殊的 BidCenter。它与欧洲和全球的 BidCenters 相关联，在签订全球协议时，它会在欧洲或在全球层面开展密切合作。

为了支持这些重大变革，施乐公司推出了统一的全球投标流程——投标管理追求流程（BMPP）。它定义了投标过程中的操作流程以及对应的角色和职责，这对于相当复杂的投标团队的团队协调工作而言至关重要。该流程精确定义了特定专家在法律事务、定价和解决方案方面的任务，从而确保了最高效率的达成。它还规定了审查和发布的条件，以确保充分的风险管理。

输送平台与共享的服务中心

在全球范围内提供优质服务的能力也非常重要，因此施乐在构建连贯的基础设施方面投入了大量资金。公司创建了在全球范围内活跃的共享服务中心，并与当地服务部门开展合作。在公司提供全球统一的输送流程时，当地的实力和国际能力的一致性对实现地方特色和获取收益而言尤为重要。

技术和后台流程所需要的全球基础设施包括对服务和能力的统一定义、标准化的货品定价、全球输送能力以及利用规模经济的能力。

这在细节上意味着什么？施乐公司使用自己开发的软件，使传输组织能够以相同的能力和质量为全球客户提供服务。施乐使用了相同的体系架构，其传输流程也是全球统一的。这使它能够在全球范围内提供相同的标准和服务水平协议，对于国际化运营的客户来说这一点变得越来越重要。

盈利机制的转型：从成本导向型定价到需求导向型定价

在盈利机制方面，改变商业模式意味着施乐必须采用新的定价模式。新模式反映了客户在复杂项目环境中支付定制费用的意愿。首先，这意味着公司要将固定成本重新调整为可变的、与客户参与相关的成本。印刷和扫描服务的需求导向型价格取代了固定价格，意味着施乐现在成了风险的承担者。

盈亏系统将重点放在长期收益上

从强调产品到强调服务和解决方案的转变，对施乐的盈利系统具有重大的影响。公司必须重新制作其资产负债表。产品仅在销售时产生收入，以及在公司标准化销售业务中产生年收入。通过转向服务和复杂的解决方案，施乐的长期收入得以增加。这使得公司变得更加强大，足以对抗短期的经济危机。

对施乐而言，另一个关键点是改变盈利方法意味着要面临从客户转移到公司的现实风险。"按使用情况付费"或"软件即服务"等供应内容以及合同的最大灵活性，迫使施乐实施充分的风险管理工作。由于缺乏一般保证的购买价格，施乐开发了覆盖固定成本的支付模式，这一模式同时允许实现客户方面的灵活性——其影响是公司可能在一年后才获得收益。如今，公司盈亏账目中最主要的营业额来自服务。

展望：在具有挑战性的环境中简化工作方式

多年前施乐开始了转型之旅，并取得了令人瞩目的成就（见图8.2）。通过2010年的重要收购项目，该公司拥有了提供业务流程外包服务的能力。该服务非常成功，并在商业、竞争力和增长方面取得了重大进展。施乐已经从提供现场小规模合同的公司，发展成为一个专业的共享服务组织，以其自身的技术为基础向客户提供大量的外包合同。

这些策略可以增进与客户的亲密关系，包括增加客户的数量。此外，它们还可以确保施乐能从竞争中脱颖而出。通过为企业解决难题并满足客户的端到端需求，施乐赢得了更多的市场机遇。文档密集型业务流程和信息基础架构的管理使客户能够从众多竞争优势中获益。

施乐集成型的文档管理、业务流程外包以及信息技术外包开拓了一个非常大的市场。整个新产品组合中的重要协同机会甚至挖掘出了更大的潜力。

最后，施乐从平稳且稳定的收入来源中获利。总而言之，施乐的目标主要有三个：完整的服务供应内容、扩展的市场机会以及确保全球统一性。

施乐的产品和服务组合表明，如今服务在交付内容中所占的比

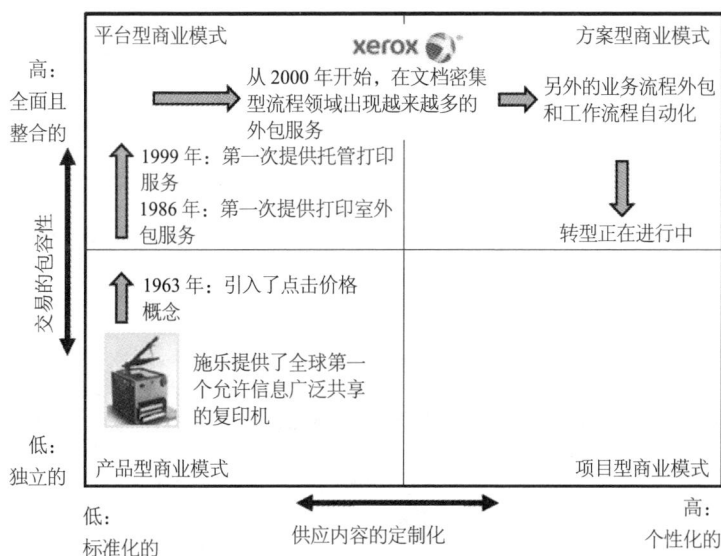

图8.2　施乐的商业模式转型

重超过了 50%。作为一家服务驱动型和技术支持型的公司，施乐深入了解并重新设计了技术，并因此提高了流程的效率和有效性。

展望未来，有几种趋势为施乐正在进行的过渡进程提供了新的视角和观点。人们变得越来越重视移动性、数字化以及环保。这决定了人们在未来几年甚至几十年处理文档和打印的方式。施乐所涉及的新兴技术，可用于帮助处理刚刚出现并获得持续发展的"纸张－数字分离（paper-digital divide）"趋势。技术和工作习惯的不断变化将为企业带来新的挑战。作为一家解决方案供应商，施乐将始终致力于让办公室工作变得更简单、更有趣，甚至在这一背景下变得更具生产力。

印孚瑟斯：知识商业的产品化——从基于项目的系统集成商，到提供产品化和平台化的数字化服务供应商的转型

马提亚·巴斯与卡斯滕·林茨

印孚瑟斯公司的演变：从初创型公司到全球型专业服务公司

如今，印孚瑟斯是一家提供咨询、技术、外包服务以及新一代服务等专业服务内容的全球领先企业。1981 年，七名工程师成立了印孚瑟斯有限公司（Infosys Limited）。最初，该公司建立在构建和实施软件应用程序的理念之上，这些应用程序通过企业解决方案推动客户的进步并改善其生活。

在 20 世纪 80 年代，即计算应用的早期阶段，大多数信息

技术服务已经实现了区域性交付，并且专注于满足每个客户的需求。此类服务的提供主要是基于项目经理、顾问和信息技术专家的直接参与。当时印孚瑟斯等信息技术供应商将业务的重点放在一些大客户上，每个项目和服务都在单个客户基础上进行个性化设计和传送。在 20 世纪 80 年代末，"客户－服务器（client-server）"技术的到来开启了新的传输模式，为信息技术服务供应商提供了新的定价和运营方式。印孚瑟斯在设计方面采用了革命性的方法，建立和推出了全球输送模式（GDM）。这使其能够跨越多个地区推广应用程序和业务流程生命周期活动，并利用低成本资源获得成本效益。

需要特别指出的是，印孚瑟斯在 1993 年首次公开募股后的几年是其快速增长期，公司的收益从 1993 年的 500 万美元增至 2000 年的 2.03 亿美元，又于 2004 年达到了 10 亿美元。随着越来越多的印度供应商开始抢占信息技术外包和业务流程外包市场的份额，印孚瑟斯在收入和利用率方面的压力也逐渐增加。

1993 年，印孚瑟斯推出了第一个产品——银行解决方案 Banks2000。它是一个基于定制化的开发项目，并于 2000 年 7 月更名为 Finacle。它最开始专注于零售银行业务，并被证明是发展中国家银行的有力选择。该产品迅速获得了市场动力，从 2001 年到 2003 年，其年增长率一直保持在 50%～100% 之间。

2000 年以后，新的传输和服务模式（例如云）改变了整个商业和生态系统。亚马逊或谷歌等云服务领域的市场新进者开始迅速抢占市场份额。由于传统信息技术外包的吞噬效应以及基于单个客户项目的利润压力，印孚瑟斯将其重点放在了以产品为中心的商业模式转型上，其目标是建立一个更具利润竞争力的知识产权（IP）资产组合。

印孚瑟斯通过 Finacle 为金融行业设定了行业标准，并且迅速扩大对产品的投资。在 2014 年 7 月收购 EdgeVerve Systems 之后，印孚瑟斯凭借第二个企业级产品丰富了其产品组合。这项收购使其能够专注于在云和移动设备上分析、构建产品组合。EdgeVerve 组件定义和开发了产品，帮助客户转为使用采购、供应链、营销、电子学习、电子商务和资产管理领域的新技术。截至 2015 年底，包括 Finacle 在内的所有印孚瑟斯产品都成了独资经营的 EdgeVerve 子公司的一部分。如今，印孚瑟斯的产品组合包括 Finacle、EdgeVerve、McCamish、BPO Forecasting 以 及 IIP 分析平台等。

2015 年，印孚瑟斯的收入达到 87 亿美元，拥有 18.7 万多名员工。截至 2015 年 12 月 31 日，其 96.8％ 的收入来自原有客户（续订业务）。印孚瑟斯的客户群遍布 50 多个国家。其总部位于班加罗尔（Bangalore），在全球设有 85 个销售和营销办事处以及 100 个开发中心。它在移动性、可持续性、大数据和云计算等领域的传统信息技术服务，包括应用程序开发、测试、维护等，仍然是它最大的收入贡献者，其产生的收入份额占总收入的 60％ 以上。传统咨询服务紧跟其后，增加了大约三分之一的公司收入。产品和平台占了印孚瑟斯业务的 5％，而它正在寻求不断扩大这一供应组合，包括收购可以带来收入的公司。史维学（Vishal

Sikka）2014 年接任首席执行官后，宣布了一项 Renew and New 战略，旨在通过利用自动化、创新和人工智能来提高当前服务线的竞争力和生产力。为遵循这一战略，印孚瑟斯收购了 Panaya 股份有限公司，这是一家针对大型企业软件管理的自动化技术领先供应商。此外，印孚瑟斯宣布收购 Skava，通过以知识产权为主导的技术产品和服务、新的自动化工具以及这些新兴领域的专业知识，帮助其客户给消费者带来新的数字化体验。

处理好印孚瑟斯阶段性的商业模式转型

以下案例描述了印孚瑟斯的商业模式转型过程，说明其从定制化项目供应商到以产品为中心的服务供应商的演变。这是基于印孚瑟斯追求的两条战略路径而分开的。第一条路径是从项目供应商到产品供应商的转变，使其供应内容标准化并且使公司内部的知识产品化。第二条路径是向更高的包容性的转变，特别是开发更多基于平台的业务，从而提高客户保留率，扩展平台上的合作伙伴供应服务以及解决方案的生态系统。

第一阶段：从个性化定制项目服务到产品化标准供应内容

在专业服务行业，传统商业模式持续了很长时间，它与提供项目或服务的专业人员数量以及与之关联的收益呈线性相关。在过去，公司通过雇用更多合格的员工来促进发展，这能使其收益按比例增长。每位员工的收入和员工保留率是衡量公司发展状况的关键绩效指标（KPI）。印度许多大型信息技术公司拥有超过 10 万名员工，这一现象已经不再令人感到惊奇。为了克服这种直接依赖性并且将商业模式转变为非线性增长模式，服务供应商需要投资服务于输送自动化领域和基于知识产权的资产，这些资产能够以可重复的方式来提供，并且包括公司自身的知识产权。这些知识产权资产的设计必须独立于交付人员。凭借 Banks2000（后来被更名为 Finacle），印孚瑟斯创建了其最成功的产品，该产品由公司内部的一个独立业务部门来负责。这可以被视为印孚瑟斯开始转变其商业模式的首次尝试，通过长期收益流来实现更具持续性的非线性增长。其在过去几年中开展的多次收购，如 Edge Systems、Panaya 和 Skava 等收购案，是对这一战略的进一步践行。

前端的转型：从定制项目到基于知识产权的产品

在过去，印孚瑟斯的核心业务集中在基于时间和材料或拥有固定价格的信息技术项目上。这些主要是个人客户项目，印孚瑟斯强调根据客户的复杂要求创建独特的解决方案。在 20 世纪 90 年代初，印孚瑟斯领导团队在发现市场机遇时，便尝试创建可重复使用的软件产品。

1993 年，印度银行仍然是国有银行。各家银行的业务流程非常相似。印孚瑟斯为一家印度零售银行开展了一个项目，该项目保留了知识产权并推出了名为 Banks2000 的标准化产品。这是一个专为分支银行而设计的解决方案，印孚瑟斯利用银行深厚的客户关系使这个方案得以实施。到 1997 年，分行解决方案成了一种商品，而由于私人银行的全球化和扩张，印度市场也在发生着变化。印孚瑟斯开始将其关键产品转变为一种集中化的银行解决方案。这使得终端客户可以 360 度全方位地了解方案，一方面可以让银行更好地参与其中，另一方面可以最大限度地降低金融风险。但是，新的解决方案并没有产生预期的增长率。竞争对手在功能性和覆盖率方面领先于它。印孚瑟斯银行部门的管理层决定通过重新定位其解决方案来转变其策略，通过在 2000 年 7 月将 Banks2000 重新命名为 Finacle 来建立强大的可信赖品牌。通过这一举措，印孚瑟斯重新定位了 Finacle 对现有客户流程和系统的适应性。若公司想要在充满活力和快速变化的银行市场中保持领先，调整能力对其而言是必不可少的。

在公司发展初期，拥有专门的销售团队对于单个产品而言过于昂贵。因此它采用了利用多个销售渠道的战略：通过当地或区域性信息技术服务供应商使用间接销售模式，并且与国际商业机器公司、惠普和微软等全球顶级硬件和软件供应商开展合作。这一措施被事实证明是有效的，该产品迅速获得了市场动力。从 2001 年到 2003 年，Finacle 以每年 50%～100% 的速度持续增长。

印孚瑟斯的目标是在全球范围内进一步发展壮大。为了进入新的市场并适应新环境，该公司需要为其前景提供一个优质的价值主张。由于印孚瑟斯是一家信誉良好的大型全球性服务公司，银行部门开始通过印孚瑟斯服务业务线进行销售，并将其与商业战略咨询和实施服务相结合。2015 年，印孚瑟斯推出了 AiKiDo 服务框架，包括战略咨询（Do）、基于知识的信息技术（Ki）和平台（Ai）。AiKiDo 被用来向新老客户传达引人注目的端到端信息。这使得印孚瑟斯能够与其竞争对手区分开来，尽管它们在产品能力方面是相同的，但是较小的公司在销售过程中无法像较大的公司那样利用其内部的大型服务组合。如今，Finacle 已经成了亚洲和非洲集中化银行系统的市场领导者，并致力于成为美国和欧洲市场的领导者。它服务于 84 个国家，被 183 家银行使用，并且服务于超过 16.5% 的银行客户。

后端的转型：从灵活的定制项目到可扩展的产品

印孚瑟斯通过将第一个为银行客户开发的个性化软件，转换为任何银行都可以使用的更为通用和标准化的解决方案，来开展产品化的进程。由于开发和理解复杂软件产品的所有工作与运行和执行项目完全不同，因此公司需要一个独立于项目服务主导型业务的单独组织来负责运营工作。该银行产品团队引进了产品经理的角色，该产品经理由银行领域的行业专家而非软件工程师来担任。公司采用了单独的招聘策略：公司并非聘请了负责服务业务的项目经理，而是聘请了拥有金融知识的行业专家。印孚瑟斯还要求员工在产品组中停留更长的时间，通过获取和利用其详细的产品和行业知识以增加资历。银行产品集团也以这样的方式建立起来，以保持员工队伍的稳定性；其人员流失率低于其他商业领域。随着 Finacle 的年收入超过 2.47 亿美元，该组织的员工人数也在 2015 年增至 5 350 人。

在产品方面，印孚瑟斯的主要目标是将其知识产权转变为可扩展的产品。生产力的提高成了印孚瑟斯提高其财务关键绩效指标以及大规模扩展业务的关键。以下几项措施有助于实现这一目标：

·为了提高透明度，印孚瑟斯引入了一些措施，例如记录其软件设计过程，使其可重复使用。

· 新的知识管理系统使开发人员能够搜索文档并且重复使用代码模块。

· 一个名为 InFlux 的内部解决方案，可以与客户开展自动化需求管理，从而加快产品开发，并在开发过程的早期阶段减少差距和错误。

软件架构师重新设计了 Finacle，以更加工业化的方式提高部署的适应性和可扩展性。可扩展性对于满足大型客户群的需求而言尤为重要。适应性是将产品定位到现有银行信息技术解决方案领域的关键，例如处理多种货币交易的能力。

随着时间的推移，市场需求逐渐发展至新的领域，例如更密切的客户参与以及移动性银行服务。印孚瑟斯再次采用"从外到内"的方式来调整其产品策略，将其转变为标准化银行解决方案。通过重复利用银行产品集团多年来积累的经验，Finacle 凭借新的产品模块得到了发展。印孚瑟斯遵循着"制造或购买"的战略，已经获得并整合了客户关系和资金，并且自行开发了移动性功能。

2015 年，Finacle 产品涵盖了各种产品模块，如电子银行、移动银行、数字商务和青年银行业务，而数字营销平台 EdgeBrand 已成了强大的银行服务产品，被弗雷斯特研究公司（Forrester）评为"领导者"。

盈利机制的转型：从单项定价项目到标准化价目表项目

从定制项目到标准化产品的转变需要仔细的评估，还包括从单项定价项目到标准化、有竞争力的定价的转变。在20世纪90年代首次推出 Banks2000 作为分行解决方案时，印孚瑟斯主要专注于印度市场，它在接下来的几年中向印度银行高价出售其解决方案。随着印度市场的自由化和全球化，银行开始寻求集中的银行解决方案。分散的分行解决方案成了商品，银行解决方案的竞争对手大幅降低了产品的价格。印孚瑟斯必须调整其主要产品的定位和定价。重新设计的新型集中式银行解决方案使印孚瑟斯能够进入零售银行的新市场。由于该市场已经有两家规模较小的竞争对手，印孚瑟斯管理层决定开始将其软件产品扩展到更多转型交易之中，在战略咨询、实施和维护方面增加更高价值的服务。印孚瑟斯开始了一项专门的 Finacle 实践，为客户的实施项目提供支持，同时也提高了全球业务在交易和销售周期中的可信度。这一组合使印孚瑟斯的供应内容能够保持高价。在成本方面，印孚瑟斯开始通过利用其全球交付模式和提高自动化率来管理固定成本。任何不必在现场交付的任务都已被移至海外的低成本地区。当时，全球交付模式使印孚瑟斯能够利用低成本地区的技术资源，这比其竞争对手更具成本优势。

作为一家传统的信息技术咨询商和系统集成商，印孚瑟斯在20世纪90年代和21世纪初提供了时间和材料以及固定价格业务的组合。在后来的几年里，它也开始提供基于结果的业务，其收入基于为客户实现可衡量的业务成果。Finacle 软件产品必须得到彻底的改变，该产品在每个用户的价目表上可见，并且具有前期许可指标（upfront licence metric）。在新部署模式的推动下，印孚瑟斯还于 2015 年开始在云中提供 Finacle。这需要公司再一次设计定价，为客户提供拥有更灵活的、基于订购方式的定价模式的 Finacle。

最后，公司必须将关于业务成功以后的整个内部报告转换为一组不同的关键绩效指标。开展基于知识产权的资产（如软件产品）业务的目标，是将收益增长与员工人数增加分离开来，以实现非线性的增长。因此，关键指标、员工带来的收入或用于项目服务的印孚瑟斯 PSPD 运营模式（收入的可预测性，此预测性的可持续性，已实现收益的盈利性和降低风险性），不能适用于长期的软件产品业务。除了产品收益和利润关键绩效指标之外，印孚瑟斯还开始从公司层面上衡量其产品收益的百分比。

第二阶段：从产品公司到受知识产权（IP）驱动的平台服务供应商

在 2009 年金融危机之后的几年里，印孚瑟斯的收入增长面临着压力，因为客户逐渐放弃了为其自身信息技术设备购买高价值业务转型咨询服务，转而选择基础设施和业务流程外包交易，这些交易外包了部分信息技术业务。这一转变的结果为"利用率"和"每位员工收入"等关键指标的下降。其直接结果是基于知识产权的产品得到了进一步的发展。

在印孚瑟斯 3.0 战略的框架下，服务供应商在 2013 年专注于投资平台和产品。具体来说，印孚瑟斯建立了一个独立的实体，即产品和平台解决方案（PPS），还增加了研发支出，并且通过合并与收购加强了知识产权保护。尽管进行了这些投资，当年印孚瑟斯的收入增长仍然不足，因为客户在信息技术方面的支出，持续从高价值的"改变业务"咨询转向低利润的"运营业务"基础设施和业务流程外包交易。

2014 年史维学接任印孚瑟斯首席执行官，加速了公司的转型。印孚瑟斯继续投资平台和软件，以建立可持续的非线性收入来源以及保持长期收入扩张的定位。印孚瑟斯开始考虑进行新的收购，还计划在医疗保健、零售、制造和金融服务等行业中增加垂直型平台和知识产权资产。

印孚瑟斯信息平台是供应商的关键平台之一。该信息平台解决了企业大数据分析方面的挑战，例如对所需工具的可访问性不足，碎片化的数据处理方法，以及缺乏一个大数据分析方案的工业化版本。它是一个开源数据分析平台，通过提供实时的分析和预测来支持决策过程。

印孚瑟斯利用信息平台，通过提供平台扩张来扩展其产品业务。对于 Finacle 的银行客户而言，服务供应商通过在大数据、数据分析、移动银行和数字商务等关键领域，建立位于 IIP 之上的扩展生态系统，增强了终端用户体验。

IIP 的另一个应用领域是体育产业。2015 年，印孚瑟斯作为全球性技术供应商与国际职业网球联合会（ATP）开展合作。印孚瑟斯在 IIP 的基础上运营 ATP 的分数和统计中心（Scores and Stats Center）。体育迷可以在 ATP 网站上实时查看每场网球比赛的分析和预测。印孚瑟斯还在多个方面提供了广泛的服务，包括管理 ATP 信息技术基础设施，以及通过基于移动平台的 ATP Player Zone 来联系网球手。

前端的转型：从单一的产品供应到向客户和合作伙伴开放的整合平台

印孚瑟斯正在凭借信息平台建立大数据脚本。它正在寻求以这些脚本快速分析大量数据，并在多个不同的结构化和非结构化数据源上构建报告。印孚瑟斯结合并增进了分析服务领域的咨询、应用程序开发、整合等传统供应内容，以提供涵盖数据采集、分析报告处理和决策预测等端到端流程在内的产品或服务。

如今，选择印孚瑟斯平台的客户既可以投资供应商专有的软件和硬件方案，也可以使用开放源代码的技术和工具。这从两个方面为公司带来了挑战。在平台供应方面，客户通常会锁定一家供应商或一项技术。在开源世界中，客户需要选择合适的工具集，而这也需要拥有合适的技能。客户必须平衡好人才供应和需求之间的关系，并且拥有足够的资源和适当的管理和操作技能。

印孚瑟斯正在尝试围绕这些方面建立其价值主张。它将自己的知识产权构建到信息平台中——通过引入自己的工具集、算法、支持包、适配器和加速器——有意将 IIP 创建为一个开放的、与供应商无关的平台。这一平台没有专有许可证和供应商锁定，也就是说，客户可以保持 IIP 的灵活部署，并能够使用来自不同合作伙伴的预制组件和程序包。体现这种开放性的例子之一是印孚瑟斯与通用电气开展的合作。通用电气是一家专注于数字化服务的工业公司，它提供了将 IIP 与通用电气的 Predix 平台相结合的物联网（IoT）平台，用于数据采集和处理工作。

后端的转型：从单一的产品业务到企业分析平台供应商

在史维学（Vishal Sikka）担任首席执行官之后，之前独立的
Infosys Labs 平台小组被分配到了传输组织，由阿卜杜·拉扎克
（Abdul Razack）来领导。该小组将其与大数据和分析技能相结
合，专注于向平台和大数据业务转变，特别是寻求提高平台采用
率和简化信息平台运营的方法。

印孚瑟斯信息平台建立在三个不同层面的开源组件之上，这
三个层面包括标准化的开源组件，印孚瑟斯和合作伙伴组件，以
及整合等其他定制服务。这种开放且可扩展的架构，允许印孚瑟
斯和其合作伙伴重复使用可广泛获得的共享标准工具，同时能灵
活地添加自身的知识产权资产。2016 年，消费者可以在亚马逊网
络服务市场（Amazon Web Service Marketplace）上购买 IIP，印
孚瑟斯得以在网上快速地获得新的合作伙伴和客户。

印孚瑟斯管理层还决定专注于开发解决问题的技术和自动
化方案。通过采用设计思维等新的解决问题的技能，印孚瑟斯
为整个公司的创新过程引入了一种新的方法。通过在其客户项
目中收集和整合可重用组件，它在平台中构建了更多自动化解
决方案。

随着各种开源组件和技术的不断变化，印孚瑟斯也开始提供
自动装配 IIP 的工具。硬件配置具有可扩展性和灵活性，能够实
现从小型子公司到大型全球公司的各种规模的部署。内置工具和
加速器还允许客户可以在几天或几周内，而不是在几个月或一年
中部署 IIP。

为了向客户提供具有灵活性和高效的服务，印孚瑟斯支持在公共云或私有云以及自助服务中部署当前所有的模式。

虽然基于平台的供应可以节约成本，并且由高技能的员工来提供服务，但印孚瑟斯正致力于通过其数据专家和商业分析师来增加高价值服务。由于大数据是一种新兴趋势，印孚瑟斯不仅实现了专门的咨询实践，还与受到广泛认可的斯坦福大学的计算与数学工程研究所（ICME）开展了战略合作，以进行数据科学领域的研究并且为行业垂直领域建立解决方案。通过这一举措，印孚瑟斯还将获得国际注册机械工程师认证的人才资源，以扩大其在该领域的能力。

盈利机制的转型：从一次性的前期许可销售到基于结果的长期业务

开源平台的许可运行成本在日益商品化。与此同时，数字化转型的趋势加上客户对最终结果的理解有限，为公司创造了更多基于结果的长期参与的客户需求。印孚瑟斯与其竞争对手一样，决定不使用任何固定价格来出售其大数据分析平台。相反，其定价建立在以传送给客户的商业价值为基础的、基于结果的模式与进行重复性订购相结合的基础上。客户能够得到四种不同类型的业务成果：

- ·业务增长和创新；
- ·提高运营效率；
- ·确保安全性和服从性；
- ·保持业务的连续性。

例如，银行业的客户可以使用 IIP 来预测其自动取款机的维护状况。IIP 会以一定的概率（例如 80%）来预测未来三周内哪个自动取款机可能出现故障。公司通过减少停机以提高其自动取款机的服务可用性来保障客户的商业利益，客户满意度因此得到了提高，客户保留率也最终得到了提升。客户的这种增量式收益使印孚瑟斯的服务吸引到 Finacle 客户，例如，Finacle 客户也开始投资于印孚瑟斯信息平台分析服务。

商业模式转型的影响与展望

基于在跨行业的众多项目中获得的丰富经验，印孚瑟斯意识到它必须不断改造和调整其业务和服务产品以满足市场的需求（见图 8.3）。随着传统信息技术外包服务的商品化，以及随之出现的价格压力和利用率低下问题，供应商希望将自己打造成值得信赖的全球性产品和平台供应商。它的第一次转型是从东向西进行的，即从项目型商业模式转变为产品型商业模式，印孚瑟斯通过 Finacle 产品试行转变，包括从完全的定制服务和单项定价转为提供拥有标准定价的产品化服务。

第二次转型是从南向北进行的，即从产品型商业模式转变为平台型商业模式，旨在建立可持续的商业模式。通过投资和发布印孚瑟斯信息平台，该公司进入了高价值的知识产权资产市场，从而确保其拥有长期的利润竞争力。此外，它还将这些知识产权资产与传统信息技术服务相结合，例如，将基于 IIP 平台的印孚瑟斯 Finacle 产品加入到分析服务中。这一从南到北的转型需要

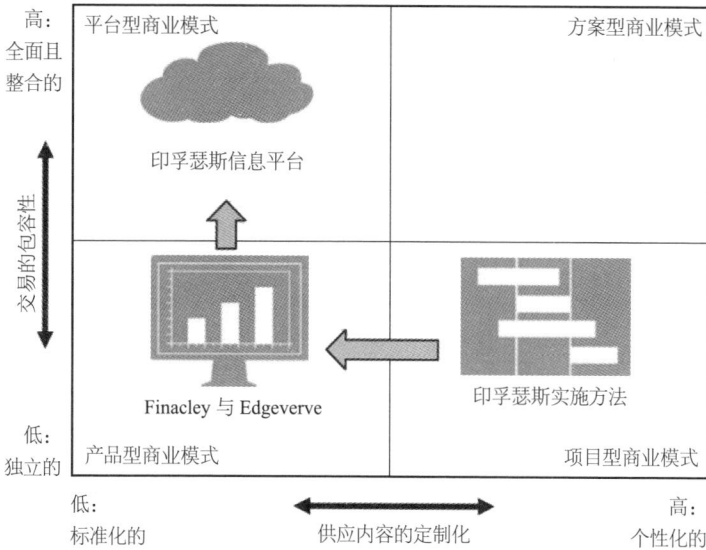

图 8.3　印孚瑟斯——从基于项目的系统集成商到提供产品化和平台化的数字化服务供应商的转变

为合作伙伴和补充商开放平台供应内容，并需要开始考虑将其定价模式从前期许可模式，转变为基于结果的许可模式以及与重复性订购模式相结合的模式。

　　两种转型成功的关键因素是快速实现产品和平台供应的"临界量（critical mass）"和规模。印孚瑟斯通过产品和平台成功地实现了这些转型，其每年产生的收益份额占其整体业务收益的 5%。180 多个客户安装了 Finacle，200 个客户签订了 IIP 合约，其中有 20 个客户项目在各个行业都能有效使用。Finacle 在弗雷斯特研究报告（Forrester Wave）中被列为全渠道银行解决方案的领导者："印孚瑟斯将其产品组合中的各种元素融入领先的解决方案……全渠道银行解决方案利用可靠的产品架构为灵活的 CX 提供基础。产品战略得到了明确的定义，没有任何现实的差距。"

印孚瑟斯凭借其明确的战略，即基于产品、平台和服务的组合发展为新一代的服务供应商。它已准备好向数字化业务转型。像 TBR 这样的分析师认为，印孚瑟斯正在寻求建立一个能够长期产生印孚瑟斯三分之一总收益的平台组合："印孚瑟斯仍将保持其作为信息技术服务供应商的地位，我们期待公司在史维学的领导下，建立起产品和软件提供商的形象，因为信息技术服务的商品化和云技术的采用将促使其扩展垂直供应的知识产权资产组合。"

史维学说道："我们管理团队的使命是让公司做好准备，以实现在 2020 年达到约 200 亿美元收入的理想目标，而营业利润率至少达到 30％……服务于不同收益模式的新平台和我们的 Edge 产品组合，将为人均收入作出不同程度的贡献。"

转变 FUNDES 的社会商业模式：成为一家消费者导向的咨询公司，以避免环境变化下的目标偏离

乌尔斯·耶格尔格，乌尔里克·弗赖（Ulrich Frei）与希尔克·布赫（Silke Bucher）

引言

FUNDES 于 1984 年在巴拿马（Panama）成立了第一个办事处，现已成为经济发展工作领域一家具有影响力的咨询商，在 12 个拉丁美洲国家设立了办事处。非营利组织的目的是通过将微型、小型和中型企业纳入雀巢、沃尔玛、霍尔希姆或雅芳等大型企业的价值链来减少贫困。FUNDES 最初是免费提供服务的。然而有一次，该组织的主要捐助者宣布他将停止每年的捐赠；与此同时，FUNDES 发现自己面临着日益严峻的拉丁美洲商业环境以及整体紧缩的经济形势。于是，FUNDES 将其商业模式从捐赠驱动型的、基本标准化的服务供应商，转变为向大型跨国组织提供满足客户特定需求的、市场驱动型项目的中小型企业（MSMEs），并因此赢得了属于自己的收益。就商业转型板而言（图 2.1），这体现了商业模式向东的转变。这一转变成功地保留了组织的社会使命，防止了目标偏离，同时使 FUNDES 在财务上实现了可持续的自我发展。

FUNDES 的社会使命满足了该地区的强烈需求。虽然拉丁美洲的基础设施相对发达，而且民主化程度很高，但贫困问题仍然很严重，该地区仍然是世界上收入最不平等的地区。1 800 多万

中小微企业占拉丁美洲私营企业的 99%，在该地区的社会经济发展中发挥着至关重要的作用。2010 年，这些公司，包括员工少于 10 人的微型企业、拥有 10~50 名员工的公司（小型企业）以及拥有 50~150 名员工的公司（中型企业），为拉丁美洲国家贡献了高达 50% 的国内生产总值，并且为该地区创造了 60% 以上的就业机会。

20 世纪 80 年代初，拉丁美洲和世界其他地区越来越意识到支持中小微企业的发展是一个强有力的减贫战略。利用这一潜力需要克服中小微型企业的不足，而那些希望企业得到持续发展的人也将面临一系列挑战，其中包括教育水平相对较低，进入国际市场的机会有限以及与大企业的联系不畅。为了应对这些挑战并支持中小微企业的发展，私营和公共组织开始提供所谓商业发展服务（BDS）。其资金来源包括由政府或当地市政府提供的公共资源，慈善机构的私人资本或提供商自己创造的收入。BDS 提供商现在提供广泛的服务，其中包括金融服务，如提供小额信贷、信贷担保、贷款和其他资本，以及各种非金融服务，如培训、咨询、营销援助、信息获取和技术转让。

随着越来越多的商业发展服务提供商和 2008 年全球经济危机所带来的更具挑战性的宏观经济环境，这些社会行动者之间的资金和资源竞争加剧。最近，BDS 提供商已经开始寻求与大公司的合作。然而，全球发展顾问达尔伯格发现，在大多数情况下，由于"各部门之间缺乏熟悉度"和"非政府组织在确定如何合作方面面临的挑战"，这种合作尚未成为现实。此外，根据这项研究，商业公司与社会行动者合作的最常见原因是获得有效的企业社会责任计划的支持。在 BDS 提供商的帮助下，"推进核心业务目标"在很长一段时间内只起了次要作用。不过，这种合作机会正在逐渐增加。新一代业务开发服务支持将中小型企业纳入大型公司的价值链，以支持这些公司的核心业务活动，同时更好地将中小型企业与国内和国际市场联系起来。

FUNDES 是为数不多的非营利组织之一，它能够认真对待与跨国公司价值链相关的机会。这需要重新进行战略定位，其商业模式的前端、后端和盈利机制也会经历深刻变革。尽管存在挑战，但 FUNDES 成功地将其业务模式从一个非营利组织转变为一个营利组织，从提供传统的、标准化的中小型企业服务组织转变为以客户为导向，以利润为导向的咨询公司，为大型跨国公司提供个性化服务。

转型

1984 年，瑞士商人和慈善家斯蒂芬·斯密德亨尼（Stephan Schmidheiny）与当时的巴拿马大主教共同创建了非营利组织可持续发展基金会，以应对该地区的高贫困率问题。FUNDES 认为小企业是拉美发展的关键。FUNDES 没有关注个体参与者，而是将中小企业作为一个商业部门，并努力解决系统性问题，而不是特定企业的问题。

基于这一理念，FUNDES 在接下来的几十年中开发并提供了越来越多的服务。这也伴随着对其业务模式的频繁调整，目的是适应外部环境的变化，并确保在解决拉丁美洲中小企业可持续发展的最紧迫障碍方面发挥持续影响。

在 FUNDES 运营的第一个十年期间，获得资本是其主要目标。当时，非营利组织认为缺乏资金支持是中小企业成长和成功的主要限制因素，特别是在其早期发展阶段。因此，它通过向债权人提供担保以及直接向中小微企业提供小额贷款，创建了微观金融部门。

到 20 世纪 90 年代中期，FUNDES 帮助该地区许多国家建立了蓬勃发展的小额信贷行业。与此同时，非营利组织意识到知识的获取对于中小微企业来说同样重要，事实上，如果对资本或知识的重要性有一个排名，后者应该是第一位的。在这种情况下，FUNDES 开始研究企业最需要的技能，并在此基础上开始使用标准化的课堂式讲座来向企业尤其是中小企业员工传授关于经营企业的重要知识。

到 2004 年，FUNDES 正在经历另一次变革，逐渐从教学机构向咨询服务提供商转变，换言之，它采用了更完整的培训方法。在 Avina 基金会等慈善组织以及美洲开发银行（IDB）和多边投资基金（MIF）等国际发展机构的慷慨支持下，FUNDES 对中小企业部门的新价值主张是交付高质量但仍然标准化的零售咨询。由于大多数中小微企业无法负担这些服务的全部价格，因此能否得到补贴仍然是这些企业面对的关键问题。

FUNDES 已在 10 个国家设有办事处，虽然其总体服务组合随着时间的推移而发生变化，但每个国家的办事处都在服务方面发挥了自己的特长，一些国家的办事处在培训方面更加强大，另一些国家的办事处在咨询方面更加强大，但它们都具有自主的法律地位。然而，这种类似产品的商业模式在几年后受到了挑战。

2008 年，两个新的问题开始影响 FUNDES。首先，美国日益严重的金融和经济危机正在发起国际挑战并迅速向南移动。因此，拉丁美洲的许多工业部门开始遭受本地和国际需求快速下降的冲击。这些不确定性反过来又对行业的投资决策产生了重大影响，FUNDES 的捐赠者和受益者（MSMEs）开始减少对非必需品的商品和服务的投资，例如咨询服务。其次，FUNDES 的管理机构决定使其投资组合多样化，并告知 FUNDES 及其一些受益人开始寻找替代资金来源。他们认为，五年过渡期足以让FUNDES 找到和激活资金来源。

面对这些现实，FUNDES 发现它需要再次重塑自己，但这次重塑具有双重目的。首先，它旨在进一步增加其对该地区中小微企业的积极影响：现在的目标是每年支持超过 3 万个中小企业，而不是每年接触 3 000 到 5 000 个中小企业。其次，FUNDES 需要确定一种商业模式，使其能够以财务上自给自足的方式履行这一使命。解决方案包括将组织的业务模式向东转变（图 8.4），从专注于中小企业和捐赠者的产品业务到专注于大型跨国公司和中小企业的项目业务。

盈利机制的调整

在商业模式转型之前，FUNDES 主要靠接受 Avina 基金会和其他捐赠者的捐款。它没有产生任何收入，因此价格和利润不是

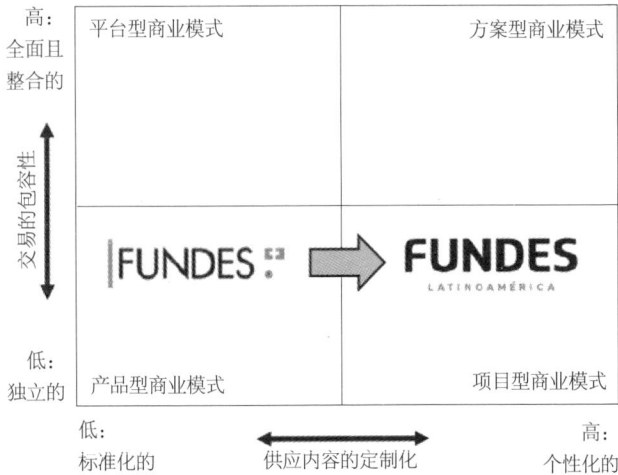

图 8.4　从基于产品的业务模型到基于项目的业务模型的转换（FUNDES
徽标也相应地更改）

问题。当 Avina 宣布每年逐步减少其捐款时，FUNDES 必须尽快
降低其成本。

　　FUNDES 的第一个挑战是寻找拥有足够多资源的合作伙伴和
客户来资助它的服务。FUNDES 先前商业模式的弱点在于它对捐
赠者的强烈依赖。展望未来，通过将拥有国际价值链的大型公司
转变为 FUNDES 服务的买家，FUNDES 领导层看到了一个更大
的市场和客户驱动利益。如果 FUNDES 能够为其业务创造额外
价值，这些"主力公司"将有兴趣进行此类投资。

　　因此，FUNDES 领导层开发了一种新的商业模式，其基础是
让组织能够为企业创造足够的价值。FUNDES 领导层看到了发展
大型企业上游（供应）和下游（分销）价值链的机会。显然在定

义新模型的早期阶段，政府机构和国际发展组织也会在它需要时提供额外资金支持这种新方法。

FUNDES 向个人服务的转变带来了根本的变化。它最初的逻辑是，获得大量固定数额的捐款，而且这些捐款可以使用，但现在它不得不转变为一个彻底的商业计划。关注大型跨国公司的具体需求意味着 FUNDES 必须根据提供这些特定服务所需的人力资源和材料来计算直接成本。与此同时，FUNDES 必须将定价政策专业化，并适应每个市场的标准。除了充当可变成本之外，价格还在 FUNDES 主力公司在降低风险、节省成本、提高效率等方面为其创造增量价值时发挥作用。

前端的调整

前端的调整在关键业务情况中很常见，它帮助 FUNDES 退后一步，在更广泛的背景下评估事实和面对挑战。认识到中小企业不是商业世界中的岛屿，并且它们依赖于它们周围的生态系统，FUNDES 开始以更全面的方式分析中小企业世界，包括影响所有参与者成功的机会。FUNDES 之前的前端模型中的一个弱点，即国家之间的多样性，现在已经成为定义新模型的决定性因素。

事实上，支持将中小企业纳入大型跨国公司价值链的想法对于 FUNDES 来说并不是全新的。一些国家的办事处已经尝试过这种新型服务的要素。这为研究这些服务提供了机会，可以帮他们应对财务上的新挑战。例如，在玻利维亚，FUNDES 已经积累了将大量具有类似业务特征的个体微型企业和小型企业集中在一起的经验，并为它们提供了三个最迫切的需求：资本、知识和市场。FUNDES 通过将本地或国外的集群连接到大公司（即其主要购买方或供应商）来实现市场准入。

在确定新的战略方向后，FUNDES 领导层认为早期的成功经验与新的"FUNDES 方式"非常重要，可以为转型中的潜在大型公司客户生成令人信服的销售数据清单。一家巴西钢铁生产商因其供应系统中拥有数千个废金属收集商，而成为 FUNDES 委托培训和支持组织废金属供应商的早期客户之一。客户（钢铁生产商）受益于该计划，因为它确保了原材料的持续供应和良好组织，受益人（废金属收集商）能够从可靠的合作伙伴那里获得不断增长的业务量，并增加他们的个人收入。今天这个项目中最成功的受益者管理着一家拥有数十个主要废金属收集商的公司，其年收入约为 40 万美元，迄今为止这也是 FUNDES 的展示项目之一。

从那时起，FUNDES 已经在其他国家和各种价值链中使用类似的项目结构和内容，例如水泥生产商（客户）和五金店（受益人）的下游价值链，超市的上游供应链和酒店集团（客户）与蔬菜和水果供应商（受益人）和乳制品生产商（客户）的下游分销链和数百家"夫妻店"（受益人）。所有这些举措都构成了对 FUNDES 客户战略挑战的回应，即拥有运作良好的国际价值链，同时也允许 FUNDES 通过其价值链中的中小微企业来履行社会使命。

FUNDES 领导层很快就将最初获得成功的项目扩展开来，直到建立全新的"FUNDES 方式"，而一些痛苦的失败经历则有助于不断改进模型。到 2012 年，即 FUNDES 实施新的商业模式的第三年，其客户和受益人仍然很少。如果 FUNDES 希望在 2014 年（第五年）之前受益人接近预期的 3 万名，那么它最应该做的就是至少把一个在当地取得成功的项目扩展到更大的区域。

2011 年 1 月，迈克尔·波特（Michael Porter）和马克·克雷默（Mark Kramer）在《哈佛商业评论》（*Harvard Business Review*）中提出了他们突破性的"创造共享价值"（CSV）概念。他们的基本观点是：任何旨在长期经营的公司都是如此，不仅必须为自己和与自己的利益相关者创造经济价值，同时还要为社会创造价值——不仅要履行其社会和环境义务，更重要的是要获得竞争优势。对于 FUNDES 来说，这条消息恰如其分，文章的两位作者也开始支持该组织将这一观点传递给潜在客户。为了提高客户的认识，FUNDES 还组织了大规模的营销活动。在销售方面，CSV 的理念还帮助 FUNDES 与客户建立了密切的对话，帮助它们重点关注将中小企业整合到客户价值链中的好处。这对公司来说是新的理念，因为它之前曾将中小企业作为一个部门加以管理。因此，FUNDES 的营销和销售人员不仅必须与不同类型的组织交流；他们还必须从向市场推广标准化产品转为倾听大公司的需求，以便学习以客户为导向的价值主张，这样他们才能在价值链中整合应对各个参与者的具体挑战。

2013 年，FUNDES 庆祝了其所取得的首次巨大成功。饮料行业的一家领先的国际公司委托该组织加强其传统的"小型经营的（*mom-and-pop*）"商店渠道，作为其食品零售业务快速全球化和集中化进程的战略对策。该计划从一个国家开始，逐渐扩展到区域范围，最终达到了 4 万多家小商店，然后进一步扩展到拉丁美洲约 25 万个零售店。

2014 年，随着进一步的客户开发，快速消费品销售业务和信用卡业务的客户也开始在区域范围内采用 FUNDES。凭借其产品组合中的这些成功案例，FUNDES 拥有成功寻找新客户和加强商业活动所需的强有力论据。这为 FUNDES 将新模型扩展到更大规模，以实现快速扩展战略奠定了基础。

后端的调整

由于 FUNDES 作为非营利性服务机构运营了 25 年，因此它在新业务模式下面对的最大挑战是如何开展商业活动。商业活动与 FUNDES 最重要的共同点是强调社会和环境技能。对组织的管理团队或其培训师和顾问来说，商业流程从未成为其工作描述的一部分。现在，咨询团队需要将服务内容集中在特定客户的需求上，并相应地调整他们的服务。

每个基金会的高管都会证明，他们在将慈善性质的非营利组织转变为经济上可持续发展的组织时，面临的最大挑战与人有关。在该组织的 200 多名原始员工中，大约有 150 名员工必须离职，以便为 60 名新员工腾出空间，因为这些新员工有足够的资格支持 FUNDES 的新方法。换句话说，这 150 名专职工作人员必须接受这样一个事实：他们缺乏必要的技能，他们在过去 25 年中的服务无法支持新的"FUNDES 方式"。事实上，作为专业领域内的优秀专业人士，他们做出让步是更加不容易的。顺便说一下，由于这部分变革过程涉及个人后果，行业专家最常见的难题是团队过渡所需的时间较长。

从历史上看，FUNDES 设立国家办事处通常是为了实施由捐赠资助的倡议。组织和法律结构允许慈善商业模式的有效实施，其中设立的国家办事处被视为独立和自主的法律结构（基金会）。中心办公室或总部有责任为国家办事处提供财务支持，而将资源从一个国家办事处转移到另一个国家办事处几乎是不可能的。这种结构与国际上活跃的、高度灵活的，经济上自给自足的组织的需求最为不相容，其中总部主要作为成本中心，需要通过从其分支机构汇回资金来筹集资金。

因此，为了使新的商业模式具备适当的法律框架，FUNDES 逐渐撤消了各个国家办事处，取而代之的是有限公司结构。子公司与总公司签订的服务水平合同允许子公司为总部活动提供资金。改变组织的法律结构绝不意味着改变其使命。FUNDES 无意改变其最初的使命，它改进其商业模式，实际上旨在吸引更多的受益者。有关此转型的综述，请参见图 8.5。

所得经验

FUNDES 在拉丁美洲与微型和中小型企业合作的 25 年经验是确定和实施商业模式的坚实基础，该模式将使 FUNDES 能够更加专注于其使命，同时还有可能助其实现财务自给自足。由具有丰富私营部门经验的高度积极的专业人士组成的团队，能够了解小企业主的需求以及私营部门利益相关者的期望。从一开始他

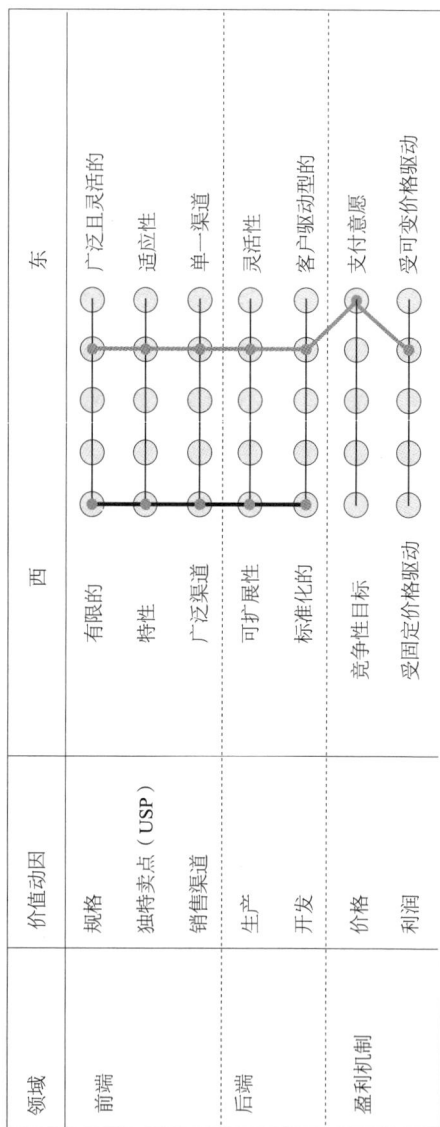

图 8.5 FUNDES 商业模式的转型（深灰色：旧模式；浅灰色：新模式）

领域	价值动因	西	东
前端	规格	有限的	广泛且灵活的
	独特卖点（USP）	特性	适应性
	销售渠道	广泛渠道	单一渠道
后端	生产	可扩展性	灵活性
	开发	标准化的	客户驱动型的
盈利机制	价格	竞争性目标	支付意愿
	利润	受固定价格驱动	受可变价格驱动

们就很清楚，无论 FUNDES 为其客户提供什么解决方案，大公司都必须为付费客户创造价值（包括经济价值）。只要为受益人（中小型企业）创造可衡量和可持续的价值仍然是解决方案不可分割的一部分，对 FUNDES 董事会来说这个解决方案都是可以接受的。

对于 FUNDES 的领导团队来说，战略实质性变革过程中的步骤是明确的。为了确保国家组织之间的紧密协调，他们需要对每个新流程进行详细定义和记录，并在不同国家同时推出开展业务的新"FUNDES 方式"。在这方面，团队为每个过程编写了手册，并为内部培训师制定了教学指南。一家全球领先的咨询公司聘请了一位专家来记录所有流程。由于项目的区域扩展是组织的早期目标之一，因此 FUNDES 需要使其标准化以确保解决方案在咨询领域被称为"产品"而不是个性化的社会服务。

在"结构遵循战略"的指导思想下，领导团队看到 FUNDES 之前在每个国家设立的独立基金会结构将阻碍其新模式的实施。FUNDES 把一家离岸公司设立为一个执政控股结构，并在每个市场建立了子公司（有限公司）。及时性是所有市场活动顺利协调的关键，也是产生收入和利润的必要条件。FUNDES 需要降低基金成本，特别是在总部一级。约 150 个工作人员合同的终止是最具挑战性的因素。既然已知道组织需要具有不同技能的人员，FUNDES 应该在重组其团队方面加快速度。相反，员工获得了"第二次机会"，以适应新的经营方式。这在人事管理方面造成了混乱。显然在许多情况下，合同的终止都是唯一可行的解决方案。

FUNDES 要在经济（通常是政治）动荡期间提供"值得拥有"的解决方案，就需要对价值生成进行滴水不漏的论证。经济学占主导地位时，社会和环境问题往往被推到了后面。基金从一开始就应该专注于为什么中小微企业的投资有利于大公司的业务，而不是关注社会生态价值创造，因为这会给它的早期客户造成混乱。早期的客户不明白为什么 FUNDES 创造的非经济价值也会提高他们的投资回报率。

FUNDES 的旧模式是建立在有主见的国家经理人的基础之上的，他们对组织的使命有着截然不同的解释。FUNDES 在进行重大变革以实施具有区域对齐流程的任何商业模式时，严格且集中的操作结构有助于其实施。FUNDES 需要花费太多时间来消除当地的特殊性，而且从一开始它就应该坚持一套有凝聚力的流程。换句话说，该组织之前在困难问题上过于软弱。

在全球化的商业环境中关注国家组织会严重影响新措施的实施。所有国家都应该早些创建区域业务单位，并且国家管理人员和他们的团队应该更多地关注区域业务单位负责的区域项目的实施。

展望

FUNDES 主要致力于向东的转型，从标准化的产品到中小型企业，再到跨国公司的个性化服务。在其转型最初的四年中（每年有至少 15 000 名受益人，至少 80 名满意客户，每年总收入在1 000 万美元到 1500 万美元之间），FUNDES 只是触及了实际市场潜在规模的表面。其 2020 年的目标是成为拉丁美洲最大、质量最高的咨询公司之一，每年提高约 3 万个中小微企业的业绩并创造 3 000 万美元的年收入。这看上去雄心勃勃，但是可以实现。

由于 FUNDES 已确定其新模式的市场潜力巨大，因此需要进一步投资以加强项目业务模式。新的 FUNDES 模型包括对客户特定功能的高额前期投资，以及管理高度复杂的、客户驱动的项目和不稳定收入的能力，因为它取决于与客户的合作项目，所以需要进一步的后端调整。FUNDES 打算设立具有区域责任和权力的战略业务部门，并加强其领导团队的业务技能。有限的资源显然会减缓变更过程，但也允许其在进行规模化之前不断调整其活动。

中小型企业部门一直是并将永远是拉丁美洲各国家或地区经济的推动力。通过在未来三年内提升 6 万多家微型、中小型公司的业绩，FUNDES 将继续为该地区的社会经济发展贡献力量，并为加快当前经济危机的复苏作出决定性的贡献。

第九章　尝试多种根本转变的公司 案例研究

克诺尔集团轨道车辆系统：从制动控制单元制造商到综合铁路系统供应商

伯特伦·朗汉基（Bertram Langhanki），罗尔夫·哈尔迪（Rolf Haerdi），卡斯滕·林茨

阿特拉斯·科普柯集团：从销售压缩机到提供服务

伊万卡·维什尼奇（Ivanka Visnjic），罗尼·雷恩（Ronnie Leten）

博泽集团：从组件配送到全球系统供应商

古特·穆勒·施特文斯（Günter Müller-Stewens）

圣加仑大学：从产品化教育到整合型教育方案

马库斯·弗兰克（Markus Frank），安德烈斯·洛默尔（Andreas Löhmer）

克诺尔集团轨道车辆系统：从制动控制单元制造商到综合铁路系统供应商

伯特伦·朗汉基（Bertram Langhanki），罗尔夫·哈尔迪（Rolf Haerdi），卡斯滕·林茨

19 世纪初，当车辆刚刚开始在钢轨上运行的时候，列车的制动是分散进行的，每节车厢都由制动员使用机械杠杆进行闸瓦制动。制动驾驶室的恶劣条件以及缺乏挑战性的让人昏昏沉沉的工作内容，导致列车发生了几次严重的碰撞。

克诺尔在 20 世纪 20 年代进行的改革是改变这种依靠每列车厢上的制动员操作的纯粹的机械系统，取而代之的是整列火车采用气动操作系统，仅由火车司机控制。由此带来的安全性和可靠性的提高使得克诺尔制动系统很快成为许多国家的标准设备。从那以后，克诺尔就变得无可匹敌，并对欧洲铁路法规的制定产生了重大影响。

从制动控制（即气动阀）开始，制动产品组合稳步扩展到包括供气系统（即压缩机和相关产品）和制动机械（即制动钳和相关产品）以及用于车轮滑动保护的精密电子控制装置（即火车防滑系统），状态监测系统，等等。

通过气动制动技术为铁路行业树立标准，克诺尔集团得以稳步扩张，并利用现有领域开拓欧洲以外的新市场。如今，克诺尔轨道车辆系统最具有代表性的产品组合包括车辆门系统、空调系统、高压电源开关、功率电阻、辅助电源系统、信号和乘客信息

系统、列车控制管理系统、电能计量和辅助驾驶系统。

克诺尔集团概览

克诺尔集团是全球领先的商用和轨道车辆制动系统供应商。该公司最初由乔治·克诺尔于 1905 年在柏林创立，现在总部设在慕尼黑，在全球各大洲拥有 100 多家工厂。

克诺尔集团在 2015 年的销售收入超过 58.3 亿欧元（2010 年是 37 亿欧元），销售净回报率为 11.1%。这些收入由大约 2.5 万名员工共同创造，其中 43% 来自卡车部门，57% 来自铁路部门。对现代化设施和工程以及生产能力的持续投资以及接近 3.47 亿欧元的研发支出，已经为集团持续的创新驱动型增长奠定了基础。

虽然克诺尔产品组合不断扩大，但传统的制动业务仍然是其主要的收入来源。显然，制动系统是安全关键产品，工作人员必须特别注意设计和生产过程，在避免或检测出错误的同时实现公司的零失误承诺。克诺尔集团将这种工作方式运用到其所有产品系列上。

克诺尔集团通过四种方式追求卓越，实现了销售收入的同比增长。首先是开发由公司自己设计和制造的且不断扩展的创新型产品和服务组合，并能够根据客户要求进行定制。第二是强大的项目和流程导向，以两个质量驱动的业务流程概念为基础：卓越卡车（TEX）和卓越铁路（REX）。第三是生产具有精心定义的垂直整合程度的产品，通过全球生产基地网络专门进行加工、分段装配和最终装配。这使公司能够控制大部分价值，并为客户提供整个系统。第四是强有力的服务导向，这是公司所有其他活动的基础。这一服务导向为克诺尔集团的客户提供了保证，他们将在车辆的整个生命周期内获得零件以及车辆的现场和非现场维修。

下一部分将通过描述公司商业模型的顺序转换，具体说明克诺尔集团是如何从以产品为中心的公司向以服务为中心、以解决方案为导向的市场领导者发展的。这将分为两个阶段。第一阶段是从产品供应商到系统供应商的转变，从而提高了客户黏性（客户保留率）。第二阶段涉及通过增强的生命周期服务向个性化的、以客户为中心的业务的转变。

逐步的商业模型转型

克诺尔集团的转型分两个阶段进行。第一阶段是从单一产品供应商到多系统供应商；第二阶段是从多系统供应商到全生命周期解决方案提供商。

第一阶段：从单一产品供应商到多系统供应商

在直到 20 世纪 70 年代的克诺尔集团的第一个增长期内，其具有支配性的价值主张建立在内部设计和生产的优质产品之上。但从 1980 年开始，尽管克诺尔集团仍然是一级供应商，它的盈利能力受到了威胁。在那个时候，市场上产品的商品化程度不断加深，其他工业领域的进入者正在处理选定的产品系列，其他合同制造商也正在实现克诺尔的优质机械加工水平。

1985年海因茨·赫尔曼·蒂勒[1]（Heinz Hermann Thiele）掌握克诺尔集团的所有权，为主动应对不断变化的市场条件，克诺尔集团商业模式转型的第一阶段开始了。

前端的转型：从以产品为中心到全面的多系统价值主张

一方面，显而易见的是，克诺尔的优质产品仅仅增加了来自竞争对手的风险，这些竞争对手也专注于个别产品，通过达到类似克诺尔产品的性能水平从克诺尔手中抢占市场份额。另一方面，铁路车辆正在迅速变得越来越复杂。克诺尔集团通过将产品供应转变为系统供应来积极响应这一趋势。这一发展凸显了像克诺尔一样的系统供应商与系统集成商（即列车制造商）之间的区别。

因此，随着开发和销售完整制动系统的能力的提高，从供气和制动控制到制动力的实际应用，克诺尔都强化了基于优质产品的价值主张。克诺尔的优势在于它已经拥有了所有的内部产品，这些产品需要从单一来源进行设计从而提供完整的系统。然而，公司的主要成就是建立一个标准化的产品组合，从而生产出符合客户要求的制动系统。这种模式的变化将从产品层面的复杂性转移到系统层面，开发出为各种铁路车辆提供系统的能力，包括货车、地铁、有轨电车和通勤列车以及高速列车。这一概念遵循核心制动系统的想法，该核心制动系统代表总体架构，由具有代表性的标准化接口和分类功能的产品组所组成。

---

[1]　海因茨·赫尔曼·蒂勒：1985年9月，海因茨·赫尔曼·蒂勒被任命为克诺尔的董事会主席；同年，他接管了集团的大部分股份。随着连续收购剩余的股份，蒂勒家族成为公司的唯一持有人，蒂勒也一直担任该职务。——译者注

　　这一战略最终取得了成功，并使该公司在千禧年后在中国地铁行业中获得了超过 80% 的市场份额，还获得了全球 50％以上的制动应用市场份额。

　　还有一个重要的影响是，克诺尔集团与客户的关系也发生了变化。由于系统方法更加复杂，双方专家之间需要密切合作，因此在多年来的合作中建立的牢固关系进一步加深。这一结果带来的是高水平的客户保留率。

　　随着从产品到系统的转变的成功，也为了进一步发展铁路业务，克诺尔集团做出了战略决策，以实现多元化并转向与铁路车辆相关的其他系统。通过收购，克诺尔集团的产品组合扩展到了包括车辆门系统，HVAC（加热，通风和空调）系统等，并且仍在不断扩展。在此过程中，克诺尔集团从提供单一产品转变为提供多种安全关键系统和相关舒适系统，并成为全球汽车制造商最强大的合作伙伴之一。与此同时，克诺尔的客户基地，即火车制造商，经历了巨大变化。在第一个增长期间，市场一直由三大巨头主导——西门子[1]、庞巴迪[2]和阿尔斯通[3]，当然现在市场中还有更多的企业出现。这些公司服务于特

---

[1]　西门子（Siemens）：德国西门子股份公司创立于 1847 年，是全球电子电气工程领域的领先企业。——译者注

[2]　庞巴迪（Bombardier）：一家总部位于加拿大魁北克省蒙特利尔的国际性交通运输设备制造商，主要产品有支线飞机、公务喷气飞机、铁路及高速铁路机车、城市轨道交通设备等。——译者注

[3]　阿尔斯通（Alstom）：一家法国的全球发电和轨道交通基础设施领域的企业，在集成电厂和能源生产服务以及空气质量控制等领域全球领先。——译者注

定的区域部门，特别是在亚洲（例如中国北车[1]、中国南车[2]、韩国罗特姆[3]），受益于经济增长、人口扩张和铁路车辆需求增长所带来的铁路网络的扩张，这些企业蓬勃发展（例如瑞士Stadler[4]、波兰PESA[5]）。

能够将系统组合在一起，满足客户对各种高质量产品的需求，使公司能够通过20多家不同的车辆制造商为所有国家的大多数类型的轨道车辆提供系统，这种能力可以说是推动克诺尔铁路车辆系统销售收入从1985年的8 600万欧元增长到2015年超过33亿欧元的一个原因。

后端的转型：从可扩展的大规模生产到系统工程和灵活生产

由于前端的重点转向销售系统而非产品，因此使用接口或集成单元将产品捆绑到系统中变得十分重要。该部门被称为"系统工程"，其任务是分析由列车制造商为特定的轨道车辆项目定义的规范，并从工程和生产部门的标准化产品组合中进行选择。反过来，标准化产品组合是通过引入能力中心（CoC）创建的，产品责任明确分为空气供应、制动控制和转向架设备。但是，组织结构的这种

---

[1] 中国北车股份有限公司，简称中国北车（CNR），是经国务院批准在原中国铁路机车车辆工业总公司所属部分企事业单位的基础上组建的国有大型骨干企业。——译者注

[2] 中国南车股份有限公司，简称中国南车，（CSR），经国务院国有资产监督管理委员会批准，由中国南车集团公司联合北京铁工经贸公司共同发起设立。——译者注

[3] 现代罗特姆公司（Hyundai Rotem）是韩国一家制造车辆、国防产品和工厂设备的公司。——译者注

[4] 瑞士最大的轨道交通车辆生产商。——译者注

[5] 波兰一家机车制造公司。——译者注

变化是其他任何公司都可以进行操作的，因为这是新定义的向客户提供产品的合理结果。因此，更重要的是引入更多无形方法或工具，即克诺尔生产系统（KPS）和 REX 过程管理系统。

REX 系统涵盖从产品开发到销售和售后服务的整个过程，它将活动领域划分为主要流程和支持流程，如人力资源、信用评级等。这种管理系统适用于所有地点，从用于顶层过程控制的通用国际过程（CIP）开始，但在适合当地要求的情况下也可用于本地操作过程（LOP）。高级管理层对此流程管理系统的引入进行了优先排序，为各种审计提供了基础，例如 ISO、IRIS 等。

KPS 源自著名的丰田生产系统。一些工具像是 poka yoke[1]、Andon 系统[2]、PLC 工人手册和单件流程等都适应了克诺尔生产流程的特点。特别是当丰田为大批量生产而优化的系统被调整为小批量、以项目为导向的批量生产，有些人对此产生了怀疑，尤其是在一个主要依靠生产专家长期经验的环境中。然而，能够确保生产过程稳定性的专家经验与稳定的产品质量的巧妙结合似乎是成功的，现在这已经转移应用到世界各地的相关生产领域。

---

[1] poka yoke 为"防误防错"，亦即 Error & Mistake Proofing，又称愚巧法，防呆法。意即在失误发生前即加以防止的方法。它是一种在作业过程中采用自动作用（动作，不动作），报警，提醒（标识，分类）等手段，使作业人员不特别注意或不须注意也不会失误的方法。——译者注

[2] Andon 系统作为精益生产制造管理的一个核心工具，在制造过程中发现了生产缺陷/异常时，能通过系统在最短的时间里将信息传递出去，使问题得以快速解决，使生产能够平稳进行，提高效率。——译者注

在执行董事会倡议者的监督下，将 REX 和 KPS 的引入作为顶级计划的一部分得到了积极的管理。这两个领域的转变是由专门的总部团队负责实施完成的，他们定义并推出了标准，在研讨会和定期现场审核中担任顾问。他们通过使用专门为 REX 和 KPS 建立的在全球范围内得到应用的适当且可以公开交流的关键绩效指标来确保透明度。

盈利机制的转型：从项目到系统捆绑

如上所述，从产品供应到系统供应的变化与盈利机制的积极调整密切相关。原先以产品为基础的销售，很自然地转向以批量产品的供应、运送和支付为基础。向系统方法的转变伴随着在完整系统基础上捆绑与项目相关的临时成本和经常成本，使得要约的全价分解变得不再重要。

然而，这种将价格活动集中在部门级别的模式需要相关部门与客户密切联系，以获得客户所寻求的系统产品的价值。因此，所有相关部门必须关注成本，以便最终能够盈利。

铁路行业目前正朝着高度复杂的车辆资产所有权和服务概念平衡发展。这些将涉及根据其业绩进行估值的实物资产，公司会在较长时间内支付其价款，而不使用当前的一次性支付系统。因此，将子系统集成到单个解决方案中对于未来的市场参与者将变得至关重要，并且需要开发用于分析和定价的复杂系统。

第二阶段：从多系统供应商到全生命周期解决方案提供商

在 20 世纪 90 年代之前的几十年中，克诺尔的业务增长主要是通过扩展克诺尔的系统和功能来实现的。在此期间，铁路车辆的所有者和经营者主要是国家控制的组织，这些组织倾向于用新车辆项目的预算来生产尽可能多的车辆，而后期维护被认为是次要问题，可由现有的内设部门处理。

然而，在 20 世纪末之后，诸如"全生命周期成本"（LCC）或"以可靠性为中心的维修"（RCM）等术语在轨道车辆业务中变得流行，这比印刷机或电梯等其他行业落后了 10～15 年。与此同时，铁路私有化的进程开始了，英国在这方面走得最远，而其他国家则或多或少也在进行中。组织的重心从仅拥有铁路车辆转向了对资本资产最大限度的利用。

因此，克诺尔集团的战略扩展到了面向新兴关键因素的售后支持服务，例如用交货时间、交付绩效、售后定价模型、长期零件和服务供应合同以及专家团队来支持使用中的系统。这种售后支持不仅仅是客户要求提供的——提高车辆的正常运行时间，在总体拥有成本（TCO）方面，这也成为新车系统谈判中的一个关键问题。售后支持需要深入了解客户的特定业务流程。克诺尔集团意识到它们需要改变，并在 2003 年将轨道服务设置为一个独立的业务部门。

前端的转型：从制动系统产品到针对铁路运营商需求而量身定制的综合车辆解决方案

通过新成立的轨道服务部门，克诺尔通过添加其他服务组件，如分析服务、咨询服务、系统可靠性和响应性保证，将设备转变为以服务为中心的广泛、灵活和集成的产品。通过了解每个细节的维护流程，轨道服务部门能够提供以前由铁路公司自己运行的内部维护活动，或者在客户的场所（店中店）中进行维护。为了在车辆长达 40 年的整个使用周期陪伴车辆操作员，它们制订了包括现场专家、连续零件供应和库存监督以及固定大修和升级方案等条款的服务合同。克诺尔概念的不同之处在于，内部铁路专家可以在客户现场对特定情况进行分析，然后开发解决方案，同时将反馈回路纳入到产品开发和维护流程。除了涵盖客户车队使用周期之外，跨国服务协议还可以应用于区域分布的车队，这意味着无论他们在合同涵盖的哪个国家或地区进行故障排除或预防性维护，所有车辆都可以获得全面的服务。

随着越来越多的完整制动系统被应用在新车辆中，对检修活动的需求从单一产品转变为对系统的服务和维护。克诺尔的系统服务合同允许双方根据克诺尔集团和客户共同制订的预先计划优化交付执行情况和交付时间。由于铁路车辆必须遵循相对严格的维护计划，因此可以预先准备材料并聘用经验丰富的工作人员和测试设备能力。克诺尔服务中心的预先计划和工作使客户能够优化其整车维护并最大限度地减少车辆停机时间。从 2010 年开始，最初的迹象表明，克诺尔之前所创造的基本生产能力将在不久的将来被全部利用，因此它开始通过扩大其服务范围来探索进一步发展的可能性。克诺尔开发任何新产品的一个重要方面是将它所有的系统服务活动集成到一个统一的轨道服务产品中，该产品过去一直受到制动器固有优势的强烈影响。因此，克诺尔的战略研讨会包含了所有来自克诺尔铁路系统的代表产品，即制动器、车门、供暖通风系统（HVAC）等。

研讨会的一个结果是提出了克诺尔整体解决方案，它涵盖了系统的整个使用周期。由于铁路车辆所有者越来越希望最大限度地利用其资本支出，因此当车辆实现了中期升级或现代化后，他们特别关注生命周期的最后十年。这使得克诺尔的客户将车辆平均使用寿命从 25～30 年延长到 40～45 年。为了满足成熟铁路车辆的需求，克诺尔在轨道服务部门内部又建立了一个工程部门，专门致力于成熟系统的现代化。该部门能够分析给定车辆的系统，并提出改善使用周期、舒适性和安全性的解决方案，包括环境因素，例如从润滑压缩机升级到无油压缩机。研讨会的第二个结果是提出了基于不同状态的维护，旨在利用从纯粹基于时间的维护到按需维护的市场转变。这基本上可以提前应对问题，以避免铁路车辆不可预测的停机时间并转向预测性维护。一个专门的团队开发了一个名为 iCOM 的系统，它允许客户监控所有互连系统的状况。该监控系统可以轻松引入轨道车辆的现代化过程，并且可以与服务合同相结合，包括零件供应、预定义的维修和彻底检修周期，甚至是用于管理列车上负责维修活动的专业人员。研讨会的第三个结果是转向维护整个铁路车辆，这似乎是一个勇敢但合乎逻辑的行动。这是因为克诺尔集团在提供大量车辆子系统方面具有专业知识，并且它在设计、生产和服务方面也具有内部专业知识。2014 年，克诺尔集团在高度自由化的英国和瑞典市场收购了两家公司。上述所有内容都可以被包含在车辆维护或现代化的合同中。

在 2003 年克诺尔推出轨道服务业务部门之前，服务的机会必须由原装设备销售部门的团队确实并做出响应。在建立了一个负责销售和营销的轨道服务总部团队后，一名董事负责向执行委员会报告，在每个公司站点设立了独立于原装设备的轨道服务的销售团队，为当地市场的所有客户提供服务。事实证明，维护本地站点非常重要，公司在维护本地站点时不仅要能够以客户的语言进行沟通，还要了解特定市场的发展情况。

后端的转型：从全国的原装设备相关团队到全球的轨道服务组织

为了与前端的、本地独立的轨道服务销售团队的变化保持一致，公司将服务活动本身与原装设备生产分离，在后端设置了本地服务中心。考虑到建立服务活动所涉及的投资额，公司必须在服务中心网络的期望密度之间实现平衡，以降低运输成本和节约生产时间，同时实现具有竞争力的定价成本结构。对于那些能够对克诺尔的产品和系统进行维修和彻底检修的服务中心，公司创建了基于 SAP 的服务中心软件，用以满足所有的要求，例如原材料和容量预先计划，以及从货物进口、交付到开发票的订单管理。

2013 年的战略扩张由一位主要致力于轨道服务的新执行董事会成员发起和支持，从而为新计划提供了更强的管理重点。为应对服务活动的增加，一个新的总部结构被引入，其中包括一个小型的轨道服务治理团队，它的领导者和团队致力于销售和营销、工程、供应链和服务运营。无论所涉及的特定产品组合如何，这些职能团队能够促进产品领域之间取长补短，并为其提供统一的服务。

通过建立自己的全球覆盖工程团队并收购两家拥有大量员工的车辆维修公司，轨道服务部门不仅对部门营业额做出了贡献，而且还提高了其在克诺尔集团组织结构中的地位。

盈利机制的转型：从临时订单到多年期框架合同

随着单件供应和单件产品维修转向原装零件包（OPK），以及零件供应和系统服务协议的交付，合同的性质也发生了变化。除了不可预测的临时订单之外，拥有价格表和价格浮动公式的多年期的框架合同成了标准的合同。

但是，特别是在进入 CBM 产品阶段时，公司需要对盈利机制进行全面的重新思考。由于供应范围可以从提供诊断基础设施到全包可用性协议，因此支付既可以与过去的硬件相关，也可以建立在基于 KPI 服务水平协议的实现之上。目前最常用的 KPI 仅限于反应时间、现场技术人员可用性、维修和彻底检修的周期以及规定时间内的故障率。尽管目前的情况如此，但是转向更复杂的 SLA 协议的步伐正在不断加快，而目前克诺尔集团正准备向按可用性付款转变。

商业模式转型的影响和前景

从一个世纪前乔治·克诺尔的发明开始，克诺尔集团通过两次连续的改革奠定了其当前的市场地位和技术领先地位。第一次改革，它从产品供应商转变为系统供应商和全球技术领导者。第二次改革，它创建了一个完整的终身服务支持解决方案，涵盖从

单一产品服务到整车服务的整个范围。这两次转型共同导致公司
现在为其产品、系统和解决方案提供从产品最初的生产到寿命结
束的全面支持（见图9.1）。

这两种转型表现出惊人的相似性，它们每次都涉及双向商业
模式转型。一方面，由于产品从简单到复杂，后端从单一位置到
网络，收益从逐项到综合方法，导致了它一直向北转型。另一方
面，向东转型已经发生，最初有限的产品供应变得高度灵活，这
与受需求驱动的生产能力有关，其明确的方向是客户愿意支付的
价值最大化。

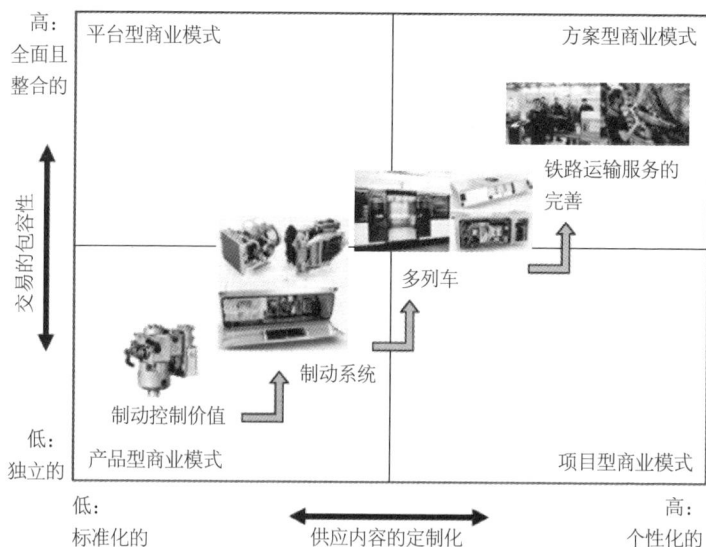

图9.1 克诺尔集团的两步式商业模式转型：从制动产品到系统到铁路解
决方案

2003 年成立的轨道服务部门，对克诺尔集团的业务产生了重大影响。2007 年，轨道服务部门的销售收入在整个轨道车辆系统部门 10.34 亿欧元的总收入中占了 29%。几十年来，克诺尔集团从以生产原装设备为主，到现在近三分之一的总收入来自于它的服务项目。轨道服务部门的表现也得到了原装设备客户的认可，并为原装设备业务的进一步成功作出了贡献。更强大的基础的建立，加上轨道服务产品的增加，为克诺尔集团的进一步发展提供了空间，并使其 2014 年的轨道服务收入增加了一倍以上。

除了支付机制之外，运输业务中参与者的数量和特征也在发生变化。在过去，国营运营商管理运输的各个方面，从购买和拥有列车车队（即资产）到组织所有运营，包括司机和其他车上人员，再到拥有和管理所有备用零件，最后很重要的是拥有从清洁到维护等所有服务活动所需的设施和人员。在"私有化"之下，新的运输合同现在被公开招标，并且它开始倾向于专注核心竞争力。在最近的合同中，运营商充当项目经理。金融机构拥有并将资产（即火车）租赁给运营商，后者利用租赁人员运营火车，并将资产维护外包给另一方——拥有自己的设施和员工或者租用设施，雇用临时员工。在这些类似的企业中，克诺尔集团不仅准备提供基于 SLA 的系统维护，而且还提供列车维护。

凭借其全球影响力、技术领先地位以及为铁路行业提供的解决方案，克诺尔集团显然已经为未来几十年的持续成功做好了准备。基于近期辅助电力转换器和列车控制管理系统（TCMS）领域的收购以及状态监测系统的引入，克诺尔轨道车辆的向上集成能力代表着相关技术的发展趋势，这将为最新的铁路运输概念提供更全面、更复杂的解决方案。

阿特拉斯·科普柯集团：从销售压缩机到提供服务

伊万卡·维什尼奇（Ivanka Visnjic），罗尼·雷恩（Ronnie Leten）

阿特拉斯·科普柯集团在提供工业生产力解决方案方面处于世界领先地位。一个多世纪以来，该集团通过设计和提供具有极高效率的工业工具以及建筑和采矿设备，保持了其领导地位。

阿特拉斯·科普柯集团的起源可以追溯到 1873 年，当时它制造和销售铁路设备。在随后的几年里，它成了瑞典最大的制造公司。在 20 世纪 50 年代，阿特拉斯·科普柯集团开始专注于压缩空气，并开始逐步成为这一领域的全球领导力量。20 世纪 70 年代是结构变化和合理化的时期，许多战略性收购为公司生产更广泛的系列产品和占据更大的市场铺平了道路。在 20 世纪 90 年代，公司的战略收购加强了其在工业用具市场中的地位。在 21 世纪初，该集团由三个既定的业务领域组成：压缩机设备，建筑和采矿以及工业用具。这三个部门在产品创新方面都有出色的业绩，并在各自领域取得了市场领先地位。

虽然产品创新的传统可以追溯到集团的成立，但阿特拉斯·科普柯集团还将创新应用于不同的环境，并将商业模式从提供产品演变为提供解决方案。本案例研究讨论了阿特拉斯·科普柯旗下最大的压缩机技术部门作为压缩机和相关设备制造领域的国际领导者，如何将其业务模式从销售压缩机改变为提供服务。

动机：转型之旅的开始

压缩机是通过迫使空气进入体积较小的空间而增加压力，从而将动力转换为势能的装置。它有着广泛的用途，例如，可用于纺织品生产或塑料瓶制造。压缩机的尺寸和类型可能有所不同，但市场中大多数压缩机的规格反映了投资者对这种复杂机器的使用要求，并且使用时间一般超过了 5 年。投资压缩机是一个重要的决定，包括两个原因：首先，它们对于由压缩空气驱动的设备的运行是必不可少的；其次，它们是高能耗的，这意味着它们需要大量的电力才能压缩空气。由于这些内在的产品特性及其起到的关键作用，压缩机需要持续的维护和保养。

对于一家压缩机制造公司来说，最好是保持通过生产卓越的产品来提升其声誉并取得成功的商业模式，在 21 世纪初从销售压缩机转变为提供服务似乎是一种不必要的风险。新兴市场的增长前景良好，对产品创新和效率的持久关注使得其利润率保持在高位。为什么要改变一个运行良好的模式？

与此同时，经济环境正在发生变化。低成本国家以商品化和价格下降的形式加入全球竞争并威胁到现有的竞争格局。一些细分市场，特别是那些要求较小压缩机的细分市场，已经感受到了竞争的热度。产品创新和质量仍然是差异化的强大源泉，但由于现有的压缩机技术相当稳定，公司不太可能在不久的将来在这方面进行激进的创新。公司现有的商业模式很可能在未来 10 年甚至 5 年内受到威胁。

保护阿特拉斯·科普柯压缩机的业务（以下简称阿特拉斯·科普柯）免受这种潜在的战略威胁的一种方法是加入商品运营商和低成本进口商，并专注于提供更便宜的压缩机。另一种方法是为客户创造更大的价值，提供更多具有创新性的产品特性和功能。对于客户来说使压缩机在其使用寿命期间运行良好非常重要，提供确保这种可靠性的服务是提供卓越价值的一种方式。例如，统计数据表明，压缩机的初始购买费用仅占总生命周期成本的一小部分（5％），而维修费用约占 20％，能源费用占 75％。而与潜在生产中断相关的成本属于额外费用。公司为客户提供有助于降低能源成本和降低生产中断可能性的服务，有为客户创造价值的巨大潜力。

通过服务提供卓越的价值，这与阿特拉斯·科普柯的差异化总体战略是一致的。服务方向的转变使得阿特拉斯·科普柯通过提供其他产品补充其主营设备销售，然后它在以后阶段通过提供更具针对性的方案解决客户的特定需求。因此，虽然商业模式从提供产品到提供解决方案的转变可能是一个根本性的变化，但这与公司长期的战略定位是一致的，所以阿特拉斯·科普柯选择了这条道路。

前端的调整：从销售设备到接管压缩机房

就商业转型板而言（图 2.1），阿特拉斯·科普柯的商业模式首先向北转变，从提供产品转变为提供服务平台。购买压缩机的决定会由一系列服务进行补充，包括与客户定期互动。随后，商业模式向西转变，从提供服务平台转变为提供解决方案，更复杂的服务开始被添加到可供提供的服务组合中，以便为客户提供更好和更多可定制的实用服务程序。

在阿特拉斯·科普柯刚开启提供服务的商业模式之际，它的商业准则是：如果设备制造商专注于设备生产并将所有下游活动（例如联系客户和提供服务）留给经销商或零售商，那么设备制造商将更具竞争力。然而，阿特拉斯·科普柯决定专注于提供优质服务且直接与客户互动而不是通过分销商进行这些活动。这意味着需要建立一个由直销员和服务技术人员组成的，能够运营全球客户中心基础设施的网络，并逐步将间接渠道转变为直接渠道。

"我们希望保持与客户之间的良好关系。"阿特拉斯·科普柯压缩机部门的前总裁和阿特拉斯·科普柯集团现任首席执行官罗尼·莱顿（Ronnie Leten）强调。"因此，虽然在供应链方面，我们在很大程度上依赖与供应商的合作，但我们的下游商业模式却能够与客户完全纵向整合。我们的竞争对手的前瞻性整合商业模式较少，并通过分销渠道运行，这和我们与客户之间的密切联系形成鲜明对比。"

一旦辅助基础设施建设完善，提供服务的需求就开始通过客户拉动。阿特拉斯·科普柯开始根据客户的特殊需求为其提供服务。在此基础上，阿特拉斯·科普柯开始积累经验，提供定制化服务，创造了服务运营职能的里程碑。渐渐地，公司与客户对话也会围绕着提供服务产品而展开。

最初的服务组合范围较小，主要包括改进备件，提供定期检查和维修。然而，这个服务组合非常适合被创建为第一个服务关系，并且客户开始越来越多地从阿特拉斯·科普柯购买服务。对于客户来说，接受专业的服务而不是自己动手解决设备问题，可以保持规模生产的经济效率。此外，由压缩机制造商提供专业服务的服务质量要优质很多。

阿特拉斯·科普柯和客户直接进行交流产生的另一部分价值可能难以量化，但同样有形。与客户建立更紧密的关系意味着阿特拉斯·科普柯需要与客户不断变化的需求保持同步。与客户的定期联系也意味着该公司是第一个了解到客户可能需要的产品或服务的公司。这种关系也开始为各种客户需求提供新的见解和解决方案。满足这些需求的创新产品和服务也开始出现。这样一来，阿特拉斯·科普柯对客户的了解以及与客户的亲密度，加上其持续的创新，使得竞争对手很难进入并接管市场。

最终，阿特拉斯·科普柯的服务范围得到扩展和革新。如今阿特拉斯·科普柯更专注于预防问题，而不是解决现有问题，诸如对备件和维护的定制化和针对性服务让位于更复杂、更主动的服务计划。工作重心转向预防，意味着客户不再需要承担压缩机损坏时昂贵的成本，并且还降低了压缩机损坏时代价高昂的生产过程中断的风险。此外，阿特拉斯·科普柯开始致力于压缩机功能的监控和优化（例如对气流进行优化），以及保证其服务的价格和质量。

后端的转型：从以产品为中心的结构到集成活动系统

在通过成功的服务创新为客户创造价值并获得部分价值的同时，商业模式转型的真正艺术在于设计和运营企业为客户提供服务的活动系统。事实上，在实现这个价值背后，需要很大的远见、投资和执行力。正如对前端的改进一样，阿特拉斯·科普柯也逐渐改变了它的后端。

随着前端的子公司服务模式发生改变，第一个后端的变革也在子公司内部实施。由充当公司首席执行官的总经理领导的阿特拉斯·科普柯子公司，越来越多地开始任命服务业务部门经理负责服务活动。服务经理的首要关注点就是服务质量。而聘请并培训合格的技术团队是后端改进的第一个里程碑。如果无法保证广泛、优质的基础服务，那么将现有业务发展为更复杂的服务是没有意义的。例如，对从事航运业务的客户的采访表明，他们与阿特拉斯·科普柯签订设备和服务合同的主要原因之一是，他们确信每个港口都有熟练的阿特拉斯·科普柯技术人员可以依靠。

在对其提供基本服务的能力充满信心后，子公司的管理层就开始将注意力集中在开发和销售更复杂的服务或提升服务等级上。专门的服务销售团队将有助于这一目标的实现。雇用专门的服务销售人员进行销售对于适当提高客户的购买欲望以及使客户了解有关服务的好处非常重要。随后，随着服务工作量的增加，运营效率变得更加重要。对营销和对服务流程的标准化的关注正在变得平衡，这种服务流程的标准化包括对绩效衡量的使用，以及能够显示和量化流程的 ERP 系统。正如罗尼·莱顿指出的那样:"当你决定垂直整合客户时,效率就变得非常重要。"这就意味着需要 IT 系统和大数据功能的帮助。

以服务为重的商业模式的转型在各个子公司层面取得进展,而全球总部也正在观察这一转变的进行。总部指定服务副总裁(VP)和服务产品经理负责监督服务业务的发展,交流成功的实践经验,对各子公司的绩效水平进行基准测试,并为子公司的服务经理提供指导。他们的主要目标是使服务专业化,并在传统上被视为支持工作的业务的基础上创建新的业务。

这一阶段是实施服务战略的第一步。全球总部开始宣传以压缩机和服务合同的理想比例来衡量的较高比例服务的重要性。此外,"服务等级"的概念被用于表示从基本服务产品(例如备件)到更复杂服务(全面责任服务计划)的进展。服务副总裁们使用这些基于表现优异的子公司的经验产出概念,以促进所有子公司进行服务改进的最佳实践。

虽然他们的努力和成功值得注意,但总部内的汇报系统为商业模式的发展制造了一些限制。服务副总裁向产品总裁进行汇报的模式表明服务仍然是作为支持功能和产品附加功能而存在的。总部的这种汇报系统对子公司也产生了影响。例如,子公司经理的关注,以及产品和服务经理之间的关系和权力状态,可能都是以产品为主。

产品和服务之间平等性的缺乏会对服务业务的发展产生一些限制。首先,由于缺乏知名度和地位较低,服务业务难以吸引顶尖人才和投资。产品和服务之间协同关系（例如优质的服务使客户更有可能再次购买产品）的存在，也会对产品产生长期的负反馈影响。其次，如果产品和服务部门经历过冲突（例如为旧压缩机提供服务和出售新压缩机之间的矛盾），也就是说缺乏平等性意味着产品更有可能在这种冲突中占据有利地位。这被认为是不公平的，并会引起服务部门的一些不满。从长远来看，这种以产品为中心的思维往往不符合整个公司的最佳利益。相反，考虑客户利益而做出决策会更好。

莱顿充分意识到，如果阿特拉斯·科普柯想抓住机遇，必须给服务部门更多权利。然而，阿特拉斯·科普柯的出色业绩再次成为改变的障碍。此外，在 2000 年第一个十年中期，人们对这种服务商业模式的理解非常有限，而且学术文献中几乎没有关于最佳模式及其优势和劣势的信息，这增加了施行这种商业模式的难度。

莱顿回忆道："我们准备得很充分。我们首先聘请了来自鲁汶大学（KU Leuven）的准博士参与研究，以便更好地了解在我们子公司的商业模式的转变过程，以及服务在业绩表现和最优实践的形成中所起的作用。这项研究能代表我们决定在全球范围内转变商业模式过程中的投入，并给予我们向前发展的信心。这是一个深思熟虑的过程。我们创新了我们的商业模式，尽管我们当时可能还没有意识到这一点，但我们领先了。这就是为什么我们拥有今天的地位。"

因此，尽管存在有利于维持现状的惰性阻力和不确定性，莱顿大胆地决定通过在总部设立一个单独的部门来主持服务业务。

全称为"压缩机技术服务部"的部门负责整个阿特拉斯·科普柯集团的服务业绩的统计，它有自由筹集资源并投资于服务业务开发的权利。分工的进行、责任的明确和资源的倾斜都表明了服务业务对阿特拉斯·科普柯的重要性。

随着这一举措的实施，莱顿设法吸引了阿特拉斯·科普柯最优秀的专业人士之一——尼可·德尔沃（Nico Delvaux），让他来领导 CTS 部门。在设立服务副总裁的基础上，德尔沃制定了一个引人注目的服务战略，并组建了一个强大的团队来帮助他执行。随后的成功证明了他所做决定的有效性，各子公司的业绩持续上升。对市场需求的成功判断和追踪客户满意度的努力结合在一起了。CTS 开发了几种新的服务产品（例如和客户连接、远程监控和优化）并引入了创新服务流程（例如服务销售人员培训、服务计划价格计算器和一级方程式技师培训）。

"这一切都始于认识到服务是一项业务基础。任何厂商都可以提供服务或者技术部分的工作，但它们无法通过提供服务创建新的业务。"罗尼·莱顿说，"你必须评估现状，跟进客户需求并吸引顶级人才。由于产品和服务在业务模式和运营方式方面存在很大差异，我们创建了一个单独的部门以确保服务业务的成功运作。如今在阿特拉斯·科普柯，我们提供的专业服务是完善的，和其他厂商处于完全不同的等级。"

盈利机制：从产品利润到客户价值

从产品到服务平台的商业模式的逐步转变始于创造客户价

值，并能够让客户和服务提供商持续共享这一价值。获得更大的客户口袋份额的关键是首先通过创造更多客户价值来扩大这些口袋。正如前文所说，阿特拉斯·科普柯通过牢记客户价值来改进其产品。此外，利用压缩机的客户基础获得规模经济，比为单个客户提供服务更有效率，也可获得更多利润。除了节省成本之外，拥有专业的压缩机专业技术知识意味着阿特拉斯·科普柯可以比客户和其他专业服务提供商提供更好的服务。正如罗尼·莱顿所说："让我们想象一下，客户之前维修机器，需要每小时支付 100 欧元。而凭借我们的规模经济和专业知识，我们可以做得更好、更快，维修价格可能降至每小时约 60 欧元，然后我们将与客户分享这一收益。"

通过将产品和服务捆绑在一起，阿特拉斯·科普柯还为客户提供了便捷的业务办理途径和一站式购物设施，这减少了签订合同所需的时间，使得客户能够更加专注于自己的核心业务。在转向全面责任的过程中，通过提供安全产品和有效的服务执行，阿特拉斯·科普柯和客户的利益更加一致。一些更先进的合同，如"每立方米的空气"也允许客户将额外的风险转移给阿特拉斯·科普柯。许多客户对这种"令人安心"的价值非常感兴趣。

这些复杂服务创造和获取价值的潜力及其所带来的效率增益甚至高于之前所述的在开始之初进行的服务专业化转变。这是由以下几个原因造成的：首先压缩机往往是关键任务设备，防止故障意味着避免（非常昂贵的）进程中断。其次，定期维修可以确保压缩机尽可能有效地使用电能。这意味着这些服务可以使压缩机节省能源，从而减少了客户的能源费用。"例如 1 巴（10^5帕）不必要的压降会使能效降低 7%，而这种压降可能是由堵塞的过滤器引起的。因此，及时进行维护和安装监控（例如潜在的泄漏检测）对于提高能效至关重要。"流程开发经理彼得·科伦（Pieter Colen）说。这些更加个性化的解决方案可以增加产品对每位客户的价值，并可以提高客户的支付意愿从而使公司获得更高的利润，还能够提高客户的忠诚度。

最后，提供服务为阿特拉斯·科普柯带来了财务稳定性。与所有耐用品业务一样，压缩机业务极易受到商业周期的影响。更具体地说，客户购买压缩机的目的是开发额外的生产能力或更新现有的生产能力（更换旧的压缩机）。在经济衰退期间，客户将暂缓增加其生产能力的投资并推迟更新现有设备。但是，现有的服务能力几乎将保持不变。虽然客户可以在某种程度上减少定制服务，但它们无法完全避免这些服务。它们同样不可能终止长期合同并接受处罚。此外，推迟更新现有设备的决定也可能意味着有更多旧设备需要维修。

所得经验和展望：产品和服务平等合作，为客户提供最佳解决方案

强调"下游业务"和发展子公司网络是公司传统产品业务向服务平台商业模式转变的第一个里程碑。后来，服务部门的建立有助于在产品和服务业务之间建立权力的平衡（见图9.2）。

一旦建立了这种平衡，接下来的关键就是使产品和服务业

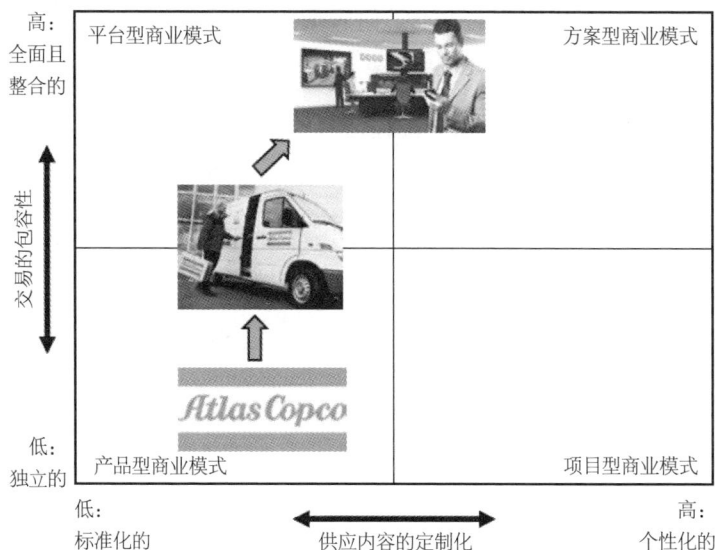

图 9.2　阿特拉斯·科普柯的转型之路

务之间保持强有力的积极关系，并将可能的紧张关系转化为协同效应。事实证明，处理产品和服务的关系是一项具有挑战性的工作。子公司经理必须在这一过程中发挥积极作用，参与解决日常冲突和寻找潜在的合作机会。

虽然具有挑战性，但产品和服务结合与向解决方案商业模式过渡的任务产生了实质性的协同效应。在日常业务的基础上，通过产品和服务组合，阿特拉斯·科普柯可以根据客户的需求提出针对性强的定制化解决方案。从长远来看，产品和服务的结合可以带来巨大的创新潜力。在积极参与维修之后，阿特拉斯·科普柯会专注于设计更易于维修的压缩机。此外，服务部门的见解，特别是它们利用传感器和其他数据收集工具而采集的大数据可用于设计更好的压缩机。

在成为客户"首想—首选"愿景的激励之下，以及在各种产品和服务不断创新的推动下，阿特拉斯·科普柯集团取得了许多成功。例如，它已经向 180 个国家销售产品，年增长率达到了 8%，在 100 家最具可持续性发展的企业中排名第 23 位。另外，阿特拉斯·科普柯集团已将商业上的成功转化为股东价值：该公司的 A 股在过去 10 年中每年的回报率为 22%。

当被问及公司的未来发展方向时，莱顿强调："当一天结束时，无论是产品还是服务都应该朝着最适合我们客户的方向发展。这是解决产品与服务部门悖论的最合理方式，也是一个良好的长期战略。每个子公司的总经理都需要确保在工作中遵守这一原则。在总部层面，我们确保在专业化和改进服务的同时继续进行产品创新。这些要素必须结合在一起。我们必须实现高效率，为客户提供最好的服务体验，同时也拥有最具创新性的产品。你需要一直做这两件事，否则公司的发展将是不可持续的。"

博泽集团：从组件配送到全球系统供应商

金特·米勒－施特文斯

博泽成立于 1908 年，是世界上最大的汽车供应商之一。它保持着家族企业的状态。直到 20 世纪 90 年代末，博泽在开发和生产组件的基础上运行产品业务模型。由于汽车行业的结构性变化，该公司面临着成为数百家二线和三线供应商之一的危机。此类供应商与大型汽车制造商——原始设备制造商（OEMs）没有直接联系，并且依赖于其第一层供应商的管理决策。为了避免这种情况，布鲁斯的董事会决定将公司转变为提供解决方案的商业模式。

博泽：一个100余年的家族企业

博泽是德国一家高度专业化的工程公司，是一家拥有100多年成功历史的家族企业。1908年，马克思·博泽创立了一个汽车零部件贸易公司。今天，博泽是世界40大汽车供应商之一，也是该行业第五大家族企业。

博泽的客户主要是汽车制造产业的全球化大生产企业，其中包括全球范围的约80个汽车品牌生产商。博泽拥有近2.4万名员工，分布在24个国家的57个地区。该公司在2015年的营业额大约是61亿欧元（2004年是20亿欧元），其中3.6亿欧元（5.9%）用于投资。它的大部分增长是可持续性的。公司只进行了两次主要的收购：博世的封闭系统业务（2002年），西门子威迪欧和大陆的电动机部门（2008）。

几十年来，博泽在机械、电气和电子领域获得了卓越的专业技术。这些能力被用于车门系统（业绩占总销售额的51%）、座椅系统（业绩占总销售额的23%）和驱动器（用于电动机，业绩占总销售额的26%）业务部门的不同组合。管理层由9名高管组成：首席执行官、商业主管、生产主管、采购主管、三个业务部门负责人和两个地区主管（亚洲和北美洲）。

行业：汽车供应商压力日益加大

汽车供应商的市场是一个竞争非常激烈的市场，大多数供应商希望成为 OEMs 的第一供应商，而不仅仅是另一个供应商的供应商。由于竞争激烈，以及来自 OEMs 的价格压力，市场正在经历一个整合过程。供应商希望通过实现规模经济来提高成本水平。

十大汽车供应商的销售额约 3 000 亿美元，约占全球汽车市场销售总额的 60%：（1）大陆（330 亿欧元）；（2）罗伯特·博世（310 亿欧元）；（3）Denso（280 亿欧元）；（4）Magna（250 亿欧元）；（5）普利司通 / 费尔斯通（250 亿欧元）；（6）现代公司（230 亿欧元）；（7）约翰逊控制（210 亿欧元）；（8）米其林（200 亿欧元）；（9）Aisin Seiki（190 亿欧元）；（10）佛吉亚（180 亿欧元）。平均而言，它们的息税前利润（EBIT）不到 5%，已动用资本回报率（ROCE）约为 12%。

汽车供应商必须应对一些挑战。原始设备制造商的整合导致了议价能力的提高。例如，奔驰利用不同种类的车门系统订单，实现了较高的经济规模，通过使用相同的组件来降低成本。这样的活动是大采购成本削减计划的一部分，能够保持一个有吸引力的利润，并实现股东回报的期望，但同时也导致价格敏感性的增加。为了减少其供应商管理的复杂性，OEMs 定义了所谓的"系统的供应商"。作为一级供应商，系统供应商负责汽车的复杂综合子系统，也必须管理所有向系统交付组件的第二级和第三级供应商。

与此同时，为满足客户创新的要求，供应商面临着越来越大的压力。例如，由于市场环境意识的增强，原始设备制造商可以向供应商施加压力以生产"绿色"创新产品。与客户紧密合作是必需的，因为创新必须更快，并以更专注、更直观的方式为最终用户服务。最终的解决方案常常是与客户共同创新。

除了客户压力外，汽车行业目前的特点是通过提高效率、轻量化设计以及汽车和摩托车的电动化等手段节省燃料消耗。诸如博泽这样的供应商必须考虑它能够通过现有的和传统的机电系统来节省资源和实现可持续发展或者做出什么样的实质性贡献。例如充分利用智能、轻量级的设计和功能集成等。

汽车工业的全球化带来了新的市场。经典三联市场（欧洲、美国、日本）正在迅速失去市场份额，而新的市场（中国、印度等）正在兴起。供应商必须关注全球化的客户基础。全球汽车平台必须得到本地供应商的支持，且供应商必须向客户保证能够在全球范围内满足它们的要求。此外，供应商必须表现出更多的灵活性：能在更短的产品生命周期内做出反应。新车型必须有基于标准构建模块和平台的定制系统。在全球大平台中，挑战也是巨大的。

面对这些巨大的挑战，布鲁斯的管理层决定改变公司的宗旨，接着是商业模式的彻底改变。

转型：成为一个战略合作伙伴

将博泽转入全球系统供应商以及在国际汽车工业中选定客户的战略合作伙伴，对商业模式的前端、后端和盈利机制产生了重大影响。作为一个一级供应商，博泽面临着更复杂的情况和来自客户的特定需求。毋庸置疑，供应商仍然希望尽可能多地销售系统部件（如座椅系统），以实现规模经济。但现在它们的观点发生了变化：供应商必须优化其产品和流程，满足特定需求，因为每个客户系统看起来不同，而且供应商希望将收益更大的项目卖给原始设备制造商。因此，供应商经常会与客户密切合作来设计和开发它，并将生产和交付完全对准客户的装配线。这意味着该产品的硬件结合了大量的服务。为了保证这一点，供应商必须针对重大的特定客户进行投资，包括所需要的额外功能的发展。

而这让双方产生了依赖关系，一个家族企业由于长期发展可能会有一定优势。例如，博泽集团和奔驰之间的伙伴关系已经维持了约80年。这种锁定关系驱动博泽朝着解决方案商业模式的方向改变，因为它增加了客户和博泽系统平台之间的关联性。博泽和奔驰之间的合同期限通常是6~7年，因为车门系统不仅与汽车相关，这给了博泽一些长期的稳定性。但是，因为奔驰也不想过于依赖博泽，合同的订立也基于多种条件（如竞争力、质量、合理价位等）。如果奔驰的这些条件都无法满足，奔驰就可以取消合同，并可能需要花上1~2年时间换成另一个供应商。

然而，因为所有其他组件的关联性，这种情况并不经常发生。为了减少对供应商的依赖，奔驰拥有其特定的产品工具。如果需要更换供应商，它可以简单地换一下工具。在这种情况下，供应商有责任在客户生产的底盘上安装一组软件。

前端的转型

扮演好第一层系统供应商的角色需要重视收入结构方面的决定。首先，公司必须专注于数量极少但能实现盈利和正在增长的系统产品（见图9.3）。一个系统应该尽可能广泛，包括服务。其次，要盈利，公司必须能够在世界市场取得领先地位，还需要一个重要的分享创造价值和利润的系统池。最后，为了减轻这种集中供货的风险，公司必须让它的客户组合保持全球多元化。

博泽决定专注于两个系统：门模块（子组件）和座椅结构（见图9.4），因为它们体现了公司在机械、电气和电子方面的优

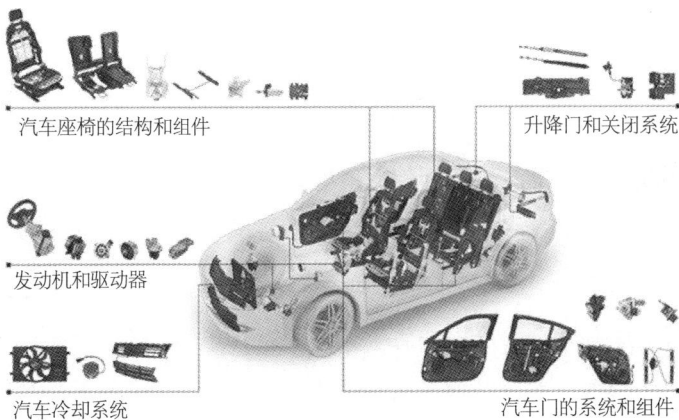

图 9.3 机电系统和发动机

图 9.4　博泽的门系统和座椅系统

势。如今，博泽的销售额几乎有 80% 是由这些系统产生的。在每个系统内部，随着原始设备制造商的供应内容复杂性的增加，公司能够提供数千种不同的类型。

1987 年，博泽为奥迪的 1987 双门跑车生产了第一个门模块，而最终交付超过 4 000 万台。博泽被视为汽车模块化门系统的发明者，它甚至将门分为干、湿区。相关的功能都集中在一个模块的安装中：关闭系统、窗户控制器、线束、内饰门板、碰撞传感器系统、扬声器等。通过使用新的材料，如玻璃纤维增强聚丙烯，博泽有助于 OEMs 减重的目标。作为系统集成商而不仅仅是零部件销售商，博泽可以改善和优化整个系统的质量，例如通过确保汽车中超过 40 个电动机的电磁兼容性。

2008 年，博泽收购了西门子威迪欧和大陆集团的电动机部门。在这个时候，博泽是该公司最大的客户。该交易的战略理由是：通过垂直整合相关供应商来增加其在门系统中的价值创造，这有助于优化其质量，建立和加强电动机的能力，扩大新市场和产品（CFM1、ABS、转向等），并能确保创新（减少二氧化碳排放量，减轻重量，传动系统带气化）。

但博泽不仅生产门系统，它还是一家全方位服务供应商。为了承担第一级供应商的角色，博泽必须证明其具有技术和流程管理能力来交付和管理这样的子系统。因此，博泽对所有供应商负全部责任，甚至包括由原始设备制造商预定义的供应商。博泽控制其供应商的主要方式与博泽由客户控制的方式相同：认证、审计工具、企业资源规划系统等。

在博泽与客户一起以创新的方式规划和开发门系统时，服务合作就开始了。如果公司必须开发新车型，则从旧车门系统到新车门系统通常几乎没有协同作用，因为在此期间已经进行了材料和技术创新。例如博泽必须考虑通过其现有的和未来的机电一体化系统为节约资源和可持续性做出实质性和创新性贡献，例如通过窗户调节器实施智能化、轻量化设计和功能集成。为了覆盖提供者和消费者之间的"最后一站"，客户可以利用工具共同设计产品（生产性消费者）。例如当客户使用从模型到代码的业务流程管理工具来构建自己的软件时，博泽要对客户的业务流程负全部责任。

车门按照客户汽车生产装配线的节奏同步生产。门系统的生产始于博泽收到的订单。生产完成后，门系统可以由客户预览，随后可以与门的车身外壳进行组装，并安装在客户的装配线上。所有博泽生产基地都以零故障率提供它们的门系统，即时或按顺序将其直接交付到原始设备制造商的装配线，以避免在客户现场临时存储。准时化顺序供应降低了客户的成本，因为交付发生在原始设备制造商下订单后4～5个小时之内，只有当博泽生产基地非常靠近客户的装配线或客户现场时，才有可能实现这一目标。这节省了物流成本，并且可以实现快速质量循环反应。早期的例子是1997年在 Meerane（德国）开设生产基地，邻近大众摩泽尔。另一个例子是 Brose Tuscaloosa, Inc（美国），自2004年底以来一直为戴姆勒克莱斯勒的M级和R级车型生产门系统。博泽最多有247种产品型号，分别按客户的车辆生产计划供应给一公里外的梅赛德斯工厂。物流和信息技术能力也是客户项目成功的决定性因素。

未来的另一种可能是，博泽员工直接在装配线上将车门系统安装到车身中。另一个不那么激进的选择，可以降低原始设备制造商的连续成本，即将博泽生产基地建在客户的生产基地内。这两个选项也可以组合使用。

为了改善门和座椅系统的客户定位，博泽通过将上述业务部门定义为"门系统"和"座椅系统"来重组公司。两个单元的多学科项目团队可根据具体的专业知识需求进行重新设计。博泽与每位客户建立了专注且直接的对话。

博泽与梅赛德斯在德国的接口是梅赛德斯的中央采购部门。只有在技术变更的情况下，它才会与梅赛德斯的开发部门进行互动。例如奔驰C级车是在一个站点开发并在四个站点生成的。梅赛德斯在博泽只有一个联系人；联系人能够协调并优化博泽与梅赛德斯之间的所有互动。

后端的转型

博泽的客户期望更灵活，更能适应不断变化的需求。基于模块的门系统概念有助于解决每个新车产品线不断增加的变体多样性。多年来，博泽的业务遍布全球汽车市场，并拥有开发和生产基地，使其能够迅速做出反应，并根据客户需求进行本地调整。

另一个挑战是在定制驱动的商业模式中控制成本结构，以便获取高利润。这并不容易，因为博泽等供应商的采购节约目标通常是由原始设备制造商降低价格的需求所决定的。首先是照顾精益架空结构。博泽还希望确保博泽系统不仅可以根据客户的需求量身定制，而且在定价方面也具有竞争力。博泽解决方案基于子组件之间的标准化组件和接口。因此，尽管它提供的是个性化的解决方案，但可以实现独立于任何原始设备制造商或任何产品线的单个组件的规模经济。如果有创新方法来提高效率，博泽的流程优势会得到体现。最后，一位执行董事会成员建立了一个强大的，职责明确的全球采购职能部门。

为了实现所有这些变革，博泽必须留住并吸引优秀人才。他们必须认可博泽的企业价值观（传统和变革的开放性，国际性和区域承诺，成功导向和执行意愿，承诺和责任，可靠性和荣誉）和企业目标（市场领导力、增长盈利能力、质量和速度）。

盈利机制的转型

定价是由客户的支付意愿驱动的，也是由原始设备制造商产品线定位的价格段驱动的，因为新车型的目标价格往往被分解为不同的系统和组件。问题是客户准备在多大程度上为其产品的额外服务项目支付费用。

博泽的目标始终是成为全球大型平台的一部分。为了获得订单，博泽最初的定价有时低于成本，其预期是在系统的整个生命周期内实现目标利润。然而，如果博泽获得了订单，博泽必须在开发新系统时进行大量的特定客户投资，而这通常没有客户的财务支持。这意味着博泽的财务负担较重，风险较大。研究和开发成本受承诺目标成本和特定开发合同的约束。2015 年，博泽投入了 4.7 亿欧元用于研发项目。

例如，门系统的定价和计算是基于新车型的预期产量——有时甚至捆绑在不同的车辆类别上——但无法保证达到这一数量，因为市场发展可能会发生变化。原始设备制造商在此期望供应商能够具有高度灵活性。

然而，财务可持续性不仅取决于利润率，还取决于优化的营运资本管理、有效的资产管理以及可用资产的充分杠杆。

未来：不断变化的汽车行业面临的挑战

博泽解决方案业务模式的可持续性将取决于公司帮助原始设备制造商应对它们所面临的巨大挑战的能力，它甚至可以改变汽车的本质或灵魂，让车主感受自由自在的感觉：不断上升的全球竞争强度、技术进步（交互式安全系统、车辆连接、自动驾驶汽车等）、新的监管重点（车辆使用限制）和数字化价值链（装配线上的机器人和联网的汽车等）。所有这些发展也需要供应商的新的专业知识：它们必须是必要的复杂创新和独特性的主要来源。

对于像博泽这样的系统供应商来说，创新和降低成本的压力会增加。商业模式的数字化将在这里提供新的可能性。尽管博泽会针对其客户的每个产品系列提供独特的解决方案，但它必须与其系统实现更多的跨客户协同效应，以满足原始设备制造商的成本目标。

在图 9.5 中，我们总结了博泽从纯产品型商业模式向方案供应商的转变。

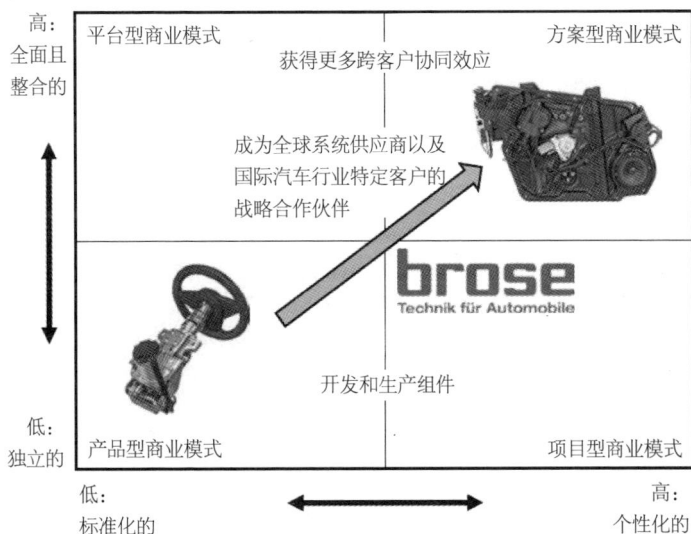

图 9.5　博泽的商业模式转型

致谢

我们感谢迈克尔·雷夫（Michael Reiff）（梅赛德斯 - 奔驰的采购和供应商质量管理者）的反馈，这使我们能够更好地了解这一行业。

圣加仑大学：从产品化教育到整合型教育方法

马库斯·弗兰克与安德鲁·洛默尔

　　圣加仑大学的高管教育可追溯到 20 世纪中叶。与其他商学院的情况一样，该大学的校友希望与教师进行持续对话，并掌握管理、金融和商业法等关键主题的最新信息。

　　对于教师来说，与校友保持联系使他们能够根据管理实践的需要开发研究课题，测试新的方法和工具，反思最近的研究成果，提高教学技能；此外，还能产生额外的收入，让他们随后再投资于教学研究和教师发展。为此，大学的研究所制订了各种形式的公开招生计划，来自不同组织的高管们聚集在一起，以获得对最新商业知识的新见解，并相互分享经验。

　　随着大公司和组织开始制订自己的内部高管教育计划，20 世纪 90 年代后期已经出现的趋势在新千年初期日益明显。公司希望课程与其领导力发展需求和公司的业务环境保持一致。此外，在某种程度上，由于 9·11 事件之后，大型公司和组织也试图降低在领导力发展领域的高管的风险和差旅成本，这一目标导致了教师将课程作为公司自身执行发展活动的一部分，并以公司的业务背景为基础，通常在公司、大学或学院的支持下进行。在许多情况下，这些计划能够帮助参与者攀登他们的职业阶梯。

　　圣加仑大学的研究所和其他部门抓住机会，为其企业网络合作伙伴开发第一个定制计划。课程内容和教学方法主要是从现有的公开招生方案中转移过来的，并采用了一般案例。定制程度仍然非常有限：企业客户可以从相对标准化的课程模块组合中进行选择，以设计适合其需求的课程，并且他们能够指定地点。主要的销售主张是教学内容的质量。此外，客户管理团队的发言人经常提供公司所需的特定内容。

负责开放课程的销售人员代表学校处理企业客户对定制课程的要求。相反，在客户端，组织的人力资源（HR）人员通常扮演的角色更为有限。他们通常只与不同业务部门的实际业务进行远程联系，因此没有大量参与自定义课程的设计。在大多数情况下，商学院接受了这种活动，以便在提供课程时更接近现实。

开放式注册计划通常用于交叉销售定制计划。管理、组织、讲师简报、社交活动组织和会计职能也是集中的，以便在开放和定制计划中实现规模化。定价与开放计划的费用非常相似，仅包括一小部分定制费。定价逻辑的主要成本要素是讲师的酬金和活动地点的租金。

这些早期的定制课程侧重于教师的核心主题，以经过验证的、完善的课堂形式提供，几乎没有教学前和教学后的元素。参与者的选择和学习转移到工作场所是分配给客户组织的任务。对人力资源和学习与发展（L + D）流程中的计划整合得不到积极支持。由于它们的标准化，这些基本的定制课程是可重复的，并且可以轻松适应不同的管理级别。客户关系具有高度的交易性，因为此类计划的采购基于明确的要求和标准化的要求。经验丰富的知名教师，以及经过验证的形式和方法（案例、小型调查等），主导了学习架构。因此，管理与核心教师及其所在机构的关系对于定制项目的成功至关重要。因为这些活动是开放式高管教育计划活动的简单延伸，而且客户几乎没有锁定，所以圣加仑必须在短期内投入。定价相对透明，因为客户通常认为教师的酬金是成本的主要组成部分。

2006年，管理、技术和法律学院（ES-HSG）开始了它们的活动。此前，该大学的研究所以分散的方式管理所有的教育活动。然而，这种方法产生了一些冗余，因为项目部分重叠，几个项目经理经常与同一个人力资源经理接洽。此外，缺乏协调阻碍了将高管教育活动纳入日益相关的国际排名。然而，客户要求更好的协调和服务，并且越来越多地根据排名选择它们的内部教育服务提供商。为了应对这些压力，ES-HSG的成立旨在实现两个目标：第一，通过更加综合的高管教育组合以及在金融时报（FT）中更强势的排名来提高其对潜在客户的吸引力，并使其在欧洲商学院中排名（目标是到2014年进入前十名）靠前；第二，为整个大学的资助做出重大贡献。

在运营方面，这两个目标基本上意味着有必要按由外向内的逻辑开发新的开放和定制课程，以客户需求和竞争标准为出发点，颠覆当前占主导地位的，将现有的定制的内容和方法推向高管教育市场的由内而外的逻辑。大学高管教育活动的质量将不再根据内部目标进行评估，而是以市场为基础，这反映在客户满意度和FT排名中，并通过严格的流程对ES-HSG的绩效进行外部阐述。另一个根本性的变化是引入了一种集中营销方法，以提高高管教育活动的可见性和全面性。这种方法包括一个中央互联网门户网站，一个包含所有产品的完整的最新计划，以及有关高管教育的所有信息支持。

为企业客户提供真正的定制计划，在开发新内容和新形式以及创造大量新收入方面显示出巨大的市场潜力。ES-HSG 于 2006年进入这个市场。其关键举措是聘请具有董事会管理经验，对大学的研究领域、内容和师资的优势和特点有深入了解的专业开发人员。

以客户为主导：从标准化到真正的定制化

虽然 ES-HSG 最初在客户端的企业计划中提供了高难度的标准化内容，但最终它还是采用了更加个性化以及受客户需求驱动的管理教育方法。

前端：从标准化课程到定制教学

显而易见，各种公司（通常是跨国公司）的客户对管理教育计划的要求越来越高。这主要是因为透明度随着互联网的发展变得更高，特别是对市场上的潜在供应商和他们的"解决方案"而言。因此，ES-HSG 除了在内容和方法或教学方面注重更多细节和灵活性之外，还必须更好地了解客户的需求。这一要求使它必须为学习和发展架构，课程、模块、学习干预措施的设计和交付以及课程和学院的全面管理提供咨询服务。对于管理学院来说，这意味着在学校自己的场所寻找一套全新的客户管理技能：必须找到一种新的"学习架构师"。借助于前顾问、商业领袖的培训与发展专家，ES-HSG 在企业客户的高管教育定制领域提高了技能。它们必须谨慎招募架构师，因为选择标准是多方面的：他们的年龄必须能显示客户关系资历；为了充分了解客户和客户的需求，所有组织的工作经验都是必须的；最后，显然他们需要具备在高管教育和组织发展领域的经验，因为他们需要建立复杂但可理解的学习架构。

新员工的全面招聘和入职增强了学习架构的设计能力，这在很大程度上反映了客户的需求，在资源相对有限的情况下也提供了足够的灵活性来应对资源限制。定制计划不再是旨在传授知识的教学方法，而是建立和发展个人技能和组织能力的学习之旅。技术在这一过程中也发挥了重要作用，因为它使得管理学院能够更好地从灵活性、生产力和效率方面出发去满足客户的学习及自有品牌建设需求。2010～2011 期间，学习平台和一些电子学习模块进入了定制学习过程，随后几年出现了新的解决方案，如 Virtual Launch，一个具有突破性的基于网络的虚拟教室，以及联合品牌的知识门户网站 1place2learn。

对于所有相关的管理和领导主题，这些平台已经建立了一套学习方法（讲座、视频、案例、模拟、体验式学习、一对一辅导等）和学习模式，并随时可以使用。尽管保证解决方案的灵活性和流程的平滑性是团队成员的首要任务，但事实表明，过快地弯曲树枝有时会使其颠簸着向后翻转。它们试图用引人注目的演示来说服客户，介绍新方法，或者用不同的技术向客户进行一场推介或与客户在一个特定的项目交付中进行对抗，但这根本没有取得预期的效果，因为客户可能没有达到与管理学院相同的成熟程度。因此，学院必须保持耐心，彻底地实施面向客户的新方法。

在高度分散且竞争激烈的高管教育市场中销售定制解决方案是一项挑战。从传统上而言，这些课程是根据提案请求（RFP）或客户直接请求而设计的。这仍被视为非常有前途的渠道，能够扩大该领域的国际足迹，但定制计划部门也试图通过扩大研究不同行业的行为以及一些特别有趣的公司如何发展，来积极地吸引潜在客户。"卓越的愿望伙伴关系"概念是由定制计划团队创建的。

后端：从可扩展的标准内容到定制的见解

在几个月内，定制计划团队对客户不断变化的环境做出了反应。在可能的情况下，它根据组织的需求调整了学习架构和其他定制教育解决方案的设计。即使是在高管教育领域，具有高度成熟经验的客户也不会认识到项目架构和教学内容的任何标准化。然而，这种定制也为那些负责提供解决方案的人员，即教职员工带来了实质性的变化。

教师强大的研究基础不再是定制高管教育方法的唯一推动因素，因为后者要求教师仔细审视客户的需求并制作相应的内容。虽然大多数教授都加入了所谓"内群体"，并乐于将其标准内容调整为客户的人力资源部门或企业为其高级管理层所期望的内容，但也有一个由不愿意量身定制内容的讲师组成的"外群体"。主要原因是不同的优先级和有限的时间，教师必须满足众多需求，包括本科生和研究生教学、基础研究和出版以及项目工作（咨询和教育），以资助他们的研究所。此外，定制计划团队给予教师的经济激励的空间有限，因此不一定有助于定制计划团队留住教师。为了认真对待教师，团队成员——至少在董事级别上——必须水平较高。尽管定制计划团队面临这些挑战，但它在为客户做事时表现出极大的热情。客户对定制计划团队的建议以及客户端的讨论表明，组织在学习过程中，需要有符合其需求且更具适应性的定制。

随着计划的发展变得更加以客户为导向，它还需要客户更强大的购买力和联合设计工作（共同创作）。概念化组织发展或执行教育措施阶段可能需要更多时间，并需要客户方做出明确承诺。教师们强烈关注让参与者回答与部门相关的调查或让他们描述自己领导案例的可能性。此外，定制计划团队应强力推动与客户建立更紧密的共同设计程序，以便从业务案例中获取所有相关信息，并确保教学内容更加有效。

盈利机制：定价仍然面临压力

定价仍然是一个巨大的挑战，因为客户（大多数情况下）对价格很敏感，瑞士的客户更是如此——瑞士的商学院往往具有与欧元区不同且稍高的价格点。因此，商学院所提供的服务必须保持竞争力，最好是量身定制。换句话说，它必须更加关注设计和概念工作成本的重要性，而交付费用的压力仍然很大。

管理学院的客户及其课程表现出不同的盈利率。根据客户在管理教育过程中的成熟度和水平，以及他们是否愿意承担项目设计的大部分责任，有些人需要寻求比其他人更多的帮助。然而，最初，客户并没有为这种服务和支持付费。为了确保盈利，商学院必须非常密切地对其进行定价和监控。

将培训教育作为一种整合型解决方案：开发受效果驱动的定制内容

由于数字产品和解决方案的需求越来越大以及其他因素的影响导致其客户面临市场波动，这对商学院也造成了类似的影响。对于定制课程部门而言，这意味着其商业模式的另一个转变，并更加强调它可以在不同层面对客户产生影响。似乎纯粹的教育——住校或虚拟教学和学习作为提高个人能力以及组织能力的黄金方式——无论他们如何量身定制都即将结束。

除了价格竞争和一些客户要求在管理层面外包学习的现象增多外，领导力和组织发展也变得更加全球化和复杂化，因为组织内部的 L+D 角色面临越来越大的压力，需要通过与精心挑选的商学院联手为企业带来真正的影响。越来越多的董事会要求提供明确的可交付成果，以将课程的学习目标和预期的商业成果联系起来。一般来说，学习投资回报率（ROLI）的时间范围不超过两年，期望值也在上升。L+D 职能有一种强烈的倾向，即成为一名真正的商业伙伴，同时也是商学院的合作伙伴。为了确保效果并因此成为首选教育供应商，ES-HSG 面临着扩大其服务组合的压力。教学仍然是其业务重点，但必须增加其他服务，包括转学支持和个人辅导。但是，它不仅要提供这些服务，而且要将它们与教学计划紧密结合，以便提供服务时能遵循明确和一致的共同主题，这一点非常重要。

前端：从教学到商业影响

定制课程部门为其客户提供的服务越来越多地针对当前或未来业务。学校将不再专门执行交替教育计划的设计和交付或在特定时间以住宿形式存在的学习旅程。相反，它将支持客户和客户的目标人群，这取决于它的重点是组织能力还是个人能力或两者兼而有之——使用新开发的架构，最多可达三个不同层次：内容交付、将内容转移到客户的业务（关于主题）以及应对个人管理和变革挑战（关于个性）的辩论。因此，商学院花了相当多的时间来深入了解客户的需求。该产品的成功是根据可以观察和量化的直接业务或个人影响来衡量的，商学院最终可以对此负责。

虽然早期尝试新设计的业务方法"一次性"结束，但其他业务方法可以转变为持续的解决方案。后者是重要的，通过参与者进入相关市场的数据表明，它们可以产生影响。如果受效果驱动的定制服务是客户面临的业务挑战的答案，那么只有与客户保持中长期关系才能证明开发和培训计划的结果已经实施并且已经发生影响。这种方法要求在客户端和管理学院的参与者之间建立基于信任的互动。然而，"一次性"从未被忽视，因为市场也显示出对精益计划的一些需求。

毫无疑问，关键客户管理和密切的客户关系变得越来越重要，甚至最终改变了游戏规则（它们可以成为合作伙伴）。通过更多地成为客户的陪练伙伴——可能是任何组织发展或高管教育问题的传声筒——定制课程团队的关系变得越来越以保留为导向。客户的例子表明，即使在项目的收购阶段，学校与客户的接近程度以及客户的潜在或明确的业务挑战也是至关重要的。通过电话、Skype 或 FaceTime 进行讨论，或通过面对面的交流或书面交流，让客户产生了一种印象：即使在宣布参与竞标或签订合同之前，团队也要付出额外的努力。

后端：从选定的专家讲师到不可预见的未来网络

团队对于进行项目管理所需的一部分技能作了进一步改进，并且需要更多的知识来处理客户的多种需求。在"新世界"中，谈话技巧（倾听和提出正确的问题），行业知识，以及如何设计方案或制定措施以应对客户具有创新性和前瞻性的挑战的建议已不再足够。在这里，必须设置一套新技能，并且必须令人信服地满足商业界新的综合需求：将整体组织发展和协调作为人力资源专业人员的准则和工具箱；以精益而有效的方式为董事会和执行委员会制定综合战略；为那些在饱和市场寻求新冲动的人提供创新建议和推动商业模式转型；管理干扰因素以挑战自我；数字化成为组织中新的流行语。

为了满足客户需求，专家讲师需要具备复杂的技能和专业知识，而且网络的重要性急剧上升。对于高度差异化技能的需求远远超出纯粹的教育主题，这一方面使得公司与内部研究所建立积极的关系；另一方面也使公司与外部第三方智库的关系随之变得更好——这是一个不可否认的前提。由于管理学院已经在其课程中与众多外部提供者合作，因此可以轻松处理知识中心的深入使用和扩展，并使圣加仑大学成为更强大的合作伙伴。因此，这需要团队具备另一项技能——网络通信。网络的设置和使用方式足够灵活，能够有效地响应客户的请求以及做到实时更新。无论是大学研究所的专家、第三方专业人士还是专家代理人，他们都在潜在贡献者的网格中联系在一起，增加了学院对客户的影响力。

自 2013 年以来，执行学院已经处理了越来越多的项目，客户要求其承担"总承包商"的角色，根据项目的要求整合和调整其他合作伙伴，或者与提供专业知识或地理位置接近的社团学校联系。有时这是一项具有挑战性的任务，因为高管教育市场的合作伙伴规模更大，声誉更高。为了让它们同意把客户分包给潜在的竞争对手，指定的项目负责人和大客户经理必须在它们的同行中建立信任。例如，在外交和智能网络通信的基础上，项目可以在 Hult Ashridge Executive Education（英国），哥伦比亚商学院（美国）或 ESSEC（法国）的支持下成功交付。这种包容性使 ES-HSG 被现有和潜在客户认为是独家和复杂的解决方案的提供商。

最终，为了满足客户的需求，灵活地与第三方打交道已经并将成为一个强大的推动因素，如果能够生存下去，上述因素将成为商学院未来的重要资产。

盈利机制

转变为以影响为导向的定制化商学院，或者以留住客户关系为导向，并不一定意味着带来客户方的稳定收入。每年，根据结果质量及其后续影响，一些客户与商学院重新协商价格并修改其领导力发展组合。

受效果驱动的定制流程或交付中的成本覆盖仍然是一个挑战。只有对少数深度客户的承诺可以达成长期协议，而启动更多的是较小的承诺。然而，由于学校及其教师的高额前期投资，真正的受效果驱动的定制计划只能在长期内实现盈利。因此，学校需要确定客户，并寻求与特定商学院的纵向关系和合作。

即使是那些与学校建立了良好关系并且对其组织和学习措施的个体参与者产生强烈影响的客户，也渴望看到高成本透明度。尽管价格通常针对不同类型的服务，但为了与其他学校进行比较，项目主管和主要客户经理将面临越来越大的压力，他们需要更详细地了解实际成本和利润。因此，对于大多数学校的客户而言，采用集成解决方案的可能性似乎仍遥不可及。

总结和展望

作为管理教育和组织发展机构，管理学院的定制课程部门进行了两步转换过程（见图9.6）。首先，它提高了定制程度；随后，它提高了交易的包容性。2006年，为了不再只是简单地向企业客户提供标准化培训计划，管理学院通过投票决定将主要业务从"大规模定制"转向可以被视为量身定制的、以项目为导向的高管教育或学习计划。销售的成功、完善的客户关系、创新的解决方案和高度的国际化使得管理学院成为高度分散的（主要）欧洲管理教育市场的重要参与者。虽然组织对它们得到的东西感到满意，但随后效果的驱动力似乎变得更加受关注。

在之后的转型步骤中，管理学院转向"以效果为导向的定制化"。培训或教育产品——尽可能量身定制——不再成为焦点，而是越来越多地在衡量个人、组织或两者的短期、中期和长期影响。

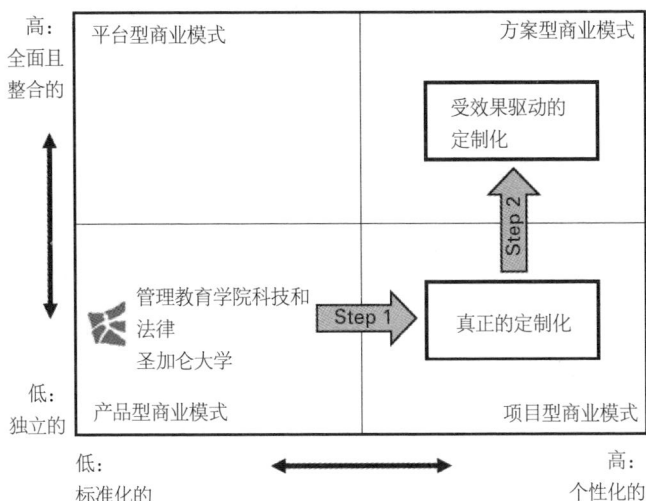

图 9.6　ES-HSG 的商业转型过程

这种解决方案驱动的方法可能涉及管理教育（或者说组织发展）的三个不同方面：高管培训、高管转职和执行陪练。这些措施的设计应使参与该过程或倡议的所有利益相关方看到直接回报。

客户——无论是 L+D 职能部门还是其他职能部门，似乎在学习能力以及组织发展问题和需求方面变得越来越成熟。由于定制和需求之间存在很大差异，因此客户与组织负责人的互动要求变得越来越高。虽然一些客户只是在寻找方法优化他们每年一次的课程，但其他客户正在寻求将管理人员个人能力的发展与组织能力的提升相结合，或者他们正在制定一系列高管教育措施以提高领导素质，帮助高管成功实施具体的战略变革项目。无论如何，无论项目和学习计划有多么不同，客户总是要求了解新业务或行业知识。他们希望在教育理论和教学方法上实现积极创新，并且不再仅仅满足于做个旁观者，并希望商学院会针对这一点不断改进其工作。

随着世界继续以越来越快的速度变化，无论是商学院还是客户都要对潜在的干扰做出更快的反应，高管教育及其相关活动正朝着在更短时间内产生更大影响的方向发展。管理学院正在走上满足新需求的坚实道路，并已转变为以追求更大影响力和提供解决方案为导向的小型组织。未来的商业环境是否会给它一个获胜或能够充分适应的机会，还有待观察。

第四部分

应如何前行

正如我们所看到的，商业模式转型是一项具有挑战性的工作。在本书中，我们关注的是如果要在新的商业模式中取得成功，必须如何改变公司的前端、后端和盈利机制的配置。很明显，虽然这些配置是必要的，但它们不足以确保转型成功。转型成功离不开优秀的企业领导者。企业家通过创造新颖的组合来利用看不见的机会，不顾一切地主动追求这些机会，并激励和赋权人们以革命的使命行动，以确保其组织的可持续的有利增长，并符合所有利益相关者的利益。

在第十章中，我们在指导公司沿着业务模型转型路径前进时，专注于领导力挑战。我们从有关企业领导类型的研究和案例中提供了额外的经验教训，该类型旨在有效地改变业务，并以激进的转变为中心，这需要在依赖并受益于遗产的同时更新公司的能力基础。我们还谈到了领导力，这种领导力把最终目标变成一种愿望，允许甚至创造了构建新商业模式所需的组织结构，并培养了一种企业文化。在这种企业文化中，变革推动者发现或创造新的商业模式实践的岛屿值得效仿。这种企业领导力与日常运营管理形成鲜明对比，后者旨在有效运营，使现有业务得到保障和可持续发展，从而利用公司现有的能力和技能。企业家领导是商业模式成功转型的框架要素；它集结了团队和驱动因素，协调了变化，从而建立了转型基础，以管理和执行公司业务运营的前端、后端和盈利机制的转变。在第十一章中，我们以一份分步骤的指南对本书进行了总结，该指南可用作转换组织商业模式的操作工具。

第十章 应对转型过程中领导层面的挑战

商业模式的研究在于所采取的战略与企业家精神的交汇。为了在商业模式转型中取得成功，它采取的战略取决于其背景（包括所有大趋势）和创业领导（推动新业务模式的实施，并激励参与变革的人员）。换句话说，如果要选择正确的转型路径并捕捉预期价值，那么公司的战略应基于对竞争动态的彻底了解。此外，从企业家的角度来看，领导者要通过发现、创造和利用与转型路径和目标新商业模式有关的机会，引导组织中的人员为利益相关者创造价值。

随大流转型或寻求创新的转型模式

如果公司计划进行商业模式转型，那么管理团队必须决定未来如何对公司的竞争对手进行定位。一种选择是追随主流，从某种意义上说，这是将公司的转型与行业中的普遍转型结合起来。这种策略的一个例子是戴姆勒从产品型商业模式到平台型商业模式的部分转换。其转型发生在几家汽车制造商开始构建更具包容性的移动服务产品和平台的时候，例如宝马的 DriveNow 汽车共享服务。奥迪首席执行官甚至表示，到 2020 年，奥迪销售额的 50% 将基于应用程序、软件、电子系统和数字服务。主流似乎是不可避免的行业发展趋势。如果一家公司不顺应主流趋势，就有可能被抛在后面。这同样适用于施乐从平台型商业模式到方案型商业模式的转变，随着印刷行业的市场转变——从商品化印刷平台到文档管理再到流程管理，完整流程的外包远远超出了打印服务。

　　另一种策略是公司将转型与行业发展区分开来，采取自己的方式来转型。如果我们将竞争视为一场竞赛，获胜者就是最先通过创新性挑战，改变其商业模式以创造新的竞争优势的公司。这就是网飞在使用数字化数据生成独家内容时将其平台型商业模式部分向产品型商业模式回摆时所做的事情（见图 7.4）。网飞很早就建立了预测分析能力的业务，这将其带入了下一个增长轨道，从而使其能够开发出获得了艾美奖和金球奖的产品。或者采取像克诺尔集团从产品型商业模式到方案型商业模式的转变，它们由于行业激烈的价格竞争而开始采取行动，这导致许多竞争对手通过提高标准化水平，进一步向产品型商业模式的左下方迈进。克诺尔积极决定不进行这种转变——成为一个商品制造商，而是选择相反的战略路径——没有大幅推动包容性和定制化。你可以说，鉴于市场的变化，思爱普转变为云公司是不可避免的。然而，这种内部和外部增长战略执行的坚定性和速度是惊人的，特别是在考虑到思爱普不是第一个推动者的情况下。最终，思爱普的 HANA 内存创新将这位前业务应用程序领导者更多地转变为数据库和平台公司，从此推动了思爱普的创新程序及其业务的大幅增长。

在本书的案例研究中，我们已经看到这两种策略都可以成功，并且两者没有优劣之分。哪个是更好的选择取决于公司的具体能力基础。有趣的是，我们认为，选择追随主流的企业须具有特别强大的竞争力，能够使其与竞争对手区别开来。

整个行业在经历商业模式转型时，通常会有强有力的整合。对于从南到北的转换尤其如此，因为平台型商业模式和方案型商业模式通常具有很强的关联效应，但最终胜出的只有一种商业模式。因此，公司通常很少能获利或在市场中占据领先位置。例如，在汽车行业，我们不可能在 10 年内看到 5 个不同 OEM 提供的 5 种不同的移动服务平台。因此，戴姆勒的管理人员明确强调，他们的 moovel 平台也将对其竞争对手开放，这意味着它可以为宝马提供与戴姆勒的 car2go 服务并列的汽车共享服务。在这种情况下，最好的平台将赢得客户并将成为市场标准，而拥有和运行平台的公司将获得大部分回报。因此，明确的战略决策、严格的执行力以及从市场反馈中迅速学习是至关重要的。这种追随主流策略的潜在利润非常高，但风险很大。

如果公司沿着占主导地位的商业模式转型将面临激烈竞争，那么走自己的路的策略更适合，特别是市场中较小的参与者将面临着输掉"赢者通吃"的战役。在这种情况下，通常更好的选择是转变商业模式。在这种新的商业模式中，企业的规模无关紧要，而且竞争对手几乎没有什么经验。这主要适用于从西向东的转型，其中最灵活的玩家能够获得成功。在克诺尔的制动系统行业中，大型的商品制造商——主要是亚洲的，很难引入和运行客户个人解决方案，因为它们的系统和流程不易改变，并且它们很难克服已经对客户业务流程有了深入了解的现有行业参与者的进入障碍。将企业与占主导地位的行业趋势相结合需要企业家的勇气，但是，如果你看到一个市场，并且你有创新能力来做到这一点，那么它的风险可能低于追随主流。

专注于结果和实际执行

在所有情况下，我们的采访合作伙伴都强调，只有当整个公司都在企业家强有力的领导下时，正确的战略转型路径和配置才能带来转型成功。这种企业领导必须是变革能量的持续来源，因为如果一个新的商业模式被证明是成功的，它将被众多竞争者追捧。正如我们在网飞的案例中看到的那样，一次商业模式转型往往不足以使企业取得成功并保持领先地位。我们已经注意到每个变革型领导者应当吸取的三个经验教训，这可以帮助团队为转型工作做好准备。

第一，有必要在建立新的优势的同时继续重视旧的优势。与初创企业不同，成熟企业具有传统。为了将这种传统变为一种优势，公司中的每个人都应该清楚地知道，商业模式转型不会使过去的优势消失或现有员工在一夜之间被淘汰。为此，领导者必须通过了解他们如何单独调整并为新的商业模式做出贡献来支持他们。与此同时，重要的是，进入公司并拥有新技能的人不会被视为外人或敌人，而是转型之旅中有价值的支持者。因此，最好避免强烈的内部竞争意识，并培养共同的好奇心、支持和信任。例如，戴姆勒的新移动单元 moovel 在很大程度上仍然是某种与汽车生产单元相分离的人工制品。当我们与一位区域销售经理谈话时，他强调说他并不认为这些服务主要是为了竞争（即便是竞争对手的成功可能导致他的汽车销售量减少），这也是了解客户需求的好方法，以便公司在未来为客户提供新的车辆和服务。

第二，变革型领导者应该指导他们的公司履行客户使命。公司的使命陈述往往非常广泛，并且会关系到各种各样的利益相关者。成功的商业模式转型，必须将客户置于一切的中心，至少在变革过程中是这样的。因此，公司中的每个人都应该考虑采取哪些不同的措施来更好地满足客户的需求或比以前更好地解决他们的问题。例如，网飞从一开始就遵循了一个非常明确和具体的客户使命："以客户想要的形式向他们提供他们想要的东西。" FUNDES 是一个有趣的例子，它不仅关注客户，而且关注公司转型给社会带来的益处。该案例描述了领导人由于不同甚至部分矛盾的任务而经历的异常紧张的局势。真正有用的是，社会焦点深深植根于 FUNDES 的历史和人们的思想之中，它继续指导其以客户为中心的转型工作。

第三，与所有利益相关方建立牢固和可持续的内部和外部关系非常重要。只有通过职能、部门、合作伙伴、供应商和客户之间的密切互动，才能实现一致的商业模式转型。因此，公司管理者必须克服逻辑孤岛思维。在 20 世纪 90 年代开始的数字革命的推动下，我们正在走向一个更加横向的世界，一个网络世界，每个人（人际网络）和一切事物（物联网）都能够相互沟通。传统的边界，如部门、公司甚至行业，正在失去其相关性。在这里，领导者需要更多的协作能力，以保证公司参与和承建的生态系统中有数十个战略合作伙伴。他们必须确保跨组织边界具有高透明度。在这些转型期，许多事情都在不断变化，强大的网络有助于协调各方面的力量。励智的案例就是一个很好的例子。该公司是通过利用其 ID 合作伙伴网络并将其与移动网络运营商的新战略合作伙伴关系相结合，才成功实现商业模式转型的。

总而言之，在第十一章中我们将回到新业务的配置这个模型和共享工具，从而帮助我们在许多公司研讨会上组织和支持商业模式转型领导者及其团队之间的讨论。

第十一章　根据商业模式转型指南前行

本指南旨在指导公司逐步进行转型：（1）评估现状；（2）明确未来的商业模式；（3）开发转型路径；（4）采取适当的行动来遵循这条道路。

步骤 1：你当前的起始状况是什么

步骤 1 是为了更好地了解现状。根据商业模式的各种类型，我们设计了一个简短的调查，让你根据包容性和定制的维度定位你的商业模式。随着时间的推移，许多公司已经开发了它们的商业模式，其中可能包含包容性或定制的某些方面。这使得你了解你现在的确切位置至关重要——不仅仅是整体，尤其是要针对你的商业模式的前端、后端和盈利机制。

本调查的第一部分涉及你当前的商业模式的前端功能和领域。为了评估包容性的程度，请询问：（1）产品是否集成了多个组件以提供卓越的端到端服务；（2）每个客户的某种锁定是否具有较高的交易频率；（3）客户的保留指标是否系统地嵌入到大多数业务流程中。以下问题涉及定制的程度，要求：（4）能够为每个客户提供多少选择，使产品适应他或她的特定需求；（5）公司能在多大程度上对自己的市场进行区分，其灵活性排除了大规模定制；（6）如果销售人员通过与每个客户的激烈对话支持在复杂产品中进行选择。

调查的第二部分分析了后端活动。关于包容性的程度，询问：（7）公司是否拥有强大的共享架构基础，来支持端到端产品的多个组件的集成；（8）公司的成功是否取决于强大而可靠的大型网络战略伙伴组织。为了评估定制的程度，询问：（9）运营重点是否是实现灵活性和个性，而不是实现规模经济；（10）研究和开发活动实际上是由目标客户的需求驱动的占多大比例——市场拉动而非技术推动？是否是与客户共同创新或共同创造？

第三部分论述了应用的盈利机制。关于包容性程度的问题是：（11）业务是否依赖稳定的长期收入流；（12）交易成本是否涵盖整个产品生命周期的时间跨度而不是已经被第一次交易覆盖；（13）定价是否基于所有产品组件的混合计算。

关于定制程度的问题评估：（14）定价是否更多地取决于客户支付产品和服务的意愿而不是竞争对手的定价；（15）公司的可变成本是否超过其固定成本。

如图 11.1 中所示，根据步骤 1 中的 15 个评估问题，你可以计算包容性分数和定制分数。结果将告诉你当前正在使用的商业

步骤 1：你当前的起始状况是什么

请评估你当前商业模式的前端、后端和盈利机制。

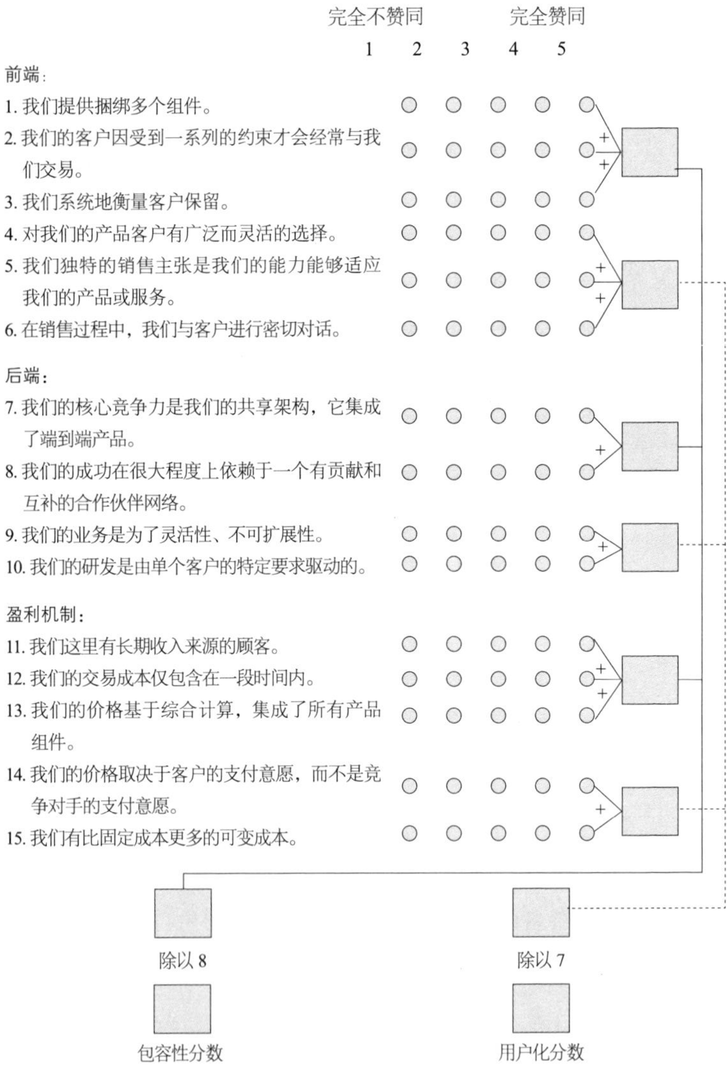

	完全不赞同				完全赞同
	1	2	3	4	5

前端：

1. 我们提供捆绑多个组件。

2. 我们的客户因受到一系列的约束才会经常与我们交易。

3. 我们系统地衡量客户保留。

4. 对我们的产品客户有广泛而灵活的选择。

5. 我们独特的销售主张是我们的能力能够适应我们的产品或服务。

6. 在销售过程中，我们与客户进行密切对话。

后端：

7. 我们的核心竞争力是我们的共享架构，它集成了端到端产品。

8. 我们的成功在很大程度上依赖于一个有贡献和互补的合作伙伴网络。

9. 我们的业务是为了灵活性、不可扩展性。

10. 我们的研发是由单个客户的特定要求驱动的。

盈利机制：

11. 我们这里有长期收入来源的顾客。

12. 我们的交易成本仅包含在一段时间内。

13. 我们的价格基于综合计算，集成了所有产品组件。

14. 我们的价格取决于客户的支付意愿，而不是竞争对手的支付意愿。

15. 我们有比固定成本更多的可变成本。

除以 8　　　　　除以 7

包容性分数　　　　用户化分数

图 11.1　步骤 1 模板图

模式类型，以及转换路径的起点是什么。如果两个分数都低于 3，则说明你目前正在使用产品型商业模式；如果两个分数都高于 3，那么它就是一个方案型商业模式；如果包容性分数高于 3 且自定义分数低于 3，则表明它是一个平台型商业模式；如果自定义分数高于 3 且包容性分数低于 3，则意味着这是项目型商业模式。

步骤 2：你想转变到哪种程度

一旦你了解了现在的商业模式类型，就必须找出哪种商业模式能够使公司在未来取得成功。每种商业模式类型都有优势、劣势、要求和挑战。你有必要思考这些内容并将它们与你的组织中的技能和能力进行比较。

我们认为商业模式转型是由外部大趋势推动的，例如数字化和实体化以及服务化和产品化。第二次简短调查将使你能够评估你的公司及其行业受这些趋势影响的程度。它提供了业务可能在未来可包容和定制的范围内发展的第一个指示。虽然很难预测这些内容将会给企业带来什么，但根据我们的经验，许多企业领导者对于他们的业务将如何发展以及从这些转型方法的指导中得到启发以构建他们的评估具有强烈的直觉。在这一步中，重要的是要摆脱过去核心业务的主导逻辑和限制，以保持开放的心态，客观地评估对公司来说最佳的商业模式。在图 11.2 中，我们提供了一个可用于运行第二次调查的模板。

第一组问题是指数字化大趋势。为了找出数字化推动包容性的程度，我们要了解：（1）数字化是否会大幅降低转移和共享价值交付（产品）的成本；（2）数字化是否允许人们更紧密地锁定客户（锁定效果）；（3）客户是否愿意与其产品和服务提供商进行长期合作；（4）数字化是否有助于在竞争领域中区分硬件功能之外的产品或服务（例如添加社区等）。

正如我们所说，数字化也可能推动定制的实施。因此我们要问：（5）大数据或智能数据和客户分析是否可以提供更深入的客户见解，从而有助于企业推出接近客户需求和购买行为的产品；（6）新技术是否可以提高客户能力，并且增加企业对客户需求的了解，使客户更容易在博客、论坛、推文、聊天室等处积极地在线表达和分享他们对产品和服务的意见；（7）数字化能否提供新的技术机会，使产品或服务更灵活。

第二组评估涉及服务化和产品化大趋势。关于包容性程度的问题，我们要了解：（8）在何种程度上有新的机会来提供额外的增值服务以补充现有产品；（9）客户是否在产品的整个生命周期中寻求持久的服务合同和关系；（10）如果客户想要参与共同创造和共同创新过程以及现场实施服务，定制是否会得到促进；（11）是否客户的主要兴趣不是拥有产品，而是拥有可靠的产品；（12）如果服务是独特且非常真实的，是否会增加高素质服务人员的参与和客户支付这些服务的意愿；（13）公司是否因客户的特定投资而更倾向于依赖客户；（14）如果可以通过越来越多的标准化服务（产品化）来实现可扩展性，你是否能通过应用可重复使用的模板开发可重复的服务，从而降低定制程度。

步骤 2：你想转变到哪种程度

请评估大趋势是怎样推动你业务领域或行业的根本性变化的。

| | 完全不赞同 | | | 完全赞同 |
| 1 | 2 | 3 | 4 | 5 |

数字化的影响：

1. 转让和分享我们的产品和服务，通过数字化成倍地降低成本。

2. 新的技术解决方案使公司能够比以前更容易锁定客户。

3. 客户更愿意长期与供应商合作。

4. 除了产品之外，还有新的可能性来区分市场上的产品。

5. 技术进步为更好的定制服务提供更深入的客户见解。

6. 权力转移到客户，因为他们积极讨论和评论我们在线社区的产品。

7. 标准化产品的技术机会很少。

服务化和产品化的影响：

8. 有机会通过增值服务补充我们的产品。

9. 客户正在寻找持久的服务合同和关系。

10. 客户要求共同创作和现场实施服务。

11. 我们客户的主要兴趣是在某个服务级别输出可靠的产品，而不是拥有产品。

12. 在我们的细分市场中，规模效应不太重要，因为客户更喜欢定制的整体解决方案。

13. 作为供应商，我们越来越依赖我们的顾客。

14. 通过可重复使用的模板实现我们服务的可扩展性，并不适用于我们的业务部门。

除以 6　　　　　　除以 8

包容性分数　　　　　用户化分数

图 11.2　步骤 2 模板图

步骤3：设计属于你自己的转型之路

在绘制出起点（步骤1）和想要去的地方（步骤2）之后，你要指定转换路径，该路径连接转换行程的起点和终点。正如本书中的实际例子所示，商业模式转型很少是一个线性的或者一步到位的过程。即使一家公司只需要越过子午线或者赤道，它也有必要考虑采用逐步的方法来管理转型。虽然第六章提供了关于逐步实施转型的利弊的一些见解，但最终是由一个领导决策决定了采用新商业模式的速度、顺序和激进程度。然而，无论转型路径如何设计，领导团队永远都不能忽视他们的目标。

图11.3包含一个研讨会中用于讨论转换路径的简单工具。它

步骤3：设计属于你自己的转型之路

请依据商业模式转型图定位你当前和未来的商业模式，并设计独属于你的转型之路。

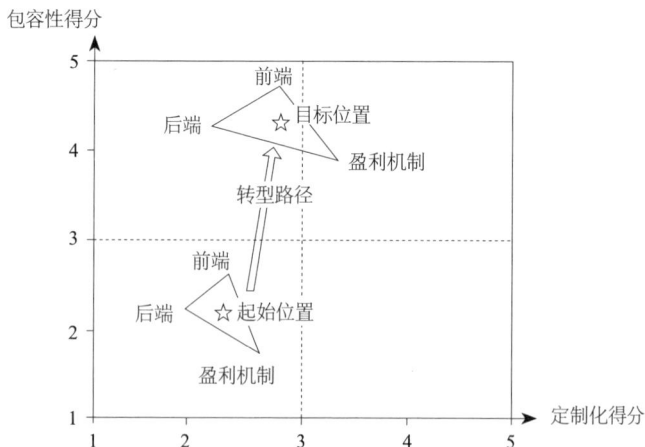

图11.3　步骤3模板图

提供了如何连接起点（步骤1）和目标位置（步骤2）的示例。

步骤4：做好你的行动规划

在步骤1～3中，企业领导做出了战略选择和概念决策。第4步需要企业领导来实现这一目标，他们需要采取实施商业模式转型的战略、组织和管理行动。在某些领域（例如前端），公司可能已经开始转型，而其他领域（例如后端）根本没有启动。因此，重点在于企业要持续跟踪变革进度，以确保在转型过程结束时，前端、后端和盈利机制的所有方面都是分层对齐的，以便充分利用新的商业模式潜力。

图11.4需要企业根据自己的实际情况，在图11.3的基础上自己来绘制；其内容包含第四章和第五章建议的转换活动清单，具体取决于转换方向（从南向北，从北向南，从西向东，从东向西）。我们建议使用简单的状态跟踪来区分已完成的操作（绿色），正在进行的操作（黄色）以及尚未启动或失败的操作（红色）。这有助于你控制公司在商业模式转换路径中的位置。

我们在这里结束对可能的转型之旅的描述。本转换指南旨在为你作为转型领导者的工作提供支持，为你的工作提供特定的结构和战略方向，并帮助你掌握商业模式的转变。这些是通用模板，必须根据每个应用案例进行调整。我们相信，结合我们的框架和案例研究来使用本指南比从头开始更有效。我们相信你的商业模式转型将会是我们都可以学习的示例性案例研究。

步骤 4：计划并管理好你的行动

请遵循你设计的转型之路，并将每一项行动指定相应的颜色。（绿色：已完成；黄色：进行中；红色：开放状态）

从南向北转型

前端：

- 开发并为客户提供集成的端到端流程或用户体验。
- 协调并整合自有组件和第三方插件的整体产品。
- 建立以留存为导向的客户参与方法，在每个客户接触点都拥有卓越的体验。

后端：

- 获得对领先平台和共享架构标准的控制权。
- 扩大公司的能力基础（横向），并建立一个表现良好的补充生态系统。
- 建立管理客户流程或用户体验的操作（端到端集成）。

盈利机制：

- 从经常性费用中创造收入流。
- 使用基于订购的消费模型构建集成定价。
- 专注于有利可图的客户生命周期。

从北向南转型

前端：

- 为独立产品开发令人信服的价值主张。
- 为公司的产品和服务寻找新的商机。
- 强调一次性交易的新客户获取能力。

后端：

- 为每个产品或服务（垂直）提供竞争优势的新能力。
- 通过密切的供应商协作建立垂直供应商管理。

盈利机制：

- 建立短期现金计划和充足的现金储备。
- 估算产品或服务生命周期的成本范围。
- 建立更简单、更具成本透明度的定价模型。

从西向东转型

前端：

- 提供广泛、灵活的以服务为中心的产品。
- 提高你的能力，使这种混合产品适应客户的个性化需求。
- 研究所直接访问并与客户对话。

后端：

- 使生产和运营更加灵活。
- 提高处理和实施客户需求的能力。

盈利机制：

- 转向定价模型，其中价格反映了客户为定制付费的意愿。
- 重点关注从固定到可变的、与参与相关的成本。

从东向西转型

前端：

- 拿出一个新的更好的标准产品。
- 实施低接触、可扩展的销售方法。
- 开发广泛的，互补但一致的线下和线上销售渠道。

后端：

- 用机器替换人力资源。
- 将服务和内容转换为可重用的元素。
- 建立知识管理系统和知识共享文化。

盈利机制：

- 确定并设定有竞争力的价格。
- 积极管理你的固定成本。